SPÉCIALITÉ 1re Tle

Cahier

Python et Arduino pour la Physique-Chimie

W0355847

Aurore Biondollilo-Tournier

Cécilia Damelincourt

Marie-Hélène Le Yaouanq

PERSEVERANCE s'est posé sur Mars le 18 Février 2021 à l'issue d'un long voyage de 6 mois. Le robot est équipé de nombreux instruments de mesures dont les données prises sont analysées et commandées depuis la Terre.

Belin: ÉDUCATION

Un cahier en 4 parties

1 Bases du langage Python

Des fiches courtes suivies d'exercices ciblés à travailler au fur et à mesure des besoins

• Des exercices contextualisés en Physique-Chimie

• Des exercices d'application directe

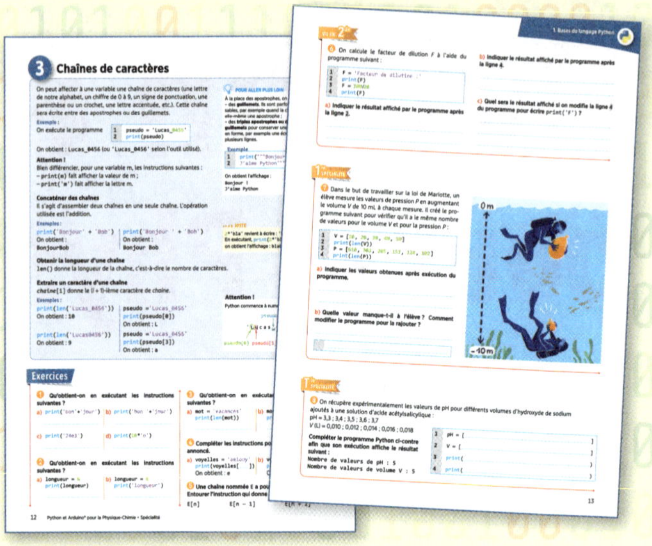

2 Tout Python pour la Physique-Chimie

Une entrée par les thèmes du programme

• Des TP clé-en-main

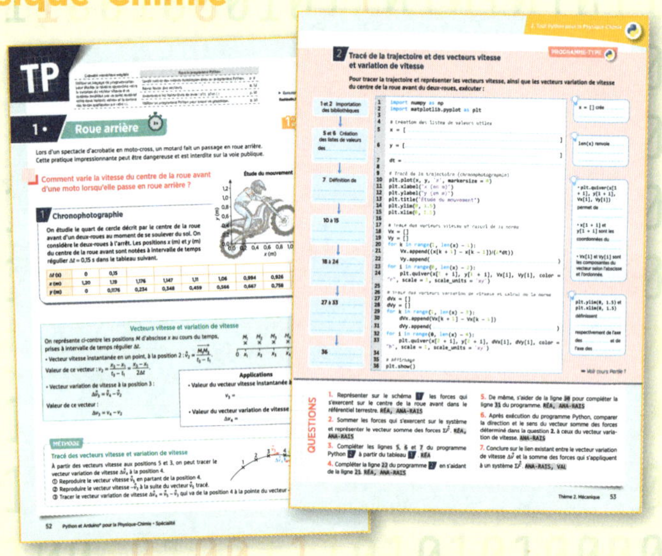

• Une double page pour faire le point

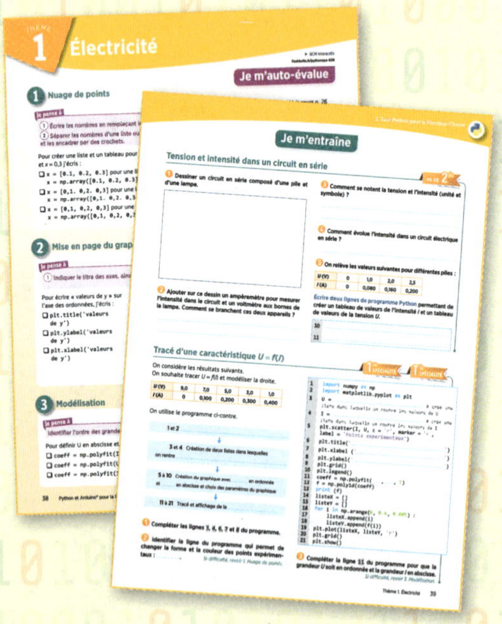

• Des pages pour préparer l'évaluation

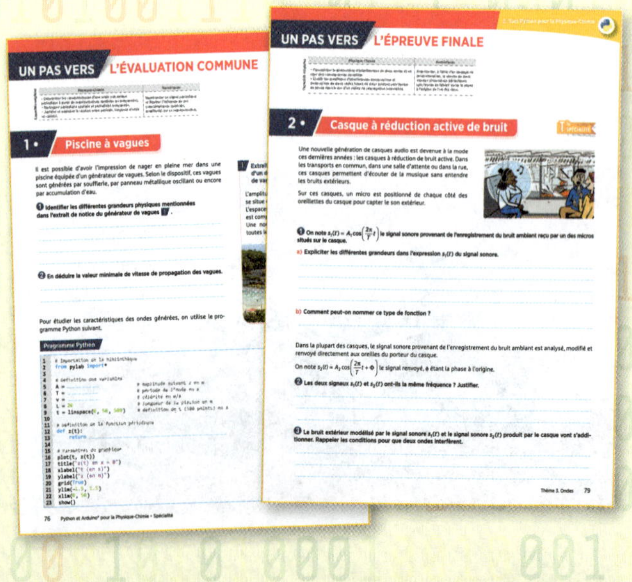

170 bis, boulevard du Montparnasse
75680 Paris cedex 14

ISBN 979-10-358-1902-6

3 Tout Arduino® pour la Physique-Chimie

- Des TP clé-en-main
- Des pages pour préparer l'évaluation

- Un cours clair avec des exercices

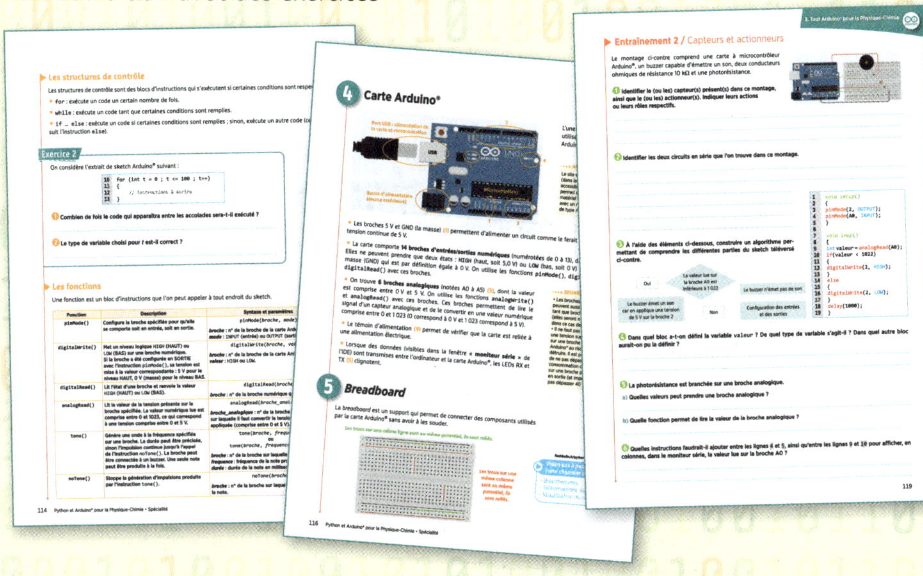

4 Enseignement scientifique

- Des pages pour faire le point
- Des TP python clé-en-main
- Tout pour préparer sereinement son projet d'enseignement scientifique
- Des vidéos explicatives

- Des fiches capteurs Arduino

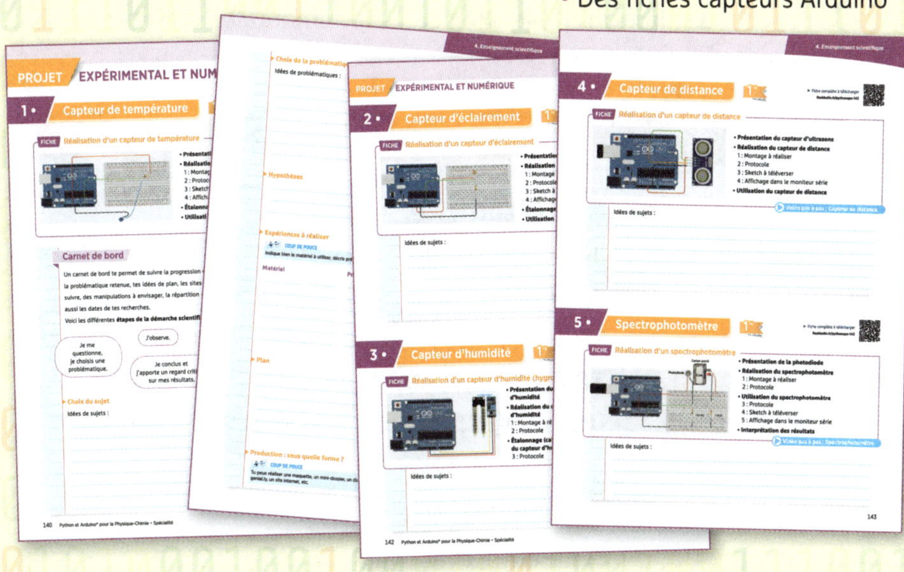

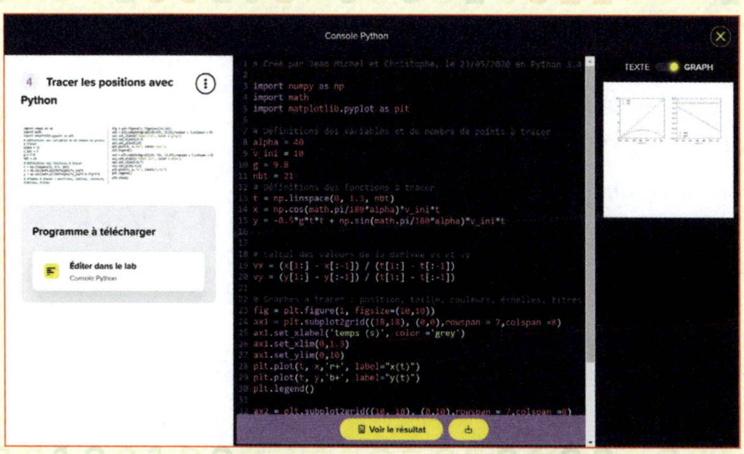

Les programmes des exercices et TP embarqués dans la console Python Belin Éducation.

Sommaire

PARTIE 2
Tout Python pour la Physique-Chimie

Thème 1 : Électricité

TP 1 • Caractéristique d'une pile p. 40

Mettre en œuvre des transformations modélisées par des réactions d'oxydo-réduction.

Déterminer la caractéristique d'une source réelle de tension et l'utiliser pour proposer une modélisation par une source idéale associée à une résistance.

TP 2 • Sablier lumineux p. 42

Identifier et tester le comportement capacitif d'un dipôle.

Établir et résoudre l'équation différentielle vérifiée par la tension aux bornes d'un condensateur dans le cas de sa charge par une source idéale de tension et dans le cas de sa décharge.

Étudier la réponse d'un dispositif modélisé par un dipôle RC.

Déterminer le temps caractéristique d'un dipôle RC à l'aide d'un microcontrôleur.

Thème 2 : Mécanique

TP 1 • Roue arrière p. 52

Utiliser la relation approchée entre la variation du vecteur vitesse d'un système modélisé par un point matériel entre deux instants voisins et la somme des forces appliquées sur celui-ci :
- pour en déduire une estimation de la variation de vitesse entre deux instants voisins, les forces appliquées au système étant connues ;
- pour en déduire une estimation des forces appliquées au système, le comportement cinématique étant connu.

Réaliser et/ou exploiter une vidéo ou une chronophotographie d'un système modélisé par un point matériel en mouvement pour construire les vecteurs variation de vitesse. Tester la relation approchée entre la variation du vecteur vitesse entre deux instants voisins et la somme des forces appliquées au système.

TP 2 • Explosion d'une bombe à eau p. 54

Utiliser l'expression de l'énergie cinétique d'un système modélisé par un point matériel.

Établir et utiliser l'expression de l'énergie potentielle de pesanteur pour un système au voisinage de la surface de la Terre.

Identifier des situations de conservation et de non-conservation de l'énergie mécanique.

Exploiter la conservation de l'énergie mécanique dans des cas simples : chute libre en l'absence de frottement, oscillations d'un pendule en l'absence de frottement, etc.

Utiliser un dispositif (smartphone, logiciel de traitement d'images, etc.) pour étudier l'évolution des énergies cinétique, potentielle et mécanique d'un système dans différentes situations : chute d'un corps, rebond sur un support, oscillations d'un pendule, etc.

TP 3 • Neptune et ses satellites p. 56

Capacité numérique uniquement.

TP 4 • La Grande Roue parisienne p. 60

Définir le vecteur vitesse comme la dérivée du vecteur position par rapport au temps et le vecteur accélération comme la dérivée du vecteur vitesse par rapport au temps.

Établir les coordonnées cartésiennes des vecteurs vitesse et accélération à partir des coordonnées du vecteur position et/ou du vecteur vitesse.

Citer et exploiter les expressions des coordonnées des vecteurs vitesse et accélération dans le repère de Frenet, dans le cas d'un mouvement circulaire.

Caractériser le vecteur accélération pour les mouvements suivants : rectiligne, rectiligne uniforme, rectiligne uniformément accéléré, circulaire, circulaire uniforme.

Réaliser et/ou exploiter une vidéo ou une chronophotographie pour déterminer les coordonnées du vecteur position en fonction du temps et en déduire les coordonnées approchées ou les représentations des vecteurs vitesse et accélération.

TP 5 • La chute du téléphone p. 62

Exploiter la conservation de l'énergie mécanique dans le cas du mouvement dans un champ uniforme.

Utiliser des capteurs ou une vidéo pour déterminer les équations horaires du mouvement du centre de masse d'un système dans un champ uniforme. Étudier l'évolution des énergies cinétique, potentielle et mécanique.

Thème 3 : Ondes

TP 1 • Érosion des lacs p. 72

Décrire, dans le cas d'une onde mécanique progressive, la propagation d'une perturbation mécanique d'un milieu dans l'espace et au cours du temps : houle, ondes sismiques, ondes sonores, etc.

Exploiter la relation entre la durée de propagation, la distance parcourue par une perturbation et la célérité, notamment pour localiser une source d'onde.

Distinguer périodicité spatiale et périodicité temporelle.

Justifier et exploiter la relation entre période, longueur d'onde et célérité.

Déterminer les caractéristiques d'une onde mécanique périodique à partir de représentations spatiales ou temporelles.

TP 2 • L'hologramme p. 74

Caractériser le phénomène d'interférences de deux ondes et en citer des conséquences concrètes.

Établir les conditions d'interférences constructives et destructives de deux ondes issues de deux sources ponctuelles en phase dans le cas d'un milieu de propagation homogène.

PARTIE 1 Bases du langage Python

Environnements pour travailler en Python

Pour travailler en Python (Python 3 dans ce cahier), on a besoin d'un environnement particulier, par exemple :

– **la console Python du cahier numérique** (flashbelin.fr/pythonspe-008) : environnement intégré au cahier Max ;

– **un logiciel en ligne**, sans installation, comme https://repl.it/languages/python3 ;

– **un logiciel à télécharger** comme :

Spyder pour **Windows, Mac, Linux** : un environnement scientifique très complet disponible en téléchargeant Anaconda 3 (www.anaconda.com/Download)

EduPython pour **Windows** uniquement : edupython.tuxfamily.org

Dans tout environnement, on dispose :
– d'une **zone de script** :
les lignes peuvent y être numérotées, et des blocs peuvent être réduits pour mieux voir la structure du programme ;
– d'une **console interactive** : on peut y récupérer les résultats numériques obtenus suite à l'exécution du programme, et y exécuter directement des calculs ou des instructions (mais ils ne sont pas enregistrés). Selon les logiciels utilisés, les graphiques obtenus sont affichés dans la console ou dans une autre fenêtre comme ci-dessous.

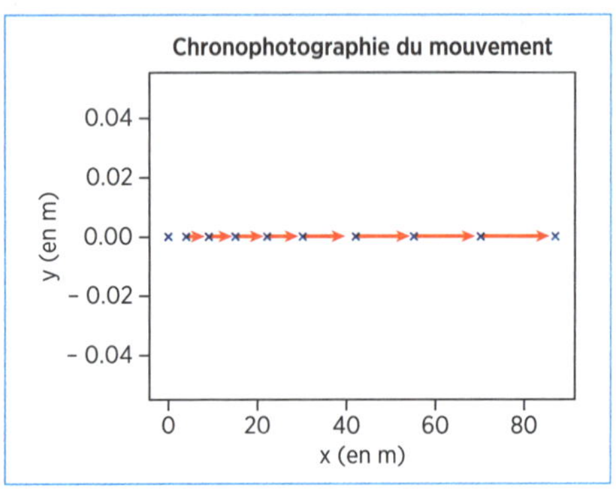

Pour exécuter un programme : menu Exécuter ou flèche verte (Run)

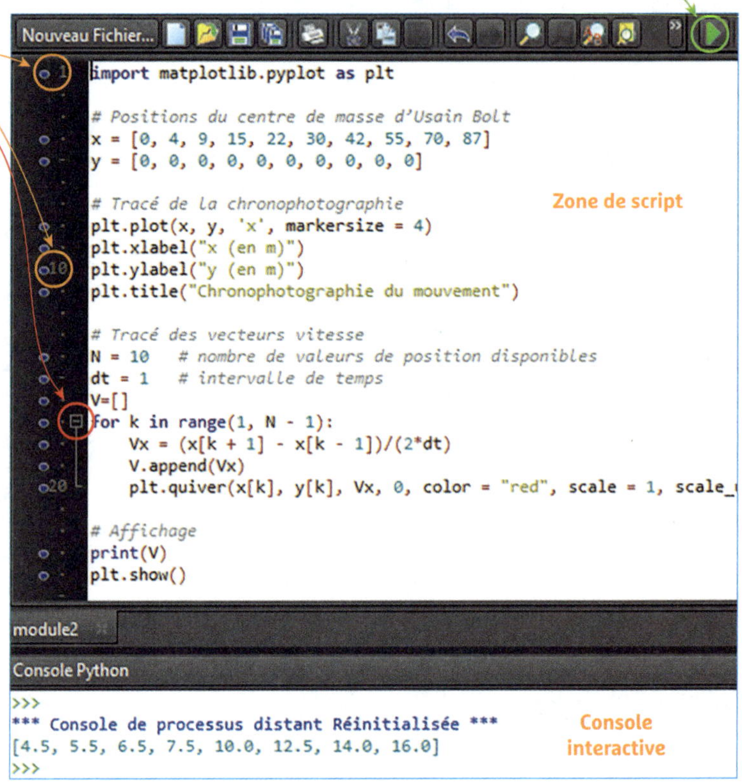

Présentation d'un programme

Les lignes vides (lignes 2, 6, 12 et 21 ici) sont utilisées dans les programmes pour mieux les structurer et visualiser les différentes étapes.

Différentes couleurs sont mises automatiquement aux mots-clés du langage (en anglais comme *for*, *print*), aux nombres, à des textes. Ces couleurs dépendent du logiciel utilisé.

Les commentaires sont des textes précédés de #, qui ne sont pas des instructions à exécuter, mais des explications de ce que l'on fait.

Les blocs indentés, c'est-à-dire décalés vers la droite (lignes 18 à 20) sont formés automatiquement dans le logiciel après la ligne de déclaration du bloc (ligne 17) si l'on n'a pas oublié les deux points en fin de ligne.

QUELQUES BONNES PRATIQUES À ADOPTER

- **Donner des noms évocateurs**. On peut nommer une variable avec des lettres, des chiffres (mais pas au début du nom), des tirets _ , mais pas avec les mots-clés du langage.
- **Sauter des lignes** pour mettre en valeur la structure du programme.
- **Mettre des commentaires**.
- **Enregistrer régulièrement son fichier.**

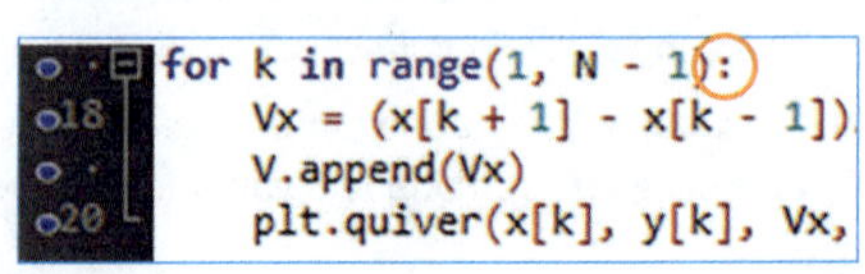

1 Nombres et calculs

Calculer en Python

Calcul à la main	Calcul en Python	Résultat en Python
$2+3{,}5$	`2 + 3.5`	`5.5`
3×5	`3*5`	`15`
2^3	`2**3`	`8`
$125{,}3\times 10^{-2}$	`125.3e-2`	`1.253`
$\lvert -2{,}6\rvert$	`abs(-2.6)`	`2.6`

Calcul à la main	Calcul en Python	Résultat en Python
$\dfrac{3}{8}$	`3/8`	`0.375`
Arrondir $\dfrac{3}{8}$ à 0,1 près	`round(3/8, 1)`	`0.4`
Division euclidienne de 154 par 6 (quotient et reste)	154 | 6 ; 4 | 25 ; `154%6` → 4	`154//6` → 25

Types de nombres int et float

Dans un ordinateur, les nombres ne sont pas représentés par leur écriture décimale. On distingue de ce fait deux types de nombres en Python :
– les **entiers**, qui sont représentés de façon exacte. On dit qu'ils sont de type **int** ;
– les autres nombres, qui sont représentés de façon approchée : on dit que ce sont des **flottants** ou qu'ils sont de type **float**. Ils s'écrivent avec un point décimal.

ATTENTION !
- En maths, 4 et 4,0 sont deux écritures du même nombre.
- En Python, 4 et 4.0 ne sont pas le même objet.

Types de nombres et résultats de calcul

• Tout calcul comportant au moins un flottant se fait de façon approchée.
Exemple : `0.1 + 0.7` donne `0.7999999999999999`.
• Pour les entiers, cela dépend de l'opération :
– les additions, soustractions et calculs de puissance d'exposant entier se font de façon exacte, même sur de très grands entiers comme 2^{60} ci-contre ;
– une division a/b donne toujours un flottant ;
– l'utilisation des puissances de 10 avec ...e... donne toujours un flottant.

Exemples
- Le calcul `2**60` donne : `1152921504606846976`
- Le calcul `12/3` donne : `4.0`
- Le calcul `12e4` donne : `120000.0`

Exercices

1 Donner le résultat du calcul écrit en Python.

Calcul	`3 + 4*7`	`2**3`	`2*(3**2)`	`21//2`
Résultat				

2 Écrire en Python les calculs suivants.

a) $\dfrac{1{,}2}{2+3{,}5}$: ....

b) $\dfrac{3}{2\times 4{,}6}$: ....

3 Entourer le (ou les) calcul(s) que l'on peut saisir en Python pour calculer $\dfrac{1}{2}\times 4\times 82^2$.

a) `1/2*4*82**2`
b) `(1/2)*4*82^2`
c) `1/2*4*82e2`
d) `(1/2)*4*82`^{2}

4 Branché Une pièce rectangulaire a pour dimensions 5,45 m et 3,63 m. Quelle est son aire à 0,1 m² près ?

Calcul à effectuer en Python : ....

Résultat obtenu en Python : ....

Conclusion : ....

5 On cherche la durée mise par un signal lumineux émis depuis Mars pour parvenir à la Terre.
Donnée : vitesse de la lumière = 3×10^5 km·s^{-1}.

1. En 2018, la Terre et Mars ont été particulièrement proches l'une de l'autre, à 57,6 millions de kilomètres.

a) Écrire le calcul à effectuer en Python pour obtenir la durée en seconde :

....

b) Le résultat affiché à l'issue du calcul précédent est `192.0`. Exprimer cette durée en minute et seconde.

COUP DE POUCE
- Le calcul `192//60` donne : 3
- Le calcul `192%60` donne : 12

....

2. Branché Calculer en Python la durée du trajet quand Mars est à 450 millions de kilomètres de la Terre.

....

....

....

2 Variables numériques

Lors de l'exécution d'un programme, un ordinateur doit stocker des informations en mémoire, puis les retrouver. On crée pour cela une **variable** que l'on peut imaginer comme une boîte avec un nom, que l'on choisit, et qui contient une « valeur ».
Si cette valeur est un nombre, on parle de **variable numérique**.

Instruction	En Python	Effet
Affecter 6 à la variable m	`m = 6`	Créer la variable m (si elle ne l'était pas déjà) et lui affecter 6
Afficher la valeur de m	`print(m)`	Afficher le contenu de m, c'est-à-dire 6
Affecter le double de m à la variable n	`n = m*2`	Créer la variable n (si nécessaire) et lui affecter le double de la valeur de m, c'est-à-dire 12

Attention ! L'affectation ne s'écrit que dans un sens. On n'écrira pas `6 = m`. Le signe d'égalité n'a pas la même signification qu'en mathématiques.

Exemple :
Ci-contre, l'instruction `m = m*10` a pour effet :
– de calculer le produit de la valeur de m, c'est-à-dire 5, par 10 ;
– d'affecter le résultat 50 à m (la valeur précédente 5 est effacée).

NOMMER UNE VARIABLE

Donner un nom évocateur à une variable dans un programme en facilite la compréhension. Ce nom doit débuter par une lettre et peut contenir des lettres, des chiffres ou le caractère « _ », mais ne peut pas être un mot réservé du langage Python comme `print`, `if`, `for`, etc.

AVEC DEUX VARIABLES

On peut les traiter séparément ou simultanément en Python :
- L'instruction `a,b = 2,3` affecte en même temps 2 à a et 3 à b.
- L'instruction `print(a, b)` fait afficher les deux valeurs de a et b séparées par une espace.

```
m = 5
m = m*10
print(m)
```

On obtient : `50`.

Exercices

1 **Quelles sont les valeurs des variables après exécution des instructions ci-contre ?**

```
cote = 5
peri = 4*cote
aire = cote**2
```

Valeur de cote : ....

Valeur de peri : ....

Valeur de aire : ....

2 **a) Quelles sont les variables dans les instructions ci-dessous ?**

```
masse = 10                  # masse en kg
poids = 9.81*masse
print(round(poids, 1))
```

....

b) Quel affichage obtient-on après exécution ?

....

c) Que suffit-il de changer dans ces instructions pour faire afficher le poids correspondant à une masse de 80 kg ?

....

....

....

....

3 **1.** On exécute le programme suivant.

```
d = 110                     # en km
t = 1.5                     # en heure
v = d/t
print(round(v, 1))
```

a) Quel est l'affichage obtenu ? ....

b) Proposer une interprétation de ce calcul.

....

....

2. On modifie le programme précédent.

a) Compléter le tableau par les valeurs des variables au fur et à mesure de l'exécution du programme :

Programme	d	t	v
`d = 110    # en km`	110		
`t = 1.50   # en h`	110	1.5	
`d = d*1000`			
`t = t*3600`			
`v = round(d/t, 1)`			20.4

b) Interpréter la valeur de v.

....

....

VU EN 2de

4 Un atome possède 7 protons et 7 neutrons. On souhaite calculer le nombre de nucléons. Pour cela, on utilise le programme suivant :

```
1  Nb_protons = 7
2  Nb_neutrons = 7
3  Nb_nucleons = Nb_protons + Nb_neutrons
4  print(Nb_nucleons)
```

a) Quelle est la valeur de la variable `Nb_nucleons` après exécution du programme ?

b) Quelle ligne permet d'afficher cette valeur ?

c) Écrire un programme permettant de calculer et d'afficher le nombre de nucléons du carbone 14, un isotope du carbone de numéro atomique $Z = 6$ et qui possède 8 neutrons.

1re SPÉCIALITÉ

5 On souhaite calculer la tension U aux bornes d'une pile de force électromotrice $E = 4{,}0$ V et de résistance interne $r = 0{,}5\ \Omega$ parcourue par un courant d'intensité $I = 200$ mA.

Un élève propose le programme suivant à son professeur :

```
E = 4
R = 0,5
I = 200.10^-3
U = E - R*I
print(u)
```

a) Identifier les bugs présents dans son programme et les corriger.

b) Quelles sont les variables du programme ?

c) Quel est l'affichage obtenu après exécution du programme ?

Tle SPÉCIALITÉ

6 On souhaite calculer la valeur de l'énergie cinétique d'une balle de 59 g à un instant t. À cet instant, les coordonnées du vecteur vitesse sont : $\vec{v}(2{,}5\,;5{,}4)$.

a) Compléter l'extrait du programme Python ci-dessous.

```
10  m = 59..........
11  vx = ..........
12  vy = ..........
13  v = sqrt(vx**2 + ..........)
14  Ec = 0.5*m*v..........
15  print(round(Ec, 1))
```

b) Quelles sont les variables du programme ?

c) Quel est l'affichage obtenu après exécution du programme ?

d) Réécrire la ligne qui permet de définir l'énergie cinétique en nommant la variable `Energie_cin`. Quelle modification doit-on également effectuer ?

3 Chaînes de caractères

On peut affecter à une variable une chaîne de caractères (une lettre de notre alphabet, un chiffre de 0 à 9, un signe de ponctuation, une parenthèse ou un crochet, une lettre accentuée, etc.). Cette chaîne sera écrite entre des apostrophes ou des guillemets.

Exemple :

On exécute le programme

```
pseudo = 'Lucas_0456'
print(pseudo)
```

On obtient : `Lucas_0456` (ou `'Lucas_0456'` selon l'outil utilisé).

Attention !

Bien différencier, pour une variable m, les instructions suivantes :

– `print(m)` fait afficher la valeur de m ;

– `print('m')` fait afficher la lettre m.

POUR ALLER PLUS LOIN

À la place des apostrophes, on peut utiliser :

– des **guillemets**. Ils sont parfois indispensables, par exemple quand la chaîne contient elle-même une apostrophe ;

– des **triples apostrophes ou des triples guillemets** pour conserver une mise en forme, par exemple une écriture sur plusieurs lignes.

Exemple

```
print("""Bonjour !
J'aime Python""")
```

On obtient l'affichage :

```
Bonjour !
J'aime Python
```

Concaténer des chaînes

Il s'agit d'assembler deux chaînes en une seule chaîne. L'opération utilisée est l'addition.

Exemples :

`print('Bonjour' + 'Bob')`

On obtient :

`BonjourBob`

`print('Bonjour ' + 'Bob')`

On obtient :

`Bonjour Bob`

NOTE

`2*'bla'` revient à écrire : `'bla'+'bla'`

En exécutant, `print(2*'bla')`,

on obtient l'affichage : `blabla`

Obtenir la longueur d'une chaîne

`len()` donne la longueur de la chaîne, c'est-à-dire le nombre de caractères.

Extraire un caractère d'une chaîne

chaine`[i]` donne le ($i + 1$)-ième caractère de *chaine*.

Exemples :

`print(len('Lucas_0456'))`

On obtient : `10`

`print(len('Lucas0456'))`

On obtient : 9

`pseudo ='Lucas_0456'`

`print(pseudo[0])`

On obtient : L

`pseudo ='Lucas_0456'`

`print(pseudo[3])`

On obtient : a

Attention !

Python commence à numéroter à 0 :

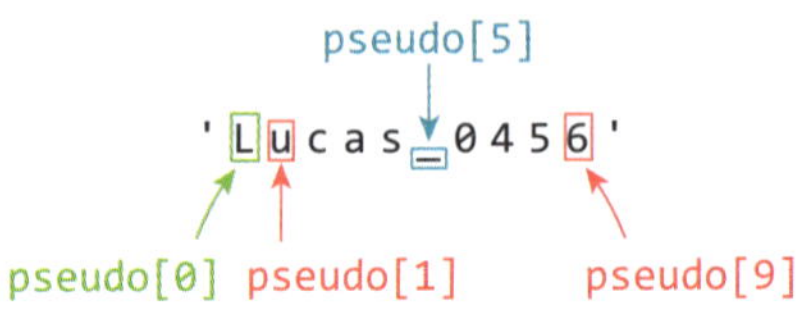

Exercices

1 Qu'obtient-on en exécutant les instructions suivantes ?

a) `print('bon'+'jour')` ....

b) `print('bon '+'jour')` ....

c) `print('24e3')` ....

d) `print(10*'o')` ....

2 Qu'obtient-on en exécutant les instructions suivantes ?

a)
```
longueur = 6
print(longueur)
```
....

b)
```
longueur = 6
print('longueur')
```
....

3 Qu'obtient-on en exécutant les instructions suivantes ?

a)
```
mot = 'vacances'
print(len(mot))
```
....

b)
```
mot = 'vacances'
print(mot[5])
```
....

4 Compléter les instructions pour obtenir l'affichage annoncé.

a)
```
voyelles = 'aeiouy'
print(voyelles[.........])
```
On obtient : e

b)
```
voyelles = 'aeiouy'
print(voyelles[.........])
```
On obtient : y

5 Une chaîne nommée E a pour longueur n. Entourer l'instruction qui donne son dernier caractère :

`E[n]`　　`E[n – 1]`　　`E[n + 1]`

VU EN 2de

6 On calcule le facteur de dilution *F* à l'aide du programme suivant :

```
1  F = 'Facteur de dilution :'
2  print(F)
3  F = 100/20
4  print(F)
```

a) Indiquer le résultat affiché par le programme après la ligne 2.

....

....

b) Indiquer le résultat affiché par le programme après la ligne 4.

....

....

c) Quel sera le résultat affiché si on modifie la ligne 4 du programme pour écrire `print('F')` **?**

....

....

....

1re SPÉCIALITÉ

7 Dans le but de travailler sur la loi de Mariotte, un élève mesure les valeurs de pression *P* en augmentant le volume *V* de 10 mL à chaque mesure. Il créé le programme suivant pour vérifier qu'il a le même nombre de valeurs pour le volume *V* et pour la pression *P* :

```
V = [10, 20, 30, 40, 50]
print(len(V))
P = [610, 303, 205, 153, 124, 102]
print(len(P))
```

a) Indiquer les valeurs obtenues après exécution du programme.

....

....

b) Quelle valeur manque-t-il à l'élève ? Comment modifier le programme pour la rajouter ?

....

```
..................................................
```

Tle SPÉCIALITÉ

8 On récupère expérimentalement les valeurs de pH pour différents volumes d'hydroxyde de sodium ajoutés à une solution d'acide acétylsalicylique :

pH = 3,3 ; 3,4 ; 3,5 ; 3,6 ; 3,7

V (L) = 0,010 ; 0,012 ; 0,014 ; 0,016 ; 0,018

Compléter le programme Python ci-contre afin que son exécution affiche le résultat suivant :

```
Nombre de valeurs de pH : 5
Nombre de valeurs de volume V : 5
```

```
pH = [..................................................]
V = [..................................................]
print(..................................................)
print(..................................................)
```

4 Fonctions int(), float(), str(), input() et format()

Types int, float et str

• Les nombres sont de deux types : `int` ou `float`. Une chaîne de caractères est du type `str` (*string* = chaîne).

• Les commandes `int()`, `float()` et `str()` transforment le type d'un objet.

Exemples : `str(4)` donne la chaîne `'4'` ; `int('3')` donne l'entier `3` ; `float('5.6')` donne le flottant `5.6`.

Il est important de s'intéresser au type d'un objet. Par exemple, si la variable `a` contient la chaîne `'5.6'`, le calcul `a + 2` provoque une erreur, car on ne peut pas ajouter une chaîne et un nombre.

Dans ce cas, on écrira `float(a) + 2` pour faire calculer `5.6 + 2`.

REMARQUE

La commande `type()` permet de faire afficher le type d'un objet.

Demander et attendre une réponse : input()

L'instruction `a = input('Donner un nombre :')` envoie la question « `Donner un nombre :` » à l'utilisateur, attend sa réponse et la stocke en tant que chaîne dans la variable `a`.

Pour stocker la réponse comme un nombre, entier ou flottant, sur lequel on pourra faire des calculs, on entre donc respectivement comme instruction :

```
a = int(input('Donner un nombre :'))
```

ou

```
a = float(input('Donner un nombre :'))
```

NOTE

En SNT, en enseignement scientifique et en mathématiques, pour pouvoir faire varier aisément certaines valeurs dans un programme, on peut aussi créer une fonction informatique (voir p. 18).

Afficher un message avec du texte et la valeur d'une variable numérique

On veut compléter la 4e ligne du programme ci-contre pour obtenir l'affichage suivant composé de textes et d'un nombre.

`La vitesse moyenne est de (`*`valeur de v à 0,01 près`*`) km/h.`

```
1  distance = 200   # en km
2  duree = 1.5      # en heure
3  v = distance/duree
4  print(........)
```

Pour compléter la ligne 4, il existe plusieurs méthodes, en voici trois :

• **Juxtaposer les affichages :** `print('La vitesse est de ', round(v, 2),' km/h')`

• **Concaténer des chaînes de caractères :** `print('La vitesse est de ' + str(round(v, 2)) + ' km/h')`

`str(round(v, 2))` transforme un nombre en chaîne que l'on peut concaténer avec d'autres chaînes.

• **Utiliser la méthode format() :** `print('La vitesse est de {:.2f} km/h'.format(v))`

Les accolades marquent la place à laquelle la valeur de `v`, indiquée dans `format()`, est à afficher. À l'intérieur de ces accolades, les deux points `:` indiquent que l'on va imposer un format, `f` qu'il s'agit d'un flottant, et `.2` que la précision souhaitée est de 2 décimales.

NOTE

D'autres formats sont disponibles, comme `{:e}` qui impose l'écriture scientifique de l'affichage.

Exercices

1 Indiquer le type int, float ou str de :

a) `3` : .... b) `15/2` : .... c) `'30'` : ....

d) `int('30')` : .... e) `str(4e-2)` : .... f) `'pi'` : ....

2 m et V sont deux variables de type float. Écrire deux instructions qui provoquent le même affichage que :

```
print("La solubilité est de " , round(m/V, 1), " g/L")
```

....

....

3 On exécute les instructions suivantes :

```
a = input("Votre proposition :")
print(5*a)
```

À la demande « `Votre proposition :` », l'utilisateur répond 4. Quel affichage obtient-on à la fin de l'exécution et pourquoi ?

....

....

....

VU EN 2de

4 On utilise le programme suivant pour calculer la concentration en masse $C_{m,fille}$ de la solution fille connaissant la concentration en masse $C_{m,mere}$ de la solution mère et le facteur de dilution *F*.

```
1 Cmmere = float(input("Valeur de Cmmere en
  g/L, Cmmere = "))
2 F = int(input("Valeur de F, F = "))
3 Cmfille = Cmmere/F
4 print("Valeur de Cmfille en g/L,
  Cmfille = ", Cmfille)
```

a) Expliquer à quoi servent les lignes 1 et 2.

....

....

....

b) Indiquer quelle restriction nous impose la présence de l'instruction `int` pour la ligne 2.

....

....

1re SPÉCIALITÉ

5 Dans le but de calculer et d'afficher la valeur de l'énergie cinétique d'une voiture, on utilise le programme Python suivant :

```
1 m = 1500
2 v = float(input('Valeur de la vitesse,
  v (m/s) = '))
3 Ec = 1/2*m*v**2
4 print("Valeur de l'énergie cinétique,
  Ec = "+ str(Ec) + ' J' )
```

a) Donner le résultat affiché par le programme pour une valeur de $v = 120\ m \cdot s^{-1}$.

....

....

....

....

b) Modifier le programme pour afficher le même résultat en proposant une autre écriture pour la ligne 4.

```
1 m = 1500
2 v = float(input("Valeur de la vitesse, v = "))
3 Ec = 1/2*m*v**2
4 ..........
  ..........
```

Tle SPÉCIALITÉ

6 On cherche à calculer l'interfrange *i* pour différentes valeurs de longueurs d'onde traversant un dispositif de trous d'Young distants d'une distance *b*. La figure d'interférences se forme sur un écran à une distance $D = 4{,}0$ m.

Le programme suivant est utilisé pour calculer la valeur de l'interfrange *i* :

```
1 D = 4.0
2 longueur_onde = float(input("Valeur de la
  longueur d'onde, lambda (m) = "))
3 b = float(input("Trous d'Young distants
  de b (m) = "))
4 i = longueur_onde*D/b
5 print("Valeur de l'interfrange, i =",
  round(i, 3), 'm' )
```

a) Expliquer la ligne 5 du programme.

....

....

b) On souhaite faire le calcul pour une longueur d'onde $\lambda = 632{,}8$ nm et des trous d'Young distants de 100 µm. Quel résultat s'affichera pour ces valeurs ?

....

....

....

....

....

5 Structure conditionnelle : if ... else ... (si ... alors ... sinon ...)

Structure	En Python
Si ... alors ...	if *condition*: *instruction(s) à exécuter quand la condition est vraie*

Si ... alors ...
 	
sinon ...
	if *condition*:
	    instruction(s) 1 à exécuter quand la condition est vraie
	else:
	    instruction(s) 2 à exécuter quand la condition est fausse

Tests possibles

En maths	En Python
$<$	`<`
$>$	`>`
$\leq$	`<=`
$\geq$	`>=`
$=$	`==`
$\neq$	`!=`

Attention !
On teste une égalité par un « double égal », soit ==.
Le signe = est réservé à l'affectation.

Rôle de l'indentation (décalage vers la droite) :
En Python, l'indentation automatique des instructions est très importante. L'annulation de l'indentation marque la sortie de la structure conditionnelle.

Exemple 1 : Si ... alors ... (if ...)

```
10  if p > 50:
11      p = p - 10
12      print(p)
```

L'instruction `print(p)` est exécutée uniquement si p > `50` est vraie.

• Quand p a pour valeur 80 avant exécution, on obtient après exécution l'affichage de `70`.
• Quand p a pour valeur 30 avant exécution, les instructions des lignes **11** et **12** ne sont pas exécutées. On n'obtient donc aucun affichage.

Exemple 2 : Si ... alors ... (if ...)

```
10  if p > 50:
11      p = p - 10
12  print(p)
```

L'instruction `print(p)` est en dehors du si ... alors ..., elle est donc toujours exécutée.

• Quand p a pour valeur 80 avant exécution, on obtient après exécution l'affichage de `70`.
• Quand p a pour valeur 30 avant exécution, l'instruction de la ligne **11** n'est pas exécutée, mais celle de la ligne **12** l'est. On obtient comme affichage `30`.

Exemple 3 : Si ... alors ... sinon ... (if ... else ...)
Examinons deux cas pour l'extrait de programme ci-dessous :

```
10  if p > 50:
11      p = p - 10
12  else:
13      p = p - 5
14  print(p)
```

• Si, avant exécution, p a pour valeur 80, on exécute les instructions des lignes **11** puis **14**. On obtient comme affichage `70`.
• Si, avant exécution, p a pour valeur 30, on exécute les instructions des lignes **13** et **14**. On obtient comme affichage 25.

POUR ALLER PLUS LOIN
Quand il y a plus de deux cas possibles, on peut éviter d'imbriquer des « Si ... alors ... » en utilisant `elif` (contraction de `else if` ... pour « Sinon si ... »).

Exercices

1 Si ... alors ... (if ...)
On considère trois séquences d'instructions :

Séquence ①
```
if a > 80:
    a = a*2/3
    print(a)
```

Séquence ②
```
if a > 80:
    a = a*2/3
print(a)
```

Séquence ③
```
if a > 80:
    a = a*2/3
if a < 70:
    a = a*3/2
print(a)
```

Après exécution de chaque séquence, compléter le tableau ci-dessous.

Avant exécution :	a contient 90	a contient 30
Séquence ①		
Séquence ②		
Séquence ③		

2 Si ... alors ... sinon (if ... else ...)
Lorsqu'un radar fixe mesure une vitesse, il y a une marge d'erreur liée à la mesure.
Les instructions ci-dessous donnent la vitesse retenue Vret selon la vitesse mesurée Vmes.

```
if Vmes < 100 :
    Vret = Vmes - 5
else:
    Vret = round(Vmes*0.95, 1)
```

Calculer la vitesse retenue pour une vitesse mesurée de :

a) 78 km·h^{-1} : ....

b) 138 km·h^{-1} : ....

VU EN 2^{de}

3 Un élève de 2de a créé le programme suivant pour éviter de se tromper dans le calcul du facteur de dilution *F* :

```
1  Vmere = 20
2  Vfille = 100
3  F = Vfille/Vmere
4  if Vfille < Vmere:
5      print('Impossible')
6  else:
7      print('Facteur de dilution = ', F)
```

a) Quelles sont les variables du programme ?

b) Donner le résultat affiché après exécution du programme.

c) On modifie les lignes 1 et 2 ainsi :

```
1  Vmere = 200
2  Vfille = 5
```

Donner le résultat affiché après exécution du programme.

1re SPÉCIALITÉ

4 On utilise le programme ci-contre pour déterminer le réactif limitant après avoir calculé les avancements maximaux pour les deux réactifs présents A et B, notés respectivement xmaxA et xmaxB.

a) Que signifie l'instruction `elif` ?

b) Quel sera le résultat affiché après exécution du programme ?

```
1  xmaxA = 2.3e-2
2  xmaxB = 4.5e-2
3  if xmaxA == xmaxB:
4      print('Le mélange est stoechiométrique')
5      xmax = xmaxA
6  elif xmaxA < xmaxB:
7      print('A est le réactif limitant.')
8      xmax = xmaxA
9  elif xmaxA > xmaxB:
10     print('B est le réactif limitant.')
11     xmax = xmaxB
12 print('xmax =', xmax, 'mol')
```

Remarque : on pourrait remplacer la ligne 9 par `else:`

T^{le} SPÉCIALITÉ

5 Branché On utilise le programme suivant pour déterminer la forme prédominante d'un couple acide/base selon le pH de la solution. On prend ici l'exemple du couple NH_4^+/NH_3 de $pK_A = 9{,}23$.

```
pKA = 9.23
pH = 8
if pH > pKA:
    print('La forme basique prédomine.')
if pH < pKA:
    print('La forme acide prédomine.')
```

a) Quel résultat sera affiché après l'exécution du programme ?

b) Comment doit-on modifier le programme pour trouver la forme prédominante à pH = 8 du couple de l'acide éthanoïque de $pK_A = 4{,}76$?

c) Obtient-on le même résultat après exécution du programme ?

6 Fonctions en Python

Une fonction informatique a une entrée (des informations qu'on lui fournit appelées paramètres ou arguments), exécute un travail sur ces paramètres et **renvoie** des informations en sortie, comme des nombres et/ou des messages.

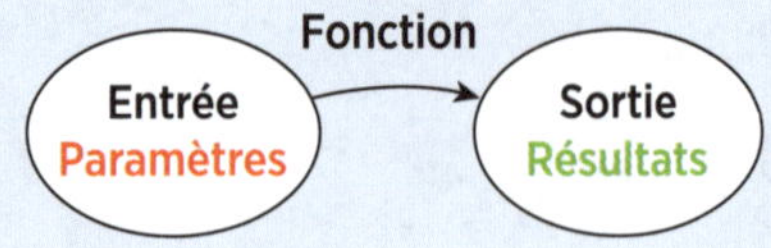

Définition d'une fonction en Python

```
def nom de la fonction (paramètre1,paramètre2…) :
    instructions éventuelles
    return résultat1, résultat2…
```

REMARQUE

L'exécution de `return résultat` a deux effets :
- renvoyer le(s) résultat(s) obtenu(s) ;
- terminer l'exécution des instructions définissant la fonction.

Exemple :

• D'une formule à une fonction

La vitesse moyenne v est donnée par la formule $v = \frac{d}{t}$ avec d en m, t en s et v en $m \cdot s^{-1}$.

Associer la vitesse aux deux variables d et t, c'est créer une fonction qui à d et t associe la vitesse et que l'on peut noter $v(d, t)$ avec la notation fonctionnelle (comme $f(x)$ en mathématiques).

• Création de la fonction en Python

La fonction informatique créée en exécutant les lignes 1 et 2 du programme ci-contre a pour nom v et pour paramètres d et t.

```
1   def v(d,t):
2       return d/t
3
4   print(v(42,3.0))
```

• Faire afficher un résultat

`v(42,3.0)` renvoie le résultat du calcul de d/t pour d et t ayant pour valeurs respectives 42 et 3.0, donc `14.0`.

Exécuter `print(v(42,3.0))` en ligne 4 produit donc l'affichage `14.0`.

On en déduit que la vitesse moyenne est de 14 $m \cdot s^{-1}$.

• Utiliser une fonction dans un calcul

En ligne 4 du programme ci-contre, on utilise directement `v(42,3.0)` dans un calcul, sans l'avoir calculée auparavant.

Ec contient alors $0{,}5 \times 1\,000 \times 14{,}0^2 = 98\,000{,}0$.

```
1   def v(d,t):
2       return d/t
3
4   Ec = 0.5*1000*v(42,3.0)**2
```

Pourquoi utiliser des fonctions ?

Utiliser des fonctions permet :
- d'effectuer des opérations répétitives sans devoir saisir les instructions à chaque fois ;
- de découper un programme en parties plus simples et de le rendre plus lisible ;
- d'automatiser des calculs pour lesquels on ne dispose pas de formule algébrique.

Exercices

1 Le programme ci-contre définit une fonction.

```
def U(I) :
    return round(6.8*I, 1)
```

a) Quel est son nom ? Son (ou ses) paramètre(s) ?

....

b) Que renvoie `U(12)` ? ....

2 **Compléter le programme pour que la fonction `masse_vol()` renvoie la masse volumique $\frac{m}{V}$ d'un corps de masse m et de volume V à 0,01 près.**

```
def masse_vol(m,V) :
    return ........................................
```

3 On a défini une fonction qui doit donner l'IMC d'une personne, connaissant sa taille en m et sa masse en kg.

```
def imc(taille,masse):
    imc = masse/(taille**2)
    return imc
```

a) Quel est le nom de cette fonction ?
Son (ou ses) paramètre(s) ?

....

....

b) `imc(70,1.8)` renvoie `21.604938271604937`.
Interpréter ce résultat.

....

VU EN 2de

4 On définit la fonction poids qui permet de calculer le poids d'un objet connaissant sa masse :

```
def poids(m):
    return m*9.81
```

a) Que renvoie l'appel `poids(50)` ?

b) Que représente cette valeur ?

5 On considère un noyau constitué de A nucléons. La masse d'un nucléon est égale à $1{,}673 \times 10^{-27}$ kg.

```
def masse_noyau_atome(A) :
    m = A*1.673E-27
    return round(m, 29)
```

a) À quoi sert la fonction Python définie ci-dessus ?

b) Interpréter le résultat de l'appel :
`masse_noyau_atome(12)`

1re SPÉCIALITÉ

6 On souhaite définir la fonction Ec permettant de calculer l'énergie cinétique (en J) d'un système connaissant sa masse m (en kg) et sa vitesse v (en $m \cdot s^{-1}$).

a) Compléter l'extrait du programme ci-dessous :

```
def Ec (m,..........) :
    Ec = ..........................
    return Ec
```

b) Combien de paramètres cette fonction possède-t-elle ? Préciser leur nom.

c) Quel résultat renvoie l'appel `Ec(60,10)` ? Que signifie-t-il ?

Tle SPÉCIALITÉ

7 Branché On souhaite calculer la concentration en ions H_3O^+ à l'équilibre pour une solution aqueuse d'acide faible connaissant sa constante d'acidité K_A et la concentration molaire initiale en acide faible (notée Ci).

a) Compléter l'extrait du programme ci-contre.

```
def concentration_ion_H (..........,..........):
    delta = Ka**2 + 4*Ka*Ci
    h = (-Ka + delta**0.5)/2
    return h

print(concentration_ion_H (10**(-3.75), 0.5))
```

b) Quelle est la valeur du K_A et de la concentration initiale de l'acide faible étudié ?

c) Quel résultat renvoie l'appel `concentration_ion_H (10**(-9.2), 1.00e-3)` ? Que signifie-t-il ?

7 Boucle for... : répéter quand on connaît le nombre de répétitions

Pour répéter des instructions un nombre de fois connu, on utilise une « boucle for » appelée « boucle bornée ».

Syntaxe d'une boucle bornée (*i*, *m* et *n* désignent des entiers avec *m* < *n*)

```
for i in range(m, n):
    instructions
```

Pour *i* allant de *m* à *n* – 1, on répète les *instructions* qui figurent dans le bloc **indenté** (décalé vers la droite).

for i in … :	*i* prend successivement les valeurs entières
range(5)	de 0 à 4 donc 0, 1, 2, 3, 4 (attention : 5 est exclu)
range(2, 8)	de 2 à 7 donc 2, 3, 4, 5, 6, 7
range(10, 17, 2)	de 10 à 16 mais de 2 en 2, donc 10, 12, 14, 16

Exemple 1

```
a = 1
for i in range(2, 5) :
    a = i*a
    print(a)
```

On répète les instructions indentées pour *i* valant 2, puis 3, puis 4

```
a = 2*a
print(a)
a = 3*a
print(a)
a = 4*a
print(a)
```

Après exécution, on obtient l'affichage :
2
6
24

Importance de l'indentation (décalage vers la droite)

Exemple 2

```
a = 1
for i in range(2, 5):
    a = i*a
print(a)
```

• L'instruction `a = i*a` est indentée. Elle est répétée pour *i* prenant les valeurs 2, 3, puis 4, donc 3 fois.
• L'instruction `print(a)` n'est pas indentée, elle est en dehors de la boucle. Elle n'est exécutée qu'une seule fois quand l'exécution de la boucle est terminée.

Après exécution, on obtient l'affichage :

24

Exercices

1 **1.** Quelles valeurs *k* prend-elle dans chaque cas ?

a) `for k in range(5):` ....

b) `for k in range(10, 25, 3):` ....

2. Compléter l'instruction pour que *i* prenne les valeurs :

a) 3, 4, 5, 6, 7 : `for i in range(.........., ..........):`

b) 1, 3, 5, 7 : `for t in range(.........., .........., ..........):`

2 Quelles valeurs seront affichées après exécution des instructions suivantes ?

a)
```
for i in range(4):
    print(2*i)
```
....

b)
```
for i in range(1, 6):
    print(i**2)
```
....

3 Compléter pour que i prenne 5 valeurs successives :

a) `for i in range(..........):`

b) `for i in range(2, ..........):`

c) `for i in range(.........., 41, 10):`

4 Branché **a)** Écrire un programme permettant :
- de définir la variable d et de lui attribuer la valeur initiale de 10 ;
- de répéter l'instruction `d = d/i` pour i allant de 3 à 5 ;
- d'afficher toutes les valeurs successives de d.

....
....
....
....
....

b) Quelles valeurs obtient-on ?

....
....
....
....

VU EN 2de

5 Branché On considère que l'intensité sonore est multipliée par 10 à chaque fois que le niveau d'intensité sonore augmente de 10 dB.
On souhaite récupérer les données pour un niveau d'intensité sonore égal à 10, 20, 30, 40, 50 et 60 dB grâce au programme suivant :

```
Intensite_sonore = 1e-12
for i in range(10, 61, 10) :
    Niveau_intensite_sonore = i
    Intensite_sonore = Intensite_sonore*10
    print(Niveau_intensite_sonore,'dB')
    print(Intensite_sonore,'W.m-2')
```

a) Indiquer l'affichage obtenu après exécution du programme.

b) Où doit-on modifier le programme pour s'arrêter à 50 dB ?

1re SPÉCIALITÉ

6 On considère que la pression en profondeur sous l'eau augmente de 1×10^5 Pa tous les 10 m. On souhaite récupérer les données pour une profondeur de 10, 20, 30 et 40 m grâce au programme suivant :

```
1  Pression = 1e5
2  for i in range(10, 41, 10) :
3      Profondeur = i
4      Pression = Pression + 1e5
5      print(Profondeur,' m')
6      print(Pression,' Pa')
```

a) Indiquer les données obtenues après exécution du programme.

b) Sur quelle(s) ligne(s) doit-on enlever l'indentation pour récupérer uniquement la valeur de pression à 40 m de profondeur ?

Tle SPÉCIALITÉ

7 Branché Après avoir étudié les oscillations d'un pendule, on souhaite calculer l'énergie cinétique Ec à partir des différentes valeurs de vitesse obtenues.

```
v = [1.57, 1.51, 1.40, 1.24]
m = 0.100
Ec = []
for i in range (len(v)):
    Ec = Ec + [0.5*m*v[i]**2]
print(Ec)
```

a) Indiquer l'affichage obtenu après exécution du programme.

➡ *Voir listes p. 26*

b) Compléter le programme suivant pour calculer l'énergie potentielle Epp à partir des valeurs de l'altitude *z*.

```
1  z = [0, 0.010, 0.0026, 0.048, 0.077]
2  m = 0.100
3  ......................................
4  ......................................
5      Epp = Epp + [m*9.81*z[..........]]
6  print(..............)
```

8 Boucle while... : répéter quand on connaît une condition d'arrêt

Syntaxe d'une boucle while appelée boucle non bornée

```
while condition:
    instructions
```

Tant que la *condition* est vraie (elle a pour valeur True), on répète les *instructions* qui figurent dans le bloc **indenté** (décalé vers la droite).

Exemple 1

```
a = 1
while a <= 8:
    a = 3*a
    print(a)
```

Exécutons « à la main » le programme de l'exemple 1 :

a prend la valeur 1
On effectue le test a ≤ 8 : True (Vrai)
Donc a vaut 3 et on affiche 3
On effectue le test a ≤ 8 : True (Vrai)
Donc a vaut 9 et on affiche 9
On effectue le test a ≤ 8 : False (Faux)
On sort de la boucle.

Après exécution, on obtient l'affichage :
3
9

Importance de l'indentation (décalage vers la droite)

Exemple 2

```
a = 1
while a <= 8:
    a = 3*a
print(a)
```

Dans l'exemple 2, l'instruction `print(a)` n'est pas indentée. Elle n'appartient pas au bloc d'instructions à répéter et n'est exécutée qu'une fois la boucle terminée. Seule la dernière valeur de a, c'est-à-dire 9, est affichée.

Exercices

1 **Compléter, comme dans l'exemple 1 ci-dessus, la description de l'exécution « à la main » du programme ci-contre.**

```
a = 1
while a < 8 :
    a = a + 4
print(a)
```

a prend la valeur ....

On effectue le test a < 8 : ....

Donc a vaut .... **et on affiche** ....

On effectue le test a < 8 : ....

Donc a vaut ....

....

....

2 **Quel affichage obtient-on après exécution du programme suivant ?**

```
S = 100
while S > 10:
    S = S/2
    print(S)
```

....

....

....

....

3 Branché La demi-vie correspond à la durée pour laquelle la moitié des noyaux radioactifs d'un échantillon se sont désintégrés. Pour l'iode 131, utilisé en scintigraphie, la demi-vie vaut 8 jours.

a) Un patient absorbe 10 000 noyaux d'iode 131. Compléter le programme suivant permettant de connaître le nombre de demi-vies nécessaires pour qu'il ne reste plus que 625 noyaux radioactifs dans le corps de ce patient.

```
NbNoyauxIode = 10000
NbDemiVie = 0
while NbNoyauxIode > ..........:
    NbDemiVie = NbDemiVie ..........
    NbNoyauxIode = NbNoyauxIode/2
print(NbDemiVie)
```

b) Déterminer ce nombre de demi-vies.

....

c) En déduire la valeur en jours.

....

....

VU EN 2de

4 Branché Le programme suivant permet de remplir les sous-couches électroniques pour obtenir la configuration électronique d'un atome. Seul le remplissage des sous-couches 1s et 2s est étudié ici.

```
Ne = 3    # nombre d'électrons
N1s = 0   # nombre d'électrons dans la couche 1s au début
N2s = 0   # nombre d'électrons dans la couche 2s au début
while (Ne > 0) and (N1s < 2):
    N1s = N1s + 1
    Ne = Ne - 1
while (Ne > 0) and (N2s < 2):
    N2s = N2s + 1
    Ne = Ne - 1
print(N1s, N2s, Ne)
```

a) Quel résultat obtient-on pour N1s, N2s et Ne après exécution du programme ?

N1s = ... **N2s =** .... **Ne =** ....

b) Peut-on utiliser ce programme pour toutes les valeurs du nombre d'électrons ?

....

....

1re SPÉCIALITÉ

5 On souhaite obtenir une solution aqueuse de chlorure de sodium de concentration en masse $C_m = 1{,}0 \times 10^{-3}\ g \cdot L^{-1}$ à partir d'une solution mère $C_{m,mère} = 1{,}0\ g \cdot L^{-1}$.
Un élève choisit de réaliser des dilutions par 10 successives. Pour vérifier le nombre de dilutions à réaliser, il utilise le programme suivant :

```
Cm = 1.0
Nb_dilutions = 0
while Cm > 1.0e-3:
    Nb_dilutions = Nb_dilutions + 1
    Cm = Cm/10
print(Nb_dilutions)
```

a) Quelles sont les variables du programme ?

....

b) Combien obtient-on de dilutions à effectuer après exécution du programme ?

....

c) Modifier le programme pour connaître le nombre de dilutions par 5 à effectuer.

Tle SPÉCIALITÉ

6 On souhaite calculer l'énergie thermique Q pour une puissance thermique P donnée pour plusieurs intervalles de temps Δt jusqu'à $\Delta t = 5$ s. On utilise le programme suivant :

```
1  delta_t = 0
2  P = 10
3  while delta_t < 5:
4      delta_t = delta_t + 1
5      Q = P*delta_t
6      print(delta_t,'s', Q,'J')
```

a) Quel est le résultat obtenu après l'exécution du programme ?

....

....

....

....

b) Quelle ligne du programme faut-il modifier et comment pour afficher les résultats jusqu'à $\Delta t = 10$ s ?

....

....

9 Modules (exemple du module random)

Nous avons déjà utilisé différentes fonctions Python comme **`print()`**, **`type()`**, etc.
De très nombreux outils sont disponibles en Python, certains sont rangés dans des modules (ou bibliothèques). Quand on veut utiliser un tel outil, on doit l'**importer** depuis le module. On a le choix entre importer cet outil seulement ou importer l'ensemble des outils du module. Plusieurs syntaxes possibles sont à connaître.

Exemple : on souhaite utiliser les fonctions `randint()` et `random()` du module *random*.
`randint(a, b)` simule le tirage au hasard d'un entier entre deux entiers *a* et *b* (*a* et *b* inclus) ;
`random()` simule le tirage au hasard d'un nombre compris entre 0 et 1 (0 inclus, 1 exclu).

Importer un seul outil	Importer tous les outils d'un module	
On peut utiliser l'outil plusieurs fois si nécessaire.	On peut ensuite utiliser n'importe quel outil du module. Cette importation peut s'effectuer de plusieurs façons.	
from *module* import *outil*	from *module* import*	import *module* (as *alias*)

from *module* import *outil*

```
from random import randint
a = randint(1, 6)
b = randint(1, 6)
c = randint(1, 6)
print(a, b, c)
```

Après une 1re exécution, on peut obtenir par exemple l'affichage :

```
3      1      3
```

Après une 2e exécution :

```
4      2      6
```

et ainsi de suite.

from *module* import*

```
from random import*
a = randint(1, 6)
b = randint(1, 6)
c = random()
print(a, b, c)
```

Après une 1re exécution, on peut obtenir par exemple l'affichage :

```
5      2      0.1196377190163963
```

Après une 2e exécution :

```
5      1      0.9157830140796791
```

et ainsi de suite.

import *module* (as *alias*)

```
import random
a = random.randint(1, 6)
b = random.randint(1, 6)
c = random.random()
print(a, b, c)
```

ou, en utilisant un alias comme rd pour raccourcir le nom du module :

```
import random as rd
a = rd.randint(1, 6)
b = rd.randint(1, 6)
c = rd.random()
print(a, b, c)
```

Remarque : dans la dernière méthode, le nom de la fonction doit être précédé du nom du module (ou de son alias). Cela permet de bien identifier la fonction, de savoir d'où elle vient. En effet, certaines fonctions ont le même nom dans différents modules, mais des utilisations un peu différentes.

En pratique, on utilisera principalement :
- **`numpy`** (voir p. 28). Il arrive qu'on lui donne un alias, en général **`np`** ;
- **`matplotlib.pyplot`** (voir p. 30) auquel on donne en général l'alias **`plt`** ;
- **`random`** (voir ci-dessus).

D'autres modules sont utilisés de façon plus épisodique. L'essentiel pour ces modules est de bien comprendre les syntaxes décrites ci-dessus.

LISTE DES OUTILS D'UN MODULE

Pour connaître tous les outils disponibles dans le module *module*, on exécute :

- dans la console :

```
import module
dir(module)
```

- dans un programme :

```
import module
print(dir(module))
```

Exercices

1 Dans le programme ci-contre, on utilise une fonction importée d'un module.

```
from math import factorial
a = factorial(6)
print(a)
```

a) Donner le nom du module et celui de la fonction.

....

b) Compléter les trois programmes ci-dessous permettant la même utilisation de cette fonction.

```
from math import*
..........................
print(a)
```

```
import math
..........................
print(a)
```

```
import math as m
..........................
print(a)
```

VU EN 2de

2 Branché On souhaite calculer le poids d'une bille en fer de rayon $r = 0{,}10$ m. La bille est assimilable à une sphère de volume $V = \frac{4}{3} \times \pi \times r^3$ et de masse volumique $\rho = 7\,860$ kg · m^{-3}.

a) Interpréter le calcul effectué dans le programme ci-dessous.
***Rappel* : `round(a, n)` donne l'arrondi de *a* à 10^{-n} près.**

```
from math import pi
V = (4/3)*pi*(0.10)**3
print(round(V, 4))
```

....

....

b) Compléter le programme Python ci-dessous pour qu'il calcule le poids de la bille avec un arrondi au 10e.

```
from math import*
V = (4/3)*.........*(0.10)**3
g = 9.81
P = 7860*.........*g
print(round(.........., 1))
```

Quel résultat s'affiche après exécution du programme ? Que signifie-t-il ?

....

....

....

1re SPÉCIALITÉ

3 On considère un signal périodique définit par :

$$s(t) = A \times \sin\left(\frac{2 \times \pi \times t}{T}\right)$$

avec $T = 3$ s sa période et $A = 5$ m son amplitude maximale.

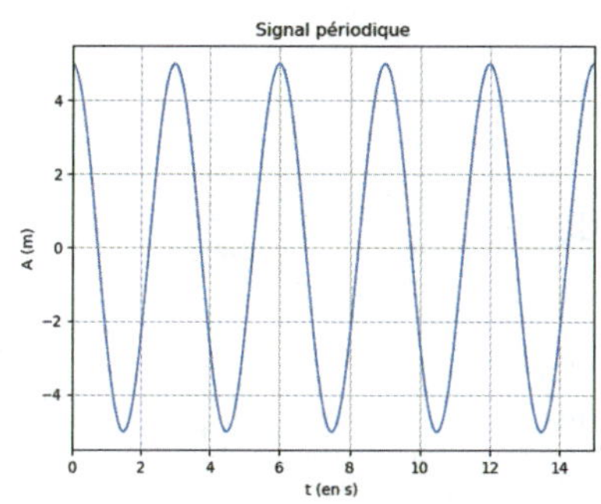


```
import ..................................
def s(..........):
    return 5*math.sin(2*math.pi*t/3)
```

a) Compléter le programme Python ci-dessus pour définir la fonction qui calcule la valeur du signal *s* pour un temps *t*.

b) Déterminer la valeur du signal *s* pour $t = 1$ s.

....

....

Tle SPÉCIALITÉ

4 Branché **a)** On lance un projectile dans le champ de pesanteur terrestre avec une vitesse initiale v_0, de coordonnées $v_{0x} = 5$ m · s^{-1} et $v_{0y} = 2$ m · s^{-1}.
Le programme Python ci-dessous permet de calculer la valeur de v_0 :

```
from math import sqrt
v0 = sqrt(5**2 + 2**2)
```

Écrire le calcul effectué en Python et le résultat obtenu.

....

....

b) On souhaite calculer le niveau d'intensité sonore L correspondant à une intensité sonore $I = 1 \times 10^{-7}$ W · m^{-2}. On rappelle que $I_0 = 1 \times 10^{-12}$ W · m^{-2} est l'intensité sonore de référence.
Compléter le programme pour qu'il affiche la valeur de *L*.
Donnée : `log10(x)` retourne le logarithme en base 10 de *x*.

```
import math ..............
I = 1e-7
I0 = ..........................
L = 10*m.log10(I/I0)
print(..........)
```

10 Stocker des données

Pour traiter des relevés d'expérience, on a besoin de stocker de nombreuses mesures. Pour cela, on ne crée pas une nouvelle variable pour chaque valeur à stocker, mais des listes ou des tableaux.

A. Utiliser des listes

Créer une liste

Une liste se présente comme une suite d'éléments séparés par des virgules écrite entre crochets. Elle est de type `list`. On peut la créer de différentes façons.

Exemple : Voici trois façons de créer la liste [0, 10, 20, 30] et de la stocker dans la variable L.

`L = [0, 10, 20, 30]`	**On crée la liste en entrant chaque valeur à la main.**
`L = [10*i for i in range(4)]`	**Les éléments de la liste sont les produits `10*i` quand `i` prend les valeurs 0, 1, 2 et 3.**

`L = []`
`for i in range(4):`
`    L.append(i*10)`
	On crée la liste vide [ ], puis on ajoute un par un les éléments.
	`L.append(a)` permet de modifier la liste `L` en lui ajoutant à la fin l'élément `a` ;
	la liste ainsi rallongée s'appelle toujours `L`.

Remarques :

• On pourrait aussi créer L en écrivant `L = list(range(0, 40, 10))` où `list()` transforme `(0, 10, 20, 30)` en la liste `[0, 10, 20, 30]`.

• `append()` permet d'ajouter un élément à une liste.

Exemple : `L.append(40)` transforme L en `[0, 10, 20, 30, 40]`.
Attention, `L.append([40,50])` transforme L en `[0, 10, 20, 30, [40, 50]]`.

Accéder à un élément

• Pour une liste L, `L[i]` donne le (i + 1)-ième élément. Le premier terme est `L[0]`.

• `len(L)` renvoie le nombre d'éléments de L.

• Si L n'est pas vide, le dernier élément peut être obtenu par `L[-1]`.

Exemple

```
L = [1, 2, 5, 6] ; len(L) = 4

L[0] L[1] L[2] L[3]
```

Opérations et fonctions

• L'addition de listes les concatène (comme pour les chaînes de caractères).

Exemple : `[1, 2, 3]` + `[2, 7]` donne `[1, 2, 3, 2, 7]`.

• On peut créer la liste des images par une fonction des éléments d'une liste donnée.

Exemple : on crée la liste L2 contenant les cosinus des éléments de L.

ATTENTION

`2*[1, 2, 3]` donne :
`[1, 2, 3, 1, 2, 3]`

```
from math import*
L = [1, 2, 3, 4]
L2 = [cos(t) for t in L]
```

Exercices

1 Compléter en précisant ce que contient la liste après exécution des instructions indiquées :

`L = [1, 2, 8]`
`L.append(7)`
 	
....
	`L = [2*i for i in range(5)]`
	
	....

`X = [4, 5, 12]`
`Y = [x/2 for x in X]`
 	
....
	`A = []`
	`for k in range(1, 4) :`
	`        A.append(k**2)`
	
	....

2 On définit la liste L par `L = [4*k for k in range(6)]`.

a) Quel affichage obtient-on en exécutant `print(L)` ?

....

b) Quel affichage obtient-on en exécutant :

`print(L[2])` : ....

`print(L[-1])` : ....

`print(len(L))` : ....

`print(L[0] + L[1])` : ....

c) On exécute :

```
L = [4*k for k in range(6)]
S = 0
for i in range(6) :
    S = S + L[i]
print(S)
```

On obtient : ....

VU EN 2de

3 On mesure expérimentalement la température du cyclohexane au cours du temps.
Les résultats obtenus sont stockés dans des listes dans l'extrait de programme suivant :

```
1  t = [..............................]
2  ..........0, 2.0, 4.0, 6.0, 8.0......
```

a) **Remplir la liste de la ligne 1 en indiquant les valeurs de temps *t* (min) suivantes : 0 ; 2,0 ; 4,0 ; 5,0 ; 6,0.**

b) **Compléter la ligne 2 pour créer la liste de valeurs Teta de la température (°C).**

1re SPÉCIALITÉ

4 On souhaite tracer les vecteurs vitesse en différents points de la trajectoire d'un système en mouvement. Le programme suivant crée tout d'abord les listes de valeurs des coordonnées x et y de la trajectoire. Il calcule ensuite les valeurs des vecteurs vitesse Vx et Vy et stocke ces valeurs dans des listes.

```
1  x = ......1.20, 1.19, 1.176, 1.147, 1.11, 1.06,
   0.994, 0.926, 0.850......
2  y = ......0, 0.1176, 0.234, 0.348, 0.459,
   0.566, 0.667, 0.758, 0.850......
3  dt = 0.15
4  Vx = []
5  ..........................................
6  for k in range(1, .............. - 1):
7      Vx.append((x[k + 1] - x[k - 1])/(2*dt))
8      ...............((y[k + 1] - ......[k - 1])/(2*dt))
```

a) **Corriger les lignes 1 et 2 du programme pour créer les listes de valeurs de *x* et *y*.**

b) **Compléter la ligne 5 du programme en s'aidant de la ligne 4 pour définir la liste vide qui contiendra les valeurs de Vy.**

c) **Quelle instruction permet de renvoyer le nombre de valeurs d'une liste ?**

....

d) **Compléter la ligne 6 du programme en indiquant l'instruction qui renvoie le nombre de valeurs de la liste x.**

e) **Compléter la ligne 8 du programme en s'aidant de la ligne 7 pour remplir la liste Vy.**

Tle SPÉCIALITÉ

5 On souhaite faire l'étude énergétique de la chute d'un corps.
Les trois premières lignes du programme suivant permettent de stocker les données obtenues sous forme de listes.

```
1  z = [3.13, 2.92, 2.72, 2.51, 2.24]
2  ..........................................
3  v = [4.16, 4.32, 4.47, 4.76, 5.16]
4  Ec = [0.5*m*V**2 for V in v]
5  Epp = .....................................
6  Em = []
7  for i in range (0, ....................):
8      Em.append(Ec[i] + Epp[i])
```

a) **Écrire la ligne 2 du programme en créant la liste des valeurs de t suivantes : 0,04 ; 0,08 ; 0,12 ; 0,16 ; 0,20.**

Les lignes 4 à 8 du programme permettent de calculer les énergies cinétique, potentielle et mécanique. Les valeurs obtenues sont stockées dans des listes.

b) **Compléter la ligne 5 du programme qui calcule l'énergie potentielle Epp. On choisit Z pour nommer la nouvelle grandeur qui prend ses valeurs dans la liste z.**
***Rappel* : $E_{pp} = mgZ$.**

c) **Compléter la ligne 7 du programme pour que la variable i prenne le même nombre de valeurs que dans la liste Epp.**

B. Utiliser des tableaux et le module numpy

Créer un tableau (array)

On importe le module numpy par `import numpy as np`.		**Exemple** `import numpy as np`
`np.array([valeur1, …])`	Crée le tableau en entrant chaque valeur à la main.	`np.array([0, 10, 20, 30])` crée le tableau : `[0, 10, 20, 30]`
`np.arange(b)`	Crée le tableau des entiers successifs strictement inférieurs à b (b > 0).	`np.arange(5)` crée le tableau : `[0, 1, 2, 3, 4]`
`np.arange(a, b, pas)`	Crée le tableau de valeurs de a à b (b exclu) espacées de pas.	`np.arange(0, 1, 0.2)` crée le tableau : `[0., 0.2, 0.4, 0.6, 0.8]`
`np.linspace(a, b, n)`	Crée le tableau de n valeurs de a à b régulièrement espacées (pas = $\frac{b-a}{n-1}$).	`np.linspace(0, 1, 5)` crée le tableau : `[0., 0.25, 0.5, 0.75, 1]`

Remarques :
- Dans `np.arange(a, b, pas)`, a, b, pas ne sont pas nécessairement entiers, contrairement à `range()`.
- Les éléments d'un tableau sont tous de même type (dans les exemples ci-dessus, `np.arange(0, 1, 0.2)` ou `np.linspace(0, 1, 5)` donnent des tableaux de nombres tous de type float).

Accéder à un élément

De même que pour les listes, pour un tableau T de longueur *n*, les indices vont de 0 à *n* – 1, soit `len(T) - 1`.
`T[i]` donne le (i + 1)-ième élément et `T[-1]` le dernier.

Exemple

`T = np.array([1, 2, 5, 6]) ; len(T) = 4`

`T[0]` `T[1]` `T[2]` `T[3]`

Opérations et fonctions

- Contrairement aux listes, multiplier un tableau par 2 permet de multiplier chacun de ses éléments par 2.
On peut de même ajouter deux tableaux de nombres de même taille, ce qui revient à ajouter terme à terme les éléments de même indice.
- Contrairement aux listes, on peut appliquer directement à un tableau une fonction que l'on a définie ou une fonction du module numpy.

ATTENTION

`2*np.array[1, 2, 3]` donne : `[2, 4, 6]`

Exemple

En exécutant le programme suivant :

```
import numpy as np
t = np.array([3, 4, 5])
print(t**2)
```

On obtient l'affichage : [9 16 25].

Exercices

6 Compléter en indiquant l'affichage obtenu après exécution des instructions indiquées :

a)
```
import numpy as np
a = np.array([0, 0.2, 0.4, 0.6, 0.8, 1])
print(a)
print(a[3])
```

b)
```
import numpy as np
b = np.linspace(0, 1, 6)
print(b)
print(b[-1])
```

c)
```
import numpy as np
c = np.arange(6)
print(c)
print(0.2*c)
```

d)
```
import numpy as np
c = np.arange(0, 10, 3)
print(c)
```

VU EN 2^de^

7 On souhaite étudier la caractéristique tension-intensité d'un dipôle.
On utilise l'extrait de programme suivant pour créer les tableaux de valeurs de l'intensité *I* et de la tension *U* mesurées :

```
10  I = np.array([........................................])
11  ...............................0, 2.0, 4.0, 6.0, 8.0........
```

a) Compléter la ligne `10` en indiquant les valeurs d'intensité suivantes : 0 ; 0,01 ; 0,02 ; 0,03 ; 0,04.

b) Compléter la ligne `11` pour créer le tableau des valeurs de tension U.

c) Que signifie np ? Quelle bibliothèque doit-on importer et avec quelle instruction ?

d) Où place-t-on cette instruction dans le programme ?

1re SPÉCIALITÉ

8 On souhaite représenter une fonction avec de nombreuses valeurs de temps aléatoires.
Pour cela, après avoir importé la bibliothèque `numpy` avec l'alias `np`, on crée un tableau de valeurs des temps comprenant un grand nombre de valeurs.

a) Quelle instruction permet de créer un tableau de *n* valeurs de *a* à *b* régulièrement espacées ?

b) Écrire la ligne de programme permettant de créer un tableau de valeurs des temps comprenant 800 valeurs, de 0 à 8.

c) Quel est le type des nombres importés ?

T^le^ SPÉCIALITÉ

9 On souhaite tracer l'évolution d'une concentration et d'une vitesse volumique au cours du temps.
L'extrait de programme suivant permet de stocker les données sous forme de tableaux.

```
10  ..............................0.300,  0.182,  0.110,
    0.0677, 0.0246..........
11  V_tBuCl = np.array([0.150, 0.0909, 0.0551,
    0.0335, 0.0123])
```

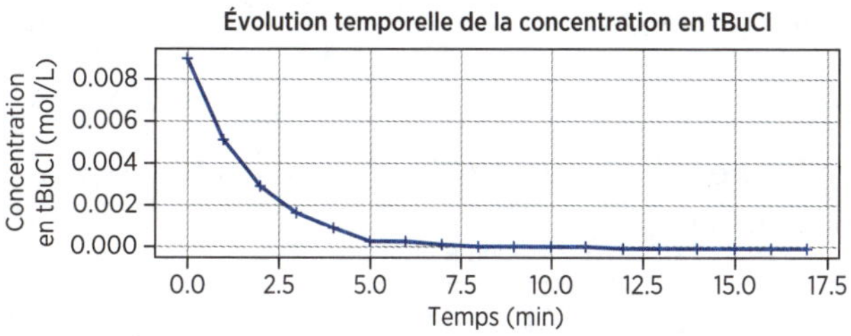

a) Quelle bibliothèque faut-il importer pour créer les tableaux des lignes `10` et `11` et avec quelle instruction ?

b) Compléter la ligne `10` du programme en s'aidant de la ligne `11` pour créer un tableau de valeurs de concentrations Ca.

c) Dans la suite du programme, on souhaite faire intervenir un tableau de valeurs des temps comprenant 600 valeurs de 0 à 6. Que doit contenir la ligne du programme permettant de le créer ?

11 Graphiques avec matplotlib.pyplot

On importe le module `matplotlib.pyplot` avec l'alias `plt`.
Les fonctions importées de ce module seront donc précédées de `plt`.
On termine le programme par `plt.show()` pour faire afficher le graphique.

```
import matplotlib.pyplot as plt
    instructions pour les tracés
plt.show()
```

A. Nuages de points et courbes : plt.plot

L'instruction `plt.plot(x, y, 'r+')` permet de marquer par le signe + en rouge :
– le point de coordonnées (*x* ; *y*), si *x* et *y* sont deux nombres ;
– tous les points ayant pour abscisses les éléments de *x* et pour ordonnées ceux de *y* de même indice, si *x* et *y* sont des listes ou des tableaux de nombres.

••• NOTE
Pour un nuage de points, on peut aussi utiliser **`plt.scatter()`**.

Exemple 1 : Nuage de points avec des listes x et y

- x est la liste des abscisses.
- y est la liste des ordonnées.
- Les points de coordonnées (0 ; 0,7), (1 ; 0,9), ..., (5 ; 0,6) sont marqués par un + rouge (`'r+'`).

```
import matplotlib.pyplot as plt
x = [0, 1, 2, 3, 4, 5]
y = [0.7, 0.9, 0.4, 0.5, 0.8, 0.6]
plt.plot(x, y, 'r+')
plt.show()
```

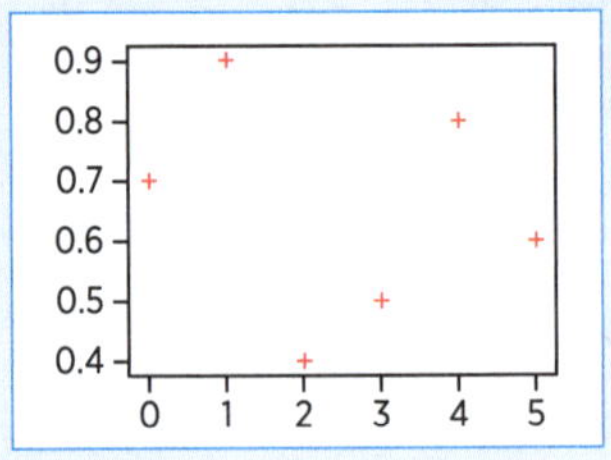

Exemple 2 : Nuage de points avec une boucle

- x prend les valeurs 0, 1, 2 et 3.
- Les points de coordonnées (0 ; 0), (1 ; 1), (2 ; 4) et (3 ; 9) sont marqués par un rond bleu (`'bo'`).

```
import matplotlib.pyplot as plt
for x in range(4):
    plt.plot(x, x**2, 'bo')
plt.show()
```

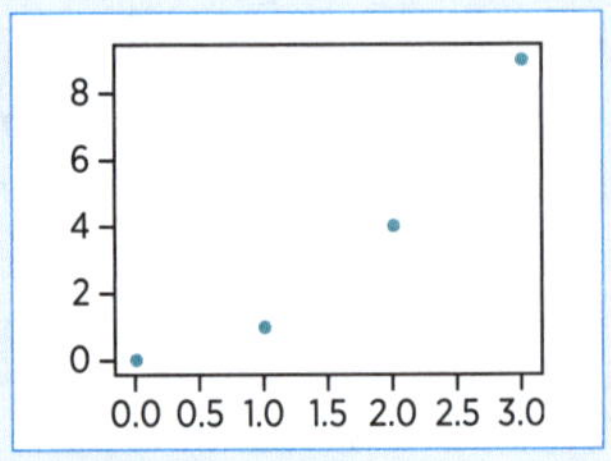

Exemple 3 : Courbe avec numpy et un tableau

- On importe `numpy` pour créer le tableau x de 11 nombres de 0 à 1 avec un pas de 0,1.
- Les points de coordonnées (0 ; 0^2), (0,1 ; $0,1^2$), ..., (1 ; 1^2) sont reliés par un trait vert (`'g-'`).

```
1  import matplotlib.pyplot as plt
2  import numpy as np
3  x = np.linspace(0, 1, 11)
4  plt.plot(x, x**2, 'g-')
5  plt.show()
```

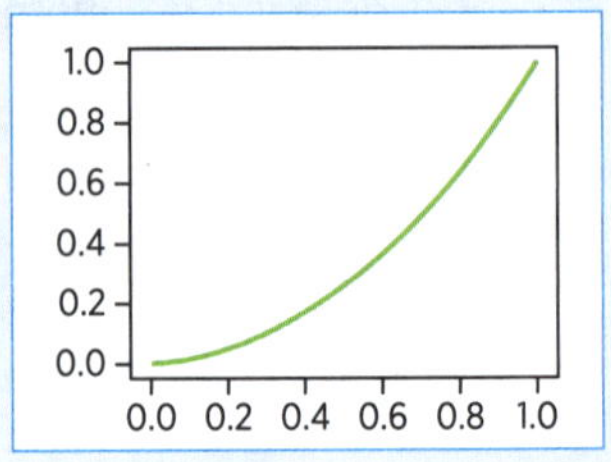

On peut préciser davantage de paramètres, en utilisant des formulations plus explicites que les raccourcis bien pratiques comme `'r+'` ou `'bo'`.
On obtient ainsi le graphique ci-contre en remplaçant la ligne 4 de l'exemple 3 par :

```
4  plt.plot(x, x**2, 'g+-', markersize = 10)
```

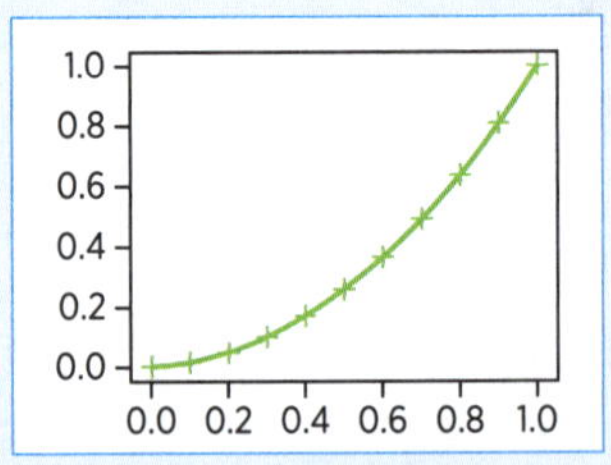

ou encore, pour que la courbe soit en pointillé :

```
4  plt.plot(x, x**2, linestyle = ':', linewidth = 2, color = 'g',
   marker = '+', markersize = 10)
```

Paramètres graphiques :

- **`color`** = `'...'` : précise la couleur. Les choix de couleurs sont : `'b'` ou `'blue'` ; `'g'` ou `'green'` ; `'r'` ou `'red'` ; `'c'` ou `'cyan'` ; `'m'` ou `'magenta'` ; `'y'` ou `'yellow'` ; `'k'` ou `'black'` ; `'w'` ou `'white'`.
- **`marker`** = `'...'` : donne le style de la marque, par exemple, `'+'` (signe +), `'o'` (rond), `'x'` (croix), `'s'` (*square* : carré), `'v'` ou `'>'` ou `'<'` (triangles).
- **`markersize`** = *nombre* : précise la taille de la marque.
- **`linestyle`** = `'...'` : précise le style de trait, par exemple `'none'` (pas de trait), `'-'` ou `'solid'` (trait continu), `'--'` ou `'dashed'`, `':'` ou `'dotted'` (trait discontinu).
- **`linewidth`** = *nombre* : précise l'épaisseur du trait.

••• NOTE

```
plt.plot(x, y, linestyle = 'none',
color = 'black', marker = '+')
```

a le même effet que :

```
plt.plot(x, y, 'k+')
```

B. Titres et légendes d'un graphique : label, xlabel, ylabel, legend

```
import numpy as np
import matplotlib.pyplot as plt

I = np.array([0.10, 0.12, 0.14, 0.16, 0.18])
U = np.array([2.6, 3.1, 3.5, 4.0, 4.6])
plt.plot(I, U, 'r+', label = 'U = f(I)')
plt.legend()  # affiche la légende entrée dans plot
plt.title("Tension en fonction de l'intensité")
plt.xlabel('I (A)')
plt.ylabel('U (V)')
plt.grid()     # affiche le quadrillage
plt.show()
```

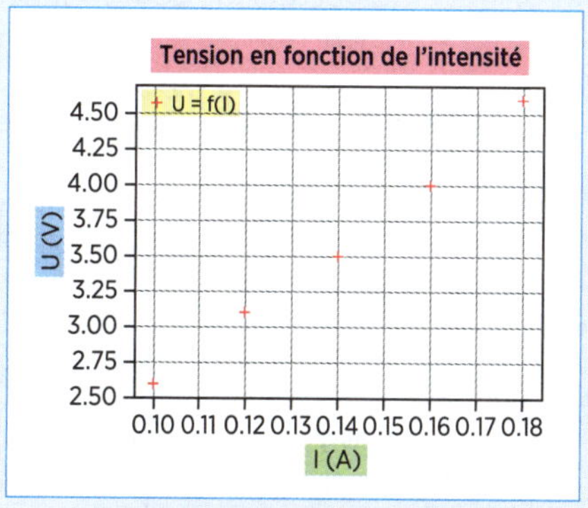

Remarque : remplacer `plt.legend()` par `plt.legend(loc = 'best')` permet de placer la légende au meilleur endroit sur le graphique.

C. Réglage des axes : plt.axis

L'instruction `plt.axis([xmin, xmax, ymin, ymax])` permet de préciser les bornes des axes.

Exemple :

La figure ci-contre est obtenue avec le réglage des axes par l'instruction :
`plt.axis([5, 8, 56, 59])`

On aurait aussi pu régler :
– chaque axe séparément : `plt.xlim(5, 8)` et `plt.ylim(56, 59)` ;
– une seule des bornes, comme : `plt.xlim(xmax = 8)` ou `plt.ylim(ymin = 59)`.

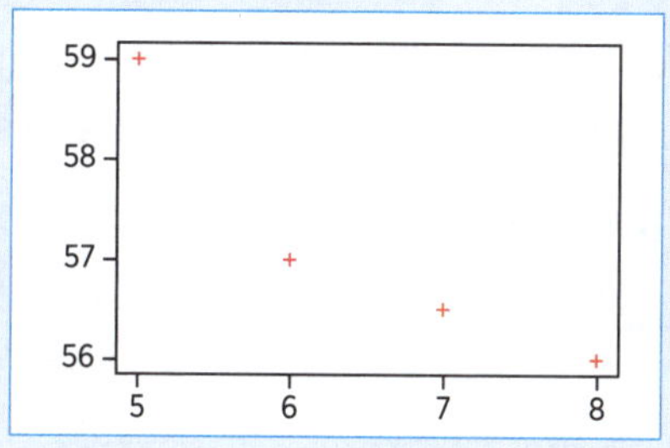

Exercices

1 **Répondre aux questions à partir du programme ci-contre sans l'exécuter.**

```
1  import matplotlib.pyplot as plt
2  x = [0, 1, 2, 4]
3  y = [1, 2.5, 1.8, 3.3]
4  plt.plot(x, y, 'b+', markersize = 15)
5  plt.grid(color = 'c', linestyle = ':', linewidth = 0.5)
6  plt.show()
```

a) **Quelles sont les coordonnées des points à placer ?**

....

b) **Que sait-on de la marque matérialisant un point ?** ....

c) **Interpréter l'instruction de la ligne 5.**

....

2 **Compléter le programme et le titre du graphique pour qu'ils se correspondent.**

```
import matplotlib.pyplot as plt
duree_t = [..........]
temp_T = [8, 6, 1, 0, 0, -1, -3]
plt.plot(.........., 'r+', label = "..........")
plt.legend()
plt.axis (..........)
plt.xlabel("Durée t (min)")
plt.ylabel("..........")
plt.title("Courbe de température au cours du temps")
plt.grid(linestyle = '-.')
plt.show()
```

Titre : ....

....

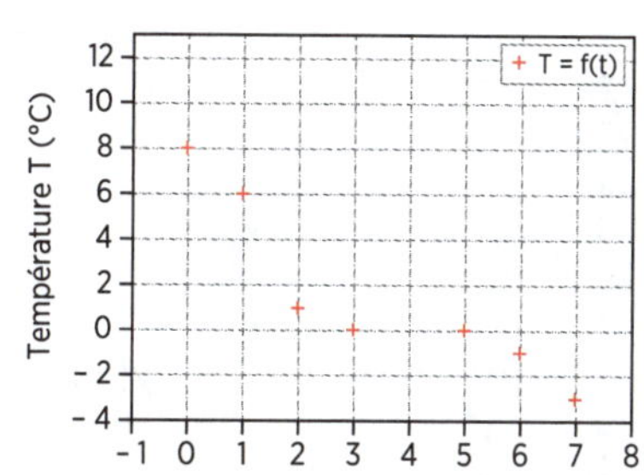

....

D. Représentation d'un vecteur : matplotlib.pyplot

Pour tracer le vecteur de coordonnées (dx ; dy) à partir du point de coordonnées (*x* ; *y*), on utilise l'instruction :

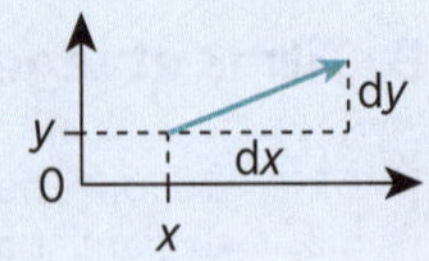


```
plt.quiver(x, y, dx, dy, angles = 'xy', scale = 1, scale_units = 'xy')
```

Ces réglages, à ne pas modifier, assurent la cohérence de la direction du vecteur tracé et de ses dimensions avec le repère et les unités sur les axes.

Exemple

```
import matplotlib.pyplot as plt
plt.quiver(0, 3, 2, -1, color = 'b', angles = 'xy',
scale = 1, scale_units = 'xy')
plt.axis([-1, 3, 1, 4])
plt.grid()
plt.show()
```

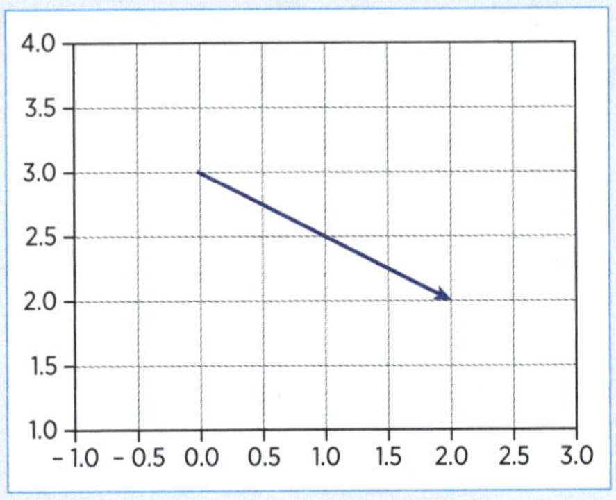

Remarque : il est préférable d'utiliser `plt.quiver()` mais `plt.arrow()` peut aussi être utilisé, avec des réglages pour éviter des problèmes de positionnement et de dimensions par rapport aux axes.

```
plt.arrow(x, y, dx*echelle, dy*echelle, head_width = 0.05, length_includes_head = True)
```

Largeur de la pointe de la flèche (head_width = 0.05)

La pointe de la flèche est incluse dans les dimensions données. (length_includes_head = True)

Exercices

3 **Compléter le programme pour obtenir le graphique ci-contre.**

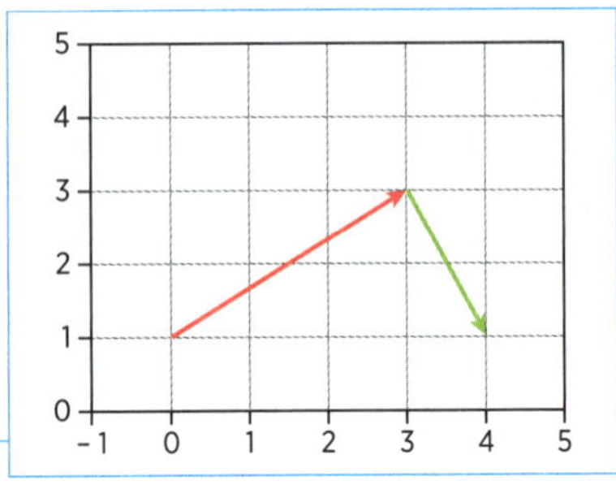


```
import matplotlib.pyplot as plt
plt.quiver(.........................., color = 'r', angles = 'xy', scale = 1, scale_units = 'xy')
plt.quiver(.................................................., angles = 'xy', scale = 1, scale_units = 'xy')
plt.axis([-1, 5, 0, 5])
plt.grid()
plt.show()
```

4 **Compléter le graphique en traçant le vecteur qui manque.**

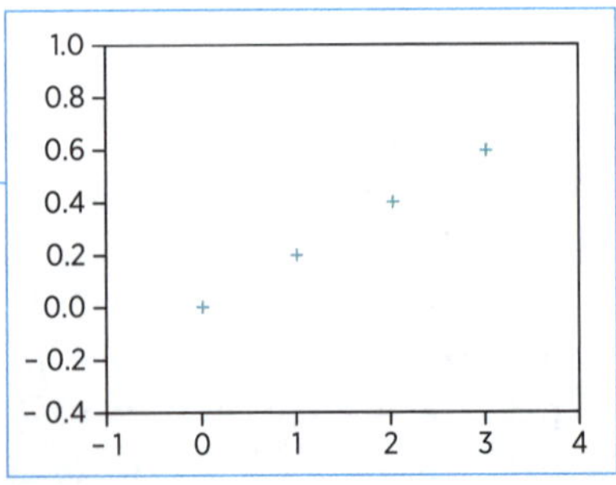


```
import matplotlib.pyplot as plt
import numpy as np
x = np.array([0, 1, 2, 3])
y = 0.2*x
dx = x[2] - x[1]
dy = y[2] - y[1]
plt.plot(x, y, 'b+')
plt.quiver(x[1], y[1], dx, dy, color = 'r', angles = 'xy', scale = 1, scale_units = 'xy')
plt.axis([-1, 4, -0.4, 1])
plt.show()
```

E. Tracer un histogramme avec matplotlib.pyplot

L'instruction `plt.hist()` permet de tracer un histogramme.

Remarque : comme dans un tableur, « histogramme » ne désigne pas ici un histogramme au sens mathématique, mais un diagramme en barres dans lequel la hauteur de chaque barre représente l'effectif correspondant.

Exemple 1 : Représenter une série de valeurs

x contient la série de valeurs (au moins 2) à représenter.

```
1  import matplotlib.pyplot as plt
2  x = [1, 2, 2, 3, 3, 3, 3, 3.5, 4, 4, 5, 6, 6]
3  plt.hist(x, bins = 5, color = 'yellow', edgecolor = 'red')
4  plt.xlabel('Valeurs')
5  plt.ylabel('Nombre')
6  plt.show()
```

Paramétrages graphiques

- `bins = 5` : on obtient 5 barres de même largeur.
- `color = 'yellow'` : les barres sont colorées en jaune.
- `edgecolor = 'red'` : les barres ont une bordure rouge.
- Pour les lignes 4 à 6, voir p. 31.
- On peut aussi ajouter un titre, une légende, etc.

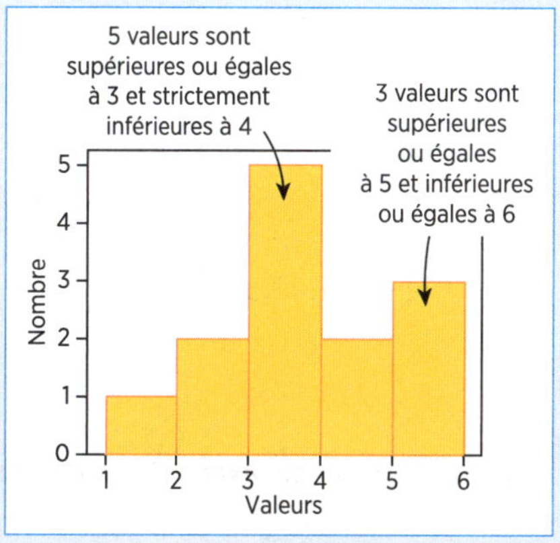

Lecture de l'histogramme

Chaque barre a pour hauteur le nombre de valeurs supérieures ou égales à sa borne gauche et strictement inférieures à sa borne droite, sauf la dernière barre pour laquelle la borne droite est incluse.

Autres paramétrages

- **bins** : si la valeur est un entier, elle indique le nombre de barres de largeur égale, mais on peut aussi fixer les bornes une par une, en entrant leur liste. Par exemple `bins = [0, 2, 3, 6]` donne des barres construites sur les intervalles [0 ; 2[, [2 ; 3[, [3 ; 6]).
- **edgecolor** : c'est facultatif, mais mettre les bordures dans une couleur différente de celle des barres peut aider à la lisibilité.
- **range** : quand `bins` contient un entier, on peut fixer les limites sur l'axe des valeurs. Par exemple, modifier la ligne 3 du programme ci-dessus en `plt.hist(x, bins = 5, range = (0, 10), color = 'yellow', edgecolor = 'red')` impose un axe gradué de 0 à 10 pour obtenir le graphique ci-contre.

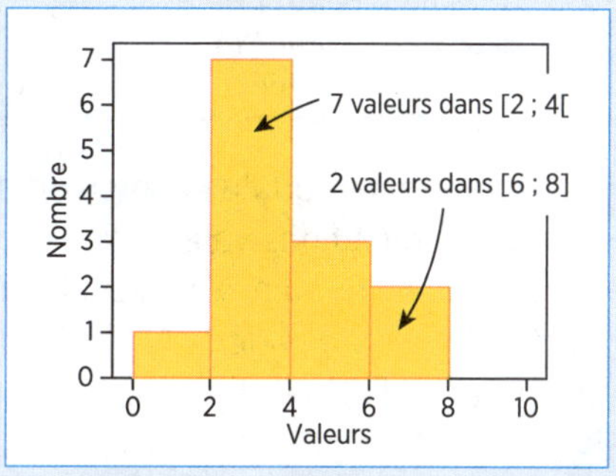

Exemple 2 : Représenter plusieurs séries de valeurs sur un même graphique

x1 et x2 contiennent chacune une série de valeurs que l'on souhaite représenter sur le même graphique.

Il est donc nécessaire d'indiquer deux couleurs, ici `'r'` et `'c'`.

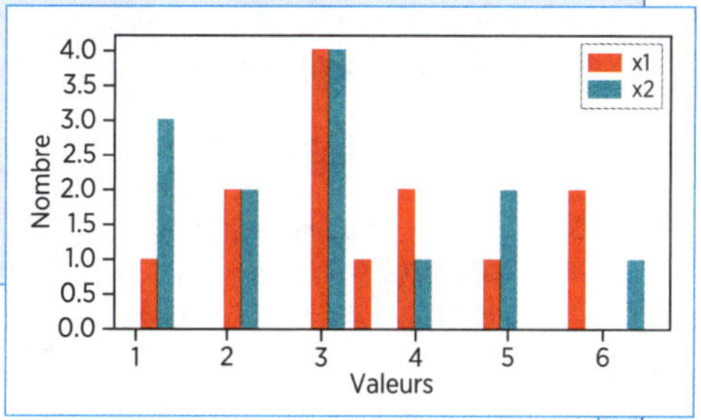


```
import matplotlib.pyplot as plt
x1 = [1, 2, 2, 3, 3, 3, 3, 3.5, 4, 4, 5, 6, 6]
x2 = [1, 1, 1, 2, 2, 3, 3, 3, 3, 4, 5, 5, 6.5]
x = x1 + x2
plt.hist([x1, x2], bins = 12, range = (min(x), max(x)), color = ['r', 'c'], label = ['x1', 'x2'])
plt.xlabel('Valeurs')
plt.ylabel('Nombres')
plt.legend()
plt.show()
```

Remarque : la liste `x` contient toutes les valeurs des deux séries. Donc `min(x)` et `max(x)` donnent la plus petite valeur et la plus grande valeur à placer sur l'axe des abscisses et on donne les limites de cet axe par `range = (min(x), max(x))`.

12 Analyser des données numériques

A. Calculer la moyenne et l'écart-type d'une série numérique

Pour une série de données brutes :
– la moyenne est obtenue en divisant la somme des valeurs de la série par le nombre de valeurs ;
– l'écart-type est en revanche long à calculer à la main, et s'obtient toujours avec un outil (calculatrice, tableur...).

Exemple

Série : 2,49 ; 2,51 ; 2,47 ; 2,49 ; 2,48 ; 2,51 ; 2,53.

$$\text{Moyenne} = \frac{2{,}49 + 2{,}51 + 2{,}47 + 2{,}49 + 2{,}48 + 2{,}51 + 2{,}53}{7}$$

Exemple 1 : Moyenne avec les fonctions sum() et len()

```
1  X = [2.49, 2.51, 2.47, 2.49, 2.48, 2.51, 2.53]
2  somme = sum(X)
3  n = len(X)
4  moy = somme/n
5  print('Moyenne =', round(moy, 2))
```

- X est la **liste** des valeurs de la série.
- **sum**(X) calcule la somme des valeurs de X.
- **len**(X) calcule le nombre de valeurs de X.
- On obtient l'affichage :

`Moyenne = 2.5`

Remarques :
- `len` est le début de *length* et `len(X)` est la longueur de la liste X.
- L'arrondi à 0,01 près de la moyenne étant 2,50, Python affiche comme résultat `2.5`. Il est possible de forcer l'affichage des 2 décimales par exemple en remplaçant la ligne 5 par : `print("Moyenne = %.2f" % moy)`

Exemple 2 : Moyenne avec la fonction mean() du module numpy

```
import numpy as np
Y = np.array([2.49, 2.51, 2.47, 2.49, 2.48, 2.51, 2.53])
moy = np.mean(Y)
print('Moyenne =', round(moy, 2))
```

- On importe le module **numpy** (voir p. 28).
- Y est le tableau des valeurs de la série.
- **np.mean**(Y) calcule la moyenne des valeurs de Y.
- On obtient l'affichage :

`Moyenne = 2.5`

Exemple 3 : Moyenne et écart-type expérimental avec les fonctions mean() et stdev() du module statistics

```
import statistics as sta
Z = [2.49, 2.51, 2.47, 2.49, 2.48, 2.51, 2.53]
moy = sta.mean(Z)
print('Moyenne =', round(moy, 2))
ecart = sta.stdev(Z)
print('Ecart-type expérimental = ', round(ecart, 2))
```

- On importe le module **statistics** avec l'alias **sta**.
- Z est la liste des valeurs de la série.
- **sta.mean**(Z) calcule la moyenne des valeurs de Z.
- On obtient l'affichage :

`Moyenne = 2.5`

- **sta.stdev**(Z) calcule l'écart-type expérimental.
- On obtient l'affichage :

`Ecart-type expérimental = 0.02`

B. Réaliser un ajustement polynomial

Situation :

On dispose de deux séries de données : la série $x_1, x_2, ..., x_n$ et la série $y_1, y_2, ..., y_n$ ayant le même nombre de valeurs numériques. On cherche une relation exprimant y en fonction de x, de façon approchée. De nombreux cas peuvent se ramener à un ajustement polynomial.

Exemple 1 : Ajustement polynomial de degré 2 avec la fonction polyfit() de numpy

Le nuage de points représentant les séries x et y est formé des points en rouge ci-contre. Compte tenu de son allure, on envisage une modélisation par un polynôme de degré 2 : $y = ax^2 + bx + c$.
Le programme suivant calcule et affiche les coefficients a, b et c et affiche le graphique ci-contre.

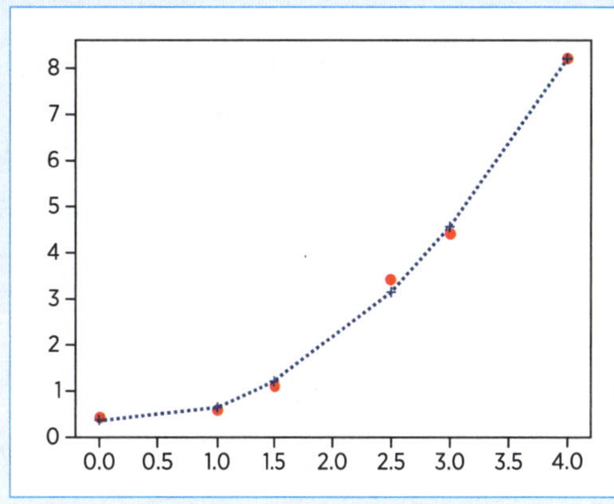


```
1   import matplotlib.pyplot as plt
2   import numpy as np
3
4   x = np.array([0, 1, 1.5, 2.5, 3, 4])
5   y = np.array([0.4, 0.55, 1.1, 3.4, 4.4, 8.2])
6   plt.plot(x, y, 'ro')
7
8   mod = np.polyfit(x, y, 2)
9   print(mod)
10
11  ymodel = mod[0]*(x**2) + mod[1]*x + mod[2]
12  plt.plot(x, ymodel, 'b+:')
13  plt.show()
```

- Les lignes **1** à **6** permettent de représenter le nuage de points par des ronds rouges.
- En ligne **8**, **`np.polyfit(x, y, 2)`** fournit un ajustement polynomial de degré 2 : $y = ax^2 + bx + c$.
- La ligne **9** produit l'affichage du tableau des coefficients a, b, c dans cet ordre :
`[0.56428571    -0.2952381    0.35416667]`
- En ligne **11**, `ymodel` contient les images des valeurs de x dans ce modèle.
- On représente, par la ligne **13**, les points obtenus dans ce modèle, en bleu, reliés par une ligne brisée.

Exemple 2 : Ajustement par une relation affine

Quand le nuage de points (en rouge) est allongé comme ci-contre, on peut chercher un ajustement par une relation $y = ax + b$, donc par un polynôme de degré 1.
Alors `polyfit(x, y, 1)` fournit des valeurs de a et b.

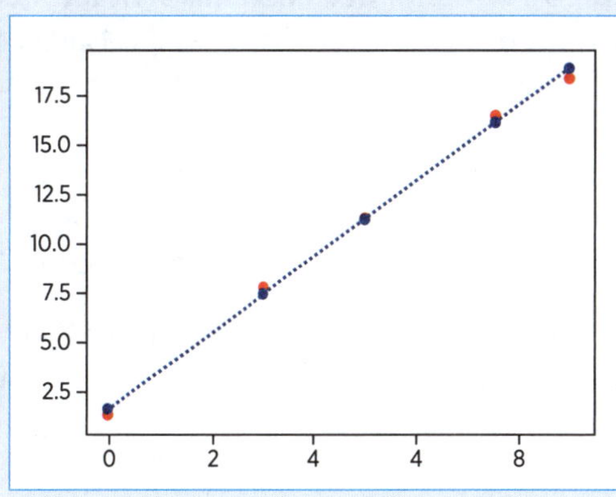

Régression linéaire

La fonction **`linregress()`** du module statistique de `scipy` permet d'obtenir un ajustement par une relation affine.
Dans l'exemple ci-contre, l'affichage obtenu de a et b est :
`1.9458984375    1.5250976562500007`
Remarque : linregress() renvoie 5 valeurs, mais seules les deux premières nous intéressent.

```
import numpy as np
from scipy.stats import linregress

x = np.array([0, 3, 5, 7.5, 9])
y = np.array([1.2, 7.7, 11.3, 16.6, 18.5])
(a, b, _, _, _) = linregress(x, y)
print(a, b)
```

13 Importer des données expérimentales en Python

Lorsque les données à traiter sont issues de logiciels (Arduino®, Regressi, etc.), il faut les importer dans un programme Python dans des listes ou des tableaux pour pouvoir les exploiter.
Nous considérerons dans la suite les données, présentées en deux colonnes, de l'exemple ci-contre, avec les valeurs de *x* en colonne A et celles de *y* en colonne B.

A	B
0,2	0,5
3	2,8
4,5	8
8,2	12,6

Étape 1 : Enregistrer les valeurs numériques dans un fichier .csv
Si nécessaire, copier les valeurs numériques seules dans un tableur (sans les titres de ligne ou de colonne) puis, par Enregistrer sous..., choisir le format *CSV(separateur : point-virgule)*.
Le fichier .csv ainsi obtenu sera nommé donnees par la suite.

Étape 2 : Ouvrir un fichier Python et l'enregistrer dans le même dossier que le fichier .csv créé

Étape 3 : Importer le fichier en Python
On importe le module `csv` de Python (ligne 1), puis le fichier **.csv** dans Python (ligne 2) en lecture (`'r'` pour *read*) et on le nomme d.

On lit (ligne 3) ce fichier d dans lequel le séparateur est le point-virgule. On obtient un nouveau fichier nommé D.

(Un fichier **.csv** est un fichier contenant des textes, des nombres et des caractères de séparation qui peuvent être de différents formats. Seul le séparateur point-virgule est accepté par Python.)

```
1   import csv
2   d = open('donnees.csv', 'r')
3   D = csv.reader(d, delimiter = ';')
4
5   A = []
6   B = []
7   for ligne in D:
8       a = ligne[0].replace(',' , '.')
9       A.append(a)
10      b = ligne[1].replace(',' , '.')
11      B.append(b)
12
13  X = [float(x) for x in A]
14  Y = [float(y) for y in B]
15
16  d.close()
```

Étape 4 : Obtenir deux listes exploitables en Python
On crée deux listes A et B (lignes 5 à 11) qui contiennent les données respectives de chaque colonne, en remplaçant en même temps la virgule décimale par un point décimal.

On a alors pour A la liste `['0.2', '3', '4.5', '8.2']`
et pour B la liste `['0.5', '2.8', '8', '12.6']`.
Leurs éléments sont des textes (des chaînes de caractères).

PROGRAMME TYPE
Le programme ci-dessus est exploitable pour tout autre fichier analogue en changeant juste le nom du fichier (*donnees*) en ligne 2.

On crée (lignes 13 et 14) les deux listes X et Y de nombres correspondantes.
Rappel : `float('4.5')` donne le nombre flottant 4.5.

On a alors pour X la liste `[0.2, 3.0, 4.5, 8.2]` et pour Y la liste `[0.5, 2.8, 8.0, 12.6]`.

Remarque :
On peut aussi obtenir pour X et Y des tableaux de nombres :
– ajouter au début du programme l'importation de numpy par : `import numpy as np`
– remplacer les lignes 13 et 14 par : `X = np.array([float(x) for x in A])`
`Y = np.array([float(y) for y in B])`

On a alors pour X le tableau `[0.2, 3., 4.5, 8.2]` et pour Y le tableau `[0.5, 2.8, 8., 12.6]`.

Étape 5. Fermer d (ligne 16)
On peut exploiter les listes ou tableaux X et Y comme d'habitude.

Exercice

Correction pas à pas en vidéo

Un élève doit effectuer un pointage vidéo des positions successives d'un système au cours de son mouvement, puis récupérer les données sous forme de listes pour les exploiter dans un programme Python.

a) Compléter sa démarche.

① À l'aide d'un logiciel de pointage, il relève l'abscisse *X* et l'ordonnée *Y* du centre d'inertie du système au cours du temps *t*.

② Il enregistre les données au format .... avec comme séparateur des ...., soit directement en passant par le logiciel de pointage, soit après avoir copié et collé les trois colonnes dans un tableur comme Excel.

③ Il saisit le programme Python ci-dessous. Il importe le fichier nommé .... à l'aide du module csv et prend garde à bien placer ce fichier et le programme Python dans le même ....

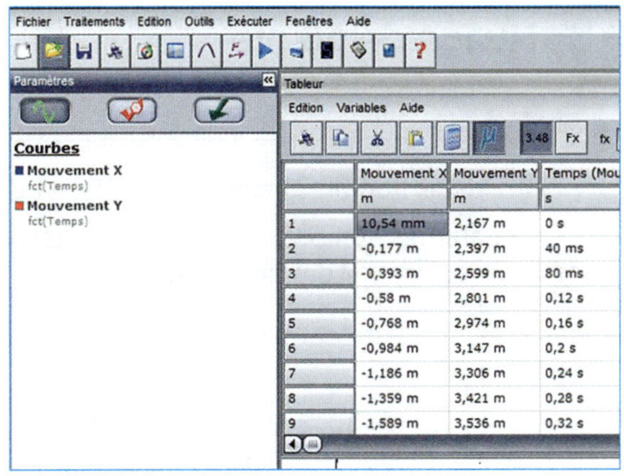


```
import ..........                          # importe le module nécessaire

f = open('pointage.csv', 'r')              # crée et ouvre un fichier nommé f dans Python
F = csv.reader(f, delimiter = ';')         # crée un fichier nommé F à partir de f lu grâce au
module importé csv avec le séparateur choisi : le point-virgule

# Création de listes vides pour récupérer les colonnes du fichier Excel
A = []                                     # pour récupérer la 1re colonne
B = []                                     # pour récupérer la 2e colonne
C = []                                     # pour récupérer la 3e colonne

# Remplacement des virgules par des points pour les valeurs des colonnes du fichier Excel et ajout de ces
valeurs dans des listes
for ligne in F :
    a = ligne[0].replace(',' , '.')        # 1re colonne du fichier Excel
    A.append(a)                            # ajoute la valeur dans la liste A
    b = ligne[1].replace(',' , '.')        # 2e colonne du fichier Excel
    B.append(b)                            # ajoute la valeur dans la liste B
    c = ...................................  # 3e colonne du fichier Excel
    C.....................................   # ajoute la valeur dans la liste C

# Transformation des chaines de caractères d'une liste en float dans une nouvelle liste
X = [float(a) for a in A]                  # de la liste A dans une nouvelle liste X
Y = [float(b) for b in B]                  # de la liste B dans une nouvelle liste Y
t = ......................................  # de la liste C dans une nouvelle liste t

f.close()                                  # ferme le fichier f
```

b) Que doit-il faire pour afficher la liste contenant les valeurs des temps afin de vérifier que sa démarche a fonctionné ?

....

Quel affichage obtient-il ?

....

c) Quel est l'intérêt de transformer des chaînes de caractères en float ?

....

....

....

THÈME 1

Électricité

▶ QCM interactifs
flashbelin.fr/pythonspe-038

Je m'auto-évalue

1 Nuage de points

Voir cours p. 26

Je pense à

(1) Écrire les nombres en remplaçant les virgules par des points.
(2) Séparer les nombres d'une liste ou d'un tableau par une virgule et les encadrer par des crochets.

Pour créer une liste et un tableau pour les valeurs de $x = 0{,}1$; $x = 0{,}2$ et $x = 0{,}3$ j'écris :

❑ `x = [0.1, 0.2, 0.3]` pour une liste
`x = np.array([0.1, 0.2, 0.3])` pour un tableau

❑ `x = [0,1. 0,2. 0,3]` pour une liste
`x = np.array([0,1. 0,2. 0,3])` pour un tableau

❑ `x = [0,1, 0,2, 0,3]` pour une liste
`x = np.array([0,1, 0,2, 0,3])` pour un tableau

(3) Indiquer la couleur et la forme des points placés sur le graphique.

Pour que les points sur un graphique soient représentés par des + rouges, j'écris :

❑ `plt.plot(x, y, 'r+')`

❑ `plt.plot(x, y, c = 'r', marker = '+')`

❑ `plt.scatter(x, y, c = 'r', marker = '+')`

2 Mise en page du graphique

Voir cours p. 30

Je pense à

(1) Indiquer le titre des axes, ainsi que le titre du graphique.

Pour écrire « valeurs de y » sur l'axe des ordonnées, j'écris :

❑ `plt.title('valeurs de y')`

❑ `plt.ylabel('valeurs de y')`

❑ `plt.xlabel('valeurs de y')`

Pour écrire « y en fonction de x », comme titre du graphique, j'écris :

❑ `plt.title('y en fonction de x')`

❑ `plt.ylabel('y en fonction de x')`

❑ `plt.xlabel('y en fonction de x')`

(2) Ajouter des légendes si nécessaire.

Pour écrire la légende « points expérimentaux », j'écris :

❑ `plt.plot(x, y, 'r+', label = 'points expérimentaux')`

❑ `plt.plot(x, y, c = 'r', marker = '+', label = 'points expérimentaux')`

❑ `plt.scatter(x, y, c = 'r', marker = '+', label = 'points expérimentaux')`

3 Modélisation

Voir cours p. 34

Je pense à

Identifier l'ordre des grandeurs dans les instructions.

Pour définir U en abscisse et I en ordonnée, j'écris :

❑ `coeff = np.polyfit(I, U, 1)`

❑ `coeff = np.polyfit(U, I, 1)`

❑ `coeff = np.polyfit(1, I, U)`

Pour définir U en abscisse et I en ordonnée, j'écris :

❑ `droite = sc.linregress(I, U)`

❑ `droite = sc.linregress(U, I)`

Je m'entraîne

Tension et intensité dans un circuit en série

VU EN 2de

1 **Dessiner un circuit en série composé d'une pile et d'une lampe.**

2 **Ajouter sur ce dessin un ampèremètre pour mesurer l'intensité dans le circuit et un voltmètre aux bornes de la lampe. Comment se branchent ces deux appareils ?**

....

....

3 **Comment se notent la tension et l'intensité (unité et symbole) ?**

....

....

4 **Comment évolue l'intensité dans un circuit électrique en série ?**

....

5 **On relève les valeurs suivantes pour différentes piles :**

U (V)	0	1,0	2,0	2,5
I (A)	0	0,080	0,160	0,200

Écrire deux lignes de programme Python permettant de créer un tableau de valeurs de l'intensité *I* et un tableau de valeurs de la tension *U*.

```
10 ..............................................................
11 ..............................................................
```

Tracé d'une caractéristique $U = f(I)$

1re SPÉCIALITÉ — Tle SPÉCIALITÉ

On considère les résultats suivants.
On souhaite tracer $U = f(I)$ et modéliser la droite.

U (V)	9,0	7,0	5,0	3,0	1,0
I (A)	0	0,100	0,200	0,300	0,400

On utilise le programme ci-contre.

1 et 2 ....

↓

3 et 4 Création de deux listes dans lesquelles on rentre ....

↓

5 à 10 Création du graphique avec .... en ordonnée et .... en abscisse et choix des paramètres du graphique

↓

11 à 21 Tracé et affichage de la ....

```
1  import numpy as np
2  import matplotlib.pyplot as plt
3  U = ...................................................... # crée une
   liste dans laquelle on rentre les valeurs de U
4  I = ...................................................... # crée une
   liste dans laquelle on rentre les valeurs de I
5  plt.scatter(I, U, c = 'r', marker = '+',
   label = 'Points expérimentaux')
6  plt.title('.......................................................')
7  plt.xlabel ('.....................................................')
8  plt.ylabel('......................................................')
9  plt.grid()
10 plt.legend()
11 coeff = np.polyfit(.........,........., 1)
12 f = np.poly1d(coeff)
13 print (f)
14 listeX = []
15 listeY = []
16 for i in np.arange(0, 0.4, 0.005) :
17     listeX.append(i)
18     listeY.append(f(i))
19 plt.plot(listeX, listeY, 'r')
20 plt.grid()
21 plt.show()
```

1 **Compléter les lignes 3, 4, 6, 7 et 8 du programme.**

2 **Identifier la ligne du programme qui permet de changer la forme et la couleur des points expérimentaux : ....**

Si difficulté, revoir 1. Nuage de points.

3 **Compléter la ligne 11 du programme pour que la grandeur *U* soit en ordonnée et la grandeur *I* en abscisse.**

Si difficulté, revoir 3. Modélisation.

TP

Capacités numériques exigibles	Dans le programme Python	
Représenter un nuage de points associé à la caractéristique d'une pile et modéliser la caractéristique à l'aide d'un langage de programmation.	Savoir rentrer des valeurs numériques dans un programme Python.	p. 9
	Reconnaître les instructions de base : `print()`, `np.arange()`.	p. 10
	Savoir modifier les paramètres d'un graphique.	p. 30

► Ressources numériques
flashbelin.fr/pythonspe-040

1 • Caractéristique d'une pile

2 h

1re SPÉCIALITÉ

À la fin d'un TP sur l'oxydoréduction, deux élèves s'amusent à mélanger dans un bécher les solutions aqueuses et les métaux se trouvant sur leur paillasse. Ils mettent ainsi en contact une solution de sulfate de cuivre (II), une solution de sulfate de zinc (II), une plaque de zinc et une plaque de cuivre. Ils observent un dépôt de cuivre sur la plaque de cuivre, une décoloration de la solution, un amincissement de la plaque de zinc et une élévation de la température du bécher.

Leur professeur leur explique que, sans le vouloir, ils ont fabriqué une pile.

Pourquoi la pile chauffe-t-elle ? Quelle tension est-elle capable de fournir ?

1 La pile Daniell

Pour étudier la pile cuivre-zinc obtenue par les élèves et en améliorer le fonctionnement (c'est-à-dire éviter le phénomène de polarisation), le professeur propose de séparer les couples rédox en présence dans deux béchers différents et de les relier par un .... (tube en U contenant une solution gélifiée conductrice de chlorure de potassium, concentrée et chimiquement inerte). Ils obtiennent ainsi une pile Daniell.

Couples rédox en présence : .... et ....

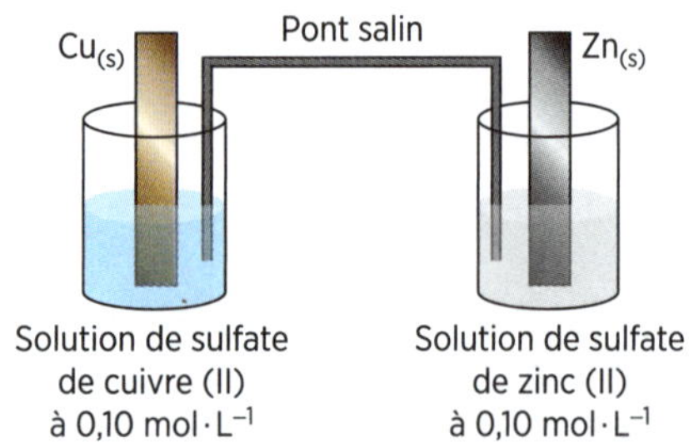

2 Le rhéostat

Un rhéostat est un conducteur ohmique à résistance variable de symbole normalisé ci-contre. Il comporte une borne fixe (noire) et une borne mobile (rouge), toutes deux situées du même côté de l'appareil.

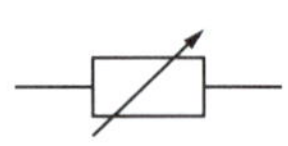

Un rhéostat branché en série dans un circuit permet de faire varier l'intensité délivrée par le générateur.

Plus on rapproche le curseur des bornes du rhéostat, plus l'intensité dans le circuit est forte.

Tension aux bornes d'une pile

L'expression littérale de la tension aux bornes d'une pile électrochimique s'écrit :

$$U_{PN} = E - r \times I$$

avec E la tension à vide (en volt, V), appelée aussi .... (f.é.m.), r la résistance interne de la pile (en ...., ...) et I l'intensité du courant (en ...., ...).

MATÉRIEL À DISPOSITION

Une plaque de zinc décapée ; une plaque de cuivre décapée ; deux béchers, une éprouvette graduée de 25 mL ; un entonnoir à liquide ; une pissette d'eau distillée ; un pont salin ; deux multimètres ; des fils de connexion ; une résistance de 10 Ω ; des pinces crocodiles ; un système de potence pour tenir les plaques métalliques ; un rhéostat (ou une boîte de décades de résistances) ; un ordinateur ; un thermomètre ; une solution de sulfate de cuivre à 1,0 × 10^{-1} mol·L^{-1} ; une solution de sulfate de zinc à 1,0 × 10^{-1} mol·L^{-1}.

PROGRAMME-TYPE

3 Tracé de la caractéristique d'une pile

Pour tracer et modéliser la caractéristique d'une pile, exécuter :

2 et **3** Importation des bibliothèques

6 et **7** Création de listes dans lesquelles on rentre ......

10 à **13** Création du graphique *U* = *f*(*I*) avec son titre
Légende des axes :
- en abscisse : ......
- en ordonnée : ......

Forme des points : ......

16 à **30** Régression linéaire à partir des points expérimentaux et affichage de ......

```
1  # ......
2  import numpy as np
3  import matplotlib.pyplot as plt
4
5  # Saisie des points expérimentaux
6  I = [......, ......, ......, ......, ......] # crée une liste contenant les valeurs de I
7  U = [......, ......, ......, ......, ......] # crée une liste contenant les valeurs de U(PN)
8
9  # Affichage des points expérimentaux
10 plt.plot(I, U, 'b+') # représentés par des + bleus
11 plt.xlabel("......")
12 plt.ylabel("Tension U(PN) aux bornes de la pile (V)")
   # titre de l'axe des ordonnées
13 plt.title("......")
14
15 # Régression linéaire du 1er degré
16 coeff = np.polyfit(......, U, 1) # I en abscisse, U en ordonnée
17 f = np.poly1d(coeff)
18 print(f) # affiche l'équation de la droite de type y = ax + b issue de la régression linéaire
19
20 # Tracé de la droite théorique à partir de l'équation de la droite précédente
21 listeX = [] # crée une liste vide pour les intensités I calculées
22 listeY = [] # crée une liste vide pour les tensions U(PN) calculées
23
24 for i in np.arange(0, ......, 0.005) : # I varie de 0 à 0,075 A (exclu) par pas de 0,005 A
25     listeX.append(i) # ajoute la nouvelle valeur de I à listeX
26     listeY.append(f(i)) # ajoute la nouvelle valeur de U(PN) à listeY
27
28 plt.plot(listeX, listeY, '......') # trace en rouge la droite théorique
29 plt.grid()          # affiche un quadrillage
30 plt.show()          # affiche le graphique
```

Attention à l'écriture :
- des nombres décimaux : 2,0 s'écrit ...... en Python ;
- des puissances de 10 : 10^{20} s'écrit ...... ou ...... en Python.

La fonction `plt.plot` (*abscisse, ordonnée, forme et couleur des points*) crée ......

L'instruction `print` sert à ......

➡ *Voir cours Partie 1*

QUESTIONS

1. Grâce aux observations expérimentales des élèves, écrire les demi-équations rédox se déroulant au sein de leur pile et en déduire son équation globale de fonctionnement. Cette équation de fonctionnement est identique à celle de la pile Daniell. APP, RÉA

2. Réaliser une pile Daniell. Relever la valeur de la tension à vide, notée *E*, grâce à un voltmètre dont on précisera les branchements. Mesurer la température dans un des deux béchers. RÉA

3. Relier la pile à une résistance de protection de 10 Ω et à un rhéostat. Faire varier l'intensité *I* du courant et noter les valeurs de *I* et de U_{PN} obtenues dans un tableau, ainsi que l'évolution de la température dans le bécher. Interpréter le sens de circulation du courant dans le circuit grâce aux demi-équations rédox. ANA-RAIS, RÉA

4. Compléter et exécuter le programme Python 3 pour tracer la caractéristique de la pile. Cette pile se comporte-t-elle comme un générateur de tension idéal ? VAL

5. Déterminer la valeur de la résistance interne de la pile et expliquer la variation de température observée dans le bécher. La pile permet-elle d'éclairer normalement une lampe de tension nominale 1,5 V ? RÉA, ANA-RAIS

6. Représenter la chaîne énergétique pour la pile. COM

TP

Dans le programme Python	
Reconnaître un tableau de valeurs.	p. 26
Savoir légender des axes, un graphique, une courbe.	p. 30
Savoir écrire un calcul.	p. 9

▶ Ressources numériques
flashbelin.fr/pythonspe-042

2 • Sablier lumineux

2 h

Tle SPÉCIALITÉ

Les condensateurs sont capables d'emmagasiner de l'énergie électrique durant leur charge et de la stocker pendant longtemps. À l'image d'une pile, ils peuvent ensuite la restituer lors de leur décharge dans un circuit électrique. Quand un condensateur se décharge dans un circuit comprenant une résistance et une DEL, cela permet de maintenir la DEL éclairée pendant une durée Δt avant qu'elle s'éteigne, car la décharge n'est pas instantanée.

« Flash test ! » à télécharger

Teste tes connaissances en électricité : pour chaque question, tu dois donner la réponse avant que la DEL de ton sablier lumineux ne s'éteigne.

Cette durée d'éclairement est-elle égale au temps de décharge du condensateur ?

MATÉRIEL À DISPOSITION

Un microcontrôleur Arduino® Uno ; un condensateur de 100 µF et 10 V ; deux conducteurs ohmiques de résistance $R = 20$ kΩ (ou quatre conducteurs ohmiques de 10 kΩ) ; un bouton-poussoir ; une *breadboard* ; des fils de connexion ; une DEL ; un ordinateur ; un chronomètre.

La diode électroluminescente (DEL)

Une diode ne laisse passer le courant que dans le sens indiqué sur le schéma ci-contre (appelé sens passant) et à la condition que la tension U_d entre ses bornes soit supérieure ou égale à une tension appelée tension de seuil U_{seuil} comprise entre 2 et 3 V.
On considère que la diode possède une résistance r supposée constante.

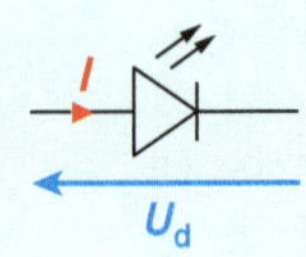

1 Montage permettant d'étudier la charge et la décharge d'un condensateur

On applique une tension de 5 V sur la broche 7 lors de la charge et une tension de 0 V lors de la décharge. La tension u_c aux bornes du condensateur est lue en A1. On peut choisir de décharger le condensateur dans le circuit du dessous composé d'une DEL, d'un conducteur ohmique de 20 kΩ et d'un bouton-poussoir montés en série.

2 Sketch Arduino®

SKETCH-TYPE

Le sketch Arduino® (utilisé avec le montage 1) permettant de relever toutes les secondes la valeur de la tension aux bornes du condensateur lors de la charge et de la décharge est **à télécharger**.

PROGRAMME-TYPE

3 Tracé de $u_c = f(t)$ pour la décharge du condensateur

Pour tracer les courbes théorique et expérimentale de la décharge d'un condensateur de 100 µF dans un conducteur ohmique de résistance 20 kΩ, exécuter :

1 et 2 ……………………………

4 et 5 Calcul des valeurs théoriques lors de la décharge du condensateur

8 et 9 Création des tableaux de valeurs expérimentales pour …… et ……

12 à 18 Choix des paramètres graphiques : ……………………………

19 ……………………………

```
1  import numpy as np  # importe la bibliothèque numpy
2  from matplotlib import pyplot as plt  # importe la bibliothèque matplotlib
3
4  t_theo = np.linspace(0, 12, 100)  # 100 valeurs de temps allant de 0 à 12 s
5  u_theo = 5*np.exp(t_theo/(-2))  # calcule la valeur théorique de u aux bornes du condensateur de t_theo pour RC = 2 s car R = 20 kohm et C = 100 microfarad
6
7  # Valeurs expérimentales
8  u = np.array([......, ......, ......, ......, ......, ......, ......, ......, ......, ......, ......, ......, ......, ......]) # uc (en volt)
9  t = np.array([......, ......, ......, ......, ......, ......, ......, ......, ......, ......, ......, ......]) # t (en seconde)
10
11 # Tracé des courbes théorique et expérimentale
12 plt.title("Étude de la décharge d'un condensateur dans une résistance")
13 plt.xlabel("......................................")
14 plt.ylabel("uc (V)")        # légende de l'axe des ordonnées
15 plt.grid(True)              # affiche un quadrillage
16 plt.plot(t_theo, u_theo, c = 'red', label = 'courbe ..............') # trace en rouge la courbe théorique et la légende
17 plt.plot(t, u, c = 'blue', label = 'courbe expérimentale') # trace en bleu la courbe expérimentale u en fonction de t et la légende
18 plt.legend()                # affiche la légende
19 plt.show()                  # affiche le graphique
```

`u = np.array([])` permet de créer un tableau de valeurs des tensions u mesurées.

La fonction `linespace` (*valeur début, valeur fin, nombre d'éléments*) permet …………………………… allant d'une valeur de départ à une valeur de fin avec un nombre donné d'éléments.

La fonction `plt.plot` (*abscisse, ordonnée, couleur, légende*) permet de ……………………………

➡ Voir cours Partie 1

QUESTIONS

1. On étudie la décharge du condensateur dans le conducteur ohmique de 20 kΩ. Dessiner le schéma normalisé correspondant. COM

2. Réaliser la manipulation 1 et relever les valeurs de u_c en fonction du temps lors de la décharge. Que vaut la tension $u_c(t = 0)$ aux bornes du condensateur au début de la décharge ? RÉA

3. En appliquant la loi des mailles au circuit précédent, montrer que :

$$0 = RC \times \frac{du_c(t)}{dt} + u_c(t)$$ ANA-RAIS

4. Vérifier que $u_c(t) = A \times e^{\frac{-t}{R \times C}}$ est solution de l'équation et déterminer A. VAL

5. On souhaite montrer que cette solution modélise bien les points expérimentaux obtenus. Compléter le programme Python 3 permettant d'afficher simultanément les courbes théorique et expérimentale $u_c = f(t)$. Conclure. APP, VAL

6. Que vaut la constante de temps τ du circuit lors de sa décharge ? On considère que le condensateur est déchargé au bout de 5τ. Est-ce bien le cas ? APP, VAL

7. Modifier le circuit pour qu'une fois chargé, le condensateur se décharge dans le circuit du dessous, permettant à la DEL de briller. Réaliser la manipulation en chronométrant la durée d'éclairage Δt. APP, ANA-RAIS, RÉA

8. Répondre à la problématique et émettre des hypothèses expliquant le résultat obtenu. APP, VAL

UN PAS VERS L'ÉVALUATION COMMUNE

Capacités exigibles

Physique-Chimie	Numériques
• Utiliser la loi d'Ohm. Représenter et exploiter la caractéristique d'un dipôle. Mesurer une tension et une intensité. • Déterminer la caractéristique d'une source réelle de tension et l'utiliser pour proposer une modélisation par une source idéale associée à une résistance.	Représenter un nuage de points associé à la caractéristique d'un dipôle et modéliser la caractéristique de ce dipôle à l'aide d'un langage de programmation.

1 • Résistance des cigarettes électroniques

1re SPÉCIALITÉ

Organisation mondiale de la Santé

« Les enfants et les adolescents qui utilisent des cigarettes électroniques ont une probabilité au moins deux fois plus grande de fumer des cigarettes plus tard. La cigarette électronique augmente le risque de cardiopathies et de troubles pulmonaires. »

La pièce maîtresse des cigarettes électroniques est la résistance qui est vissée dans le réservoir. Composée de fibres de coton et d'un fil métallique, elle peut varier de 0,15 Ω à 2,5 Ω.

Cette résistance permet l'évaporation du liquide qui produit l'équivalent de la fumée d'une cigarette. En effet, quand on appuie sur le bouton de la batterie (Lithium-Ion par exemple), du courant passe dans la résistance et elle se met à chauffer, ce qui fait évaporer le liquide.

On modélise l'ensemble par un circuit comportant une pile et un conducteur ohmique de résistance R = 2,5 Ω (schéma 2).

On souhaite déterminer le point de fonctionnement de ce circuit, c'est-à-dire le couple de valeurs (U_N, I_N) pour lequel le circuit fonctionne de façon optimale, et en déduire la puissance P_J dissipée dans la résistance. Ce couple de valeurs correspond aux coordonnées du point d'intersection des caractéristiques tension-courant de la pile et du conducteur ohmique.

Afin de déterminer la caractéristique de la batterie, la tension à ses bornes, notée U_{PN}, a été mesurée pour différentes valeurs d'intensité du courant I. Les résultats sont consignés dans le tableau ci-dessous.

U_{PN} (V)	3,50	3,49	3,45	3,42	3,35
I (A)	0,0	0,200	0,500	0,800	1,500

1 Résistance de la cigarette électronique

2 Schéma du circuit étudié

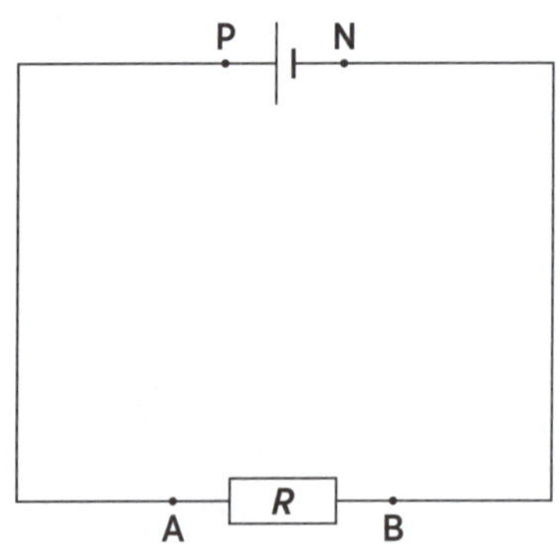

On utilise un programme Python pour tracer sur un même graphique la caractéristique de la batterie et celle du conducteur ohmique de résistance R. Ce programme permet également d'obtenir la relation mathématique entre U_{PN} et I pour la batterie.

Programme Python

```
import numpy as np
import matplotlib.pyplot as plt

I = ……                                # crée une liste contenant les valeurs de I
U = ……                                # crée une liste contenant les valeurs de U(PN)

# Affichage des points expérimentaux
plt.plot(I, ……, 'b+')                 # représentation par des ……
plt.xlabel("Intensité I du courant (A)")   # titre de l'axe des abscisses
plt.ylabel(……)                        # titre de l'axe des ordonnées
plt.title("Caractéristiques de la batterie et du conducteur ohmique")  # titre du graphique

# Réalisation d'une régression linéaire du premier degré
coeff = np.polyfit(I, U, 1)           # I en abscisse, U en ordonnée
f = np.poly1d(coeff)
print(f)        # affiche l'équation de la droite de type y = ax + b issue de la régression linéaire

# Tracé de la droite théorique grâce à l'équation de la droite précédente
listeX = []                          # crée une liste vide pour les intensités I calculées
listeY = []                          # crée une liste vide pour les tensions U(PN) calculées
for i in np.arange(0, 1.75, 0.05) :  # I varie de 0 à 1,75 A (exclu) par pas de 0,05 A
    listeX.append(i)                 # ajoute la nouvelle valeur de I à la listeX
    listeY.append(f(i))              # ajoute la nouvelle valeur de U(PN) à la listeY
plt.plot(listeX, listeY, '……')       # trace en rouge la droite théorique

# Tracé de la caractéristique du conducteur ohmique
def F(X) :      # définit une fonction qui calcule U en fonction de I grâce à la loi d'Ohm
    return 2.5*X
ListeX2 = []                         # crée une liste vide pour les intensités I calculées
ListeY2 = []                         # crée une liste vide pour les tensions U(AB) calculées
for i in np.arange(0, ……, 0.05) :    # I varie de 0 à 1,75 A (exclu) par pas de 0,05 A
    ListeX2.append(i)                # ajoute la nouvelle valeur de I à la listeX2
    ListeY2.append(F(i))             # ajoute la nouvelle valeur de U(AB) à la listeY2
plt.plot(ListeX2, ListeY2, 'g')    # trace en vert la droite de la caractéristique du conducteur ohmique
plt.grid()                           # affiche un quadrillage
plt.show()                           # affiche le graphique
```

3 Caractéristiques de la batterie (en rouge) et du conducteur ohmique (en vert), tracées grâce au programme Python

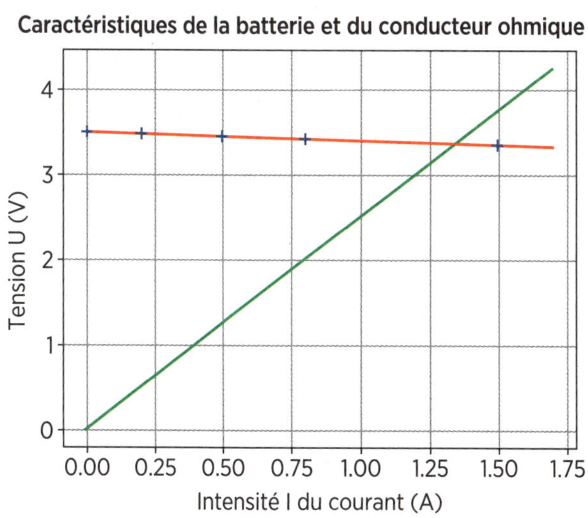

COUPS DE POUCE

- Les nombres d'une liste sont séparés par des virgules et encadrés par des crochets.
- Dans la fonction `plt.plot`, on indique d'abord l'abscisse, puis l'ordonnée (voir cours Partie 1 sur les graphiques p. 30).
- `np.arange` permet de créer un intervalle avec des valeurs réparties régulièrement avec un pas entre le début et la fin (exclue). La syntaxe est du type : `np.arange(début, fin, pas)`.

4 Résultat affiché dans la console Python

```
-0.1029 x + 3.504
>>>
```

1 Compléter le programme écrit en langage Python aux lignes `4`, `5`, `8`, `10`, `24` et `31`, afin de réaliser le tracé de la figure **3**.

2 a) Quelle ligne de code permet d'afficher le résultat **4** obtenu dans la console Python ?

b) En déduire si la batterie se comporte comme un générateur de tension réel ou idéal, et donner l'expression de U_{PN} en fonction de l'intensité du courant I.

c) Proposer une modélisation (faire un schéma) de cette source de tension.

Titre :

3 Déterminer graphiquement les coordonnées du point de fonctionnement et en déduire la puissance P_J dissipée par effet Joule dans la résistance de la cigarette électronique si la tension délivrée par la batterie est égale à U_N et l'intensité à I_N.

4 a) Représenter la chaîne énergétique au niveau de la résistance.

Titre :

b) Définir et évaluer le rendement de ce convertisseur.

UN PAS VERS L'ÉPREUVE FINALE

Capacités exigibles

Physique-Chimie	Numériques
Établir et résoudre l'équation différentielle vérifiée par la tension aux bornes d'un condensateur dans le cas de sa charge par une source idéale de tension.	Représenter un nuage de points à l'aide d'un langage de programmation.

2 • Supercondensateurs

Tle SPÉCIALITÉ

Le bus électrique Watt System testé en 2014 à Nice utilise des **supercondensateurs** (48 modules de 18 supercondensateurs) comme source d'énergie. Les arrêts de bus de la ligne sont équipés de totems permettant de **recharger le bus en seulement 10 s** grâce aux supercondensateurs ! Une recharge permet au bus de parcourir environ 1 km.

Ces supercondensateurs ont une durée de vie de plus de 10 ans et supportent plus d'un million de recharges, contrairement aux batteries classiques qui en supportent 500 environ et dont la durée de vie est moindre, entre 5 et 10 ans. La composition d'un supercondensateur diffère de celle d'un condensateur usuel : il est constitué de deux électrodes imprégnées d'électrolyte et séparées par une membrane isolante.

À l'image des condensateurs, les supercondensateurs peuvent stocker de l'énergie (notée E) sous forme électrostatique : $E = \frac{1}{2} \times C \times U^2$, avec U la tension (en V) aux bornes du supercondensateur et C sa capacité (en F).

Il arrive souvent qu'on les associe en série, comme dans le bus électrique Watt System. Dans ce cas, si n supercondensateurs de capacité C sont branchés en série, la capacité équivalente s'écrit : $C_{éq} = \frac{C}{n}$.

1 Supercondensateurs associés en série

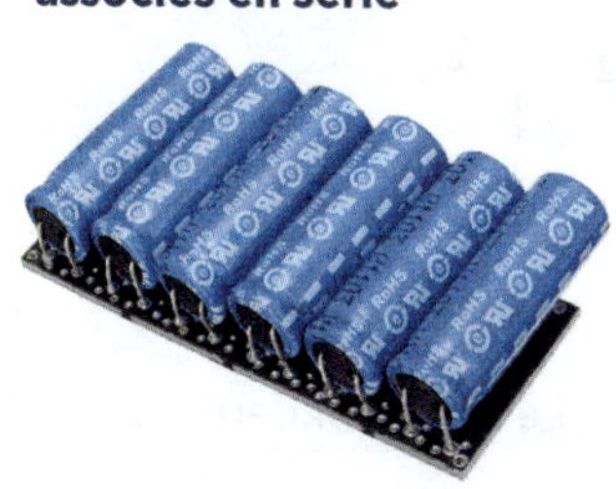

1 a) De quoi est composé un condensateur ?

....

b) Quelle est la différence avec un supercondensateur ?

....

....

....

On se propose d'étudier un supercondensateur de capacité C inconnue. Pour cela, on réalise le montage 2 :

2 Montage étudié

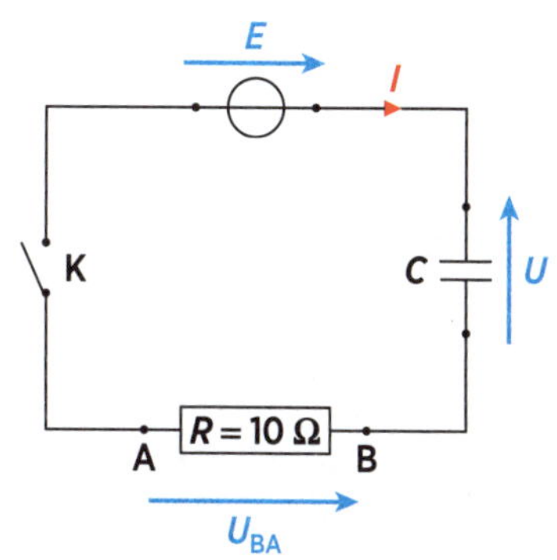

À $t = 0$ s, on ferme l'interrupteur K et on mesure la tension aux bornes du supercondensateur en fonction du temps. Les résultats sont consignés dans les tableaux ci-dessous :

***U* (V)**	0,0	0,22	0,42	0,60	0,76	0,90	1,03	1,16
***t* (s)**	0,0	100	200	300	400	500	600	700

***U* (V)**	1,27	1,45	1,79	1,99	2,19	2,26	2,28	2,30
***t* (s)**	800	1 000	1 500	2 000	3 000	4 000	5 000	7 000

On utilise un programme écrit en langage Python pour tracer la courbe $U = f(t)$ lors de la charge du supercondensateur.

3 Étude de la charge du supercondensateur

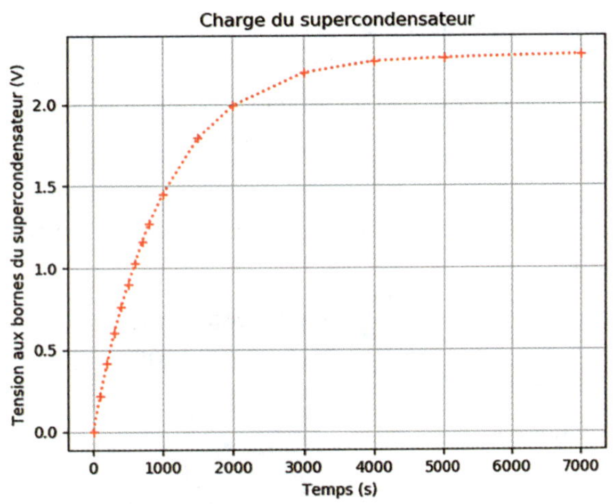

4 Résultat affiché dans la console Python

```
Énergie emmagasinée :  264.49999999999994 J
>>>
```

❷ a) **Le supercondensateur étudié était-il complètement déchargé à $t = 0$ s ?**

b) **Quelle est la valeur de la tension *U* aux bornes du supercondensateur une fois chargé ?**

❸ a) **En appliquant la loi des mailles au circuit 2, montrer que $E = R \times C \times \frac{dU(t)}{dt} + U(t)$.**

b) **Montrer que $U(t) = E\left(1 - e^{-\frac{t}{RC}}\right)$ est solution de l'équation différentielle précédente.**

4 Compléter le programme écrit en langage Python ci-dessous aux lignes 3, 6, 8, 9 et 10 afin qu'il réalise le tracé correspondant à la figure 3.

Programme Python

```
1   import matplotlib.pyplot as plt
2
3   U = ..............................................................................................
    ............ # crée une liste correspondant à la tension en volt aux bornes du supercondensateur
4   t = [0.0, 100, 200, 300, 400, 500, 600, 700, 800, 1000, 1500, 2000, 3000, 4000, 5000, 7000]
            # crée une liste correspondant aux valeurs du temps en seconde
5
6   plt.plot(......, ......, linestyle = ':', color = 'r', marker = '+')     # trace le graphique souhaité
7   plt.grid()                                                              # affiche un quadrillage
8   plt.xlabel("..........................................................")  # affiche la légende de l'axe des abscisses
9   plt.ylabel("....................................................................")
10  plt.title("............................................................")
11  plt.show()                                                              # affiche le graphique
12
13  E = ........*........*2.30**2        # calcule l'énergie emmagasinée pendant la charge du supercondensateur
14
15  print("Énergie emmagasinée : ", E, "J")
```

5 a) À partir du graphique 3 affiché dans la fenêtre Python, déterminer la constante de temps τ du circuit et en déduire la valeur de la capacité C du supercondensateur.

....

....

....

b) Que peut-on dire de cette valeur par rapport à celle qui correspondrait à un condensateur classique ?

....

....

6 Compléter le programme à la ligne 13. Cette ligne de code permet-elle d'afficher le résultat 4 obtenu dans la console Python ?

....

....

7 On considère que le supercondensateur est chargé au bout de 5τ. Comparer la valeur obtenue et le temps de charge annoncé pour le bus électrique Watt System. Proposer une explication.

....

....

....

....

....

8 Discuter de l'intérêt d'utiliser des supercondensateurs dans le secteur automobile par rapport aux sources d'énergie plus classiques.

....

....

THÈME 2

Mécanique

▶ QCM interactifs
flashbelin.fr/pythonspe-050

Je m'auto-évalue

1 Listes

Je pense à

Voir cours p. 26

① Définir les valeurs à insérer dans une liste vide pour créer une liste.

Pour créer une liste comprenant les produits `10*i` quand `i` prend les valeurs 0, 1, 2 et 3, j'écris :

❑
```
L = []
for i in range(4):
    L.append(i*10)
```
❑
```
L = []
for i in range(3):
L.append(i*10)
```
❑
```
L = []
for i in range(4):
L.append(i*10)
```

② Utiliser une formule pour créer les éléments d'une liste.

Pour créer une liste dans laquelle les valeurs de l'énergie potentielle vont être directement calculées et insérées, j'écris :

❑
```
y = [2.00, 1.90, 1.83, 1.75]
Epp = [112E-3*9.81*Y]
```
❑
```
Y = [2.00, 1.90, 1.83, 1.75]
Epp = [112E-3*9.81*y for Y in y]
```
❑
```
y = [2.00, 1.90, 1.83, 1.75]
Epp = [112E-3*9.81*Y for Y in y]
```

2 Importation et traitement des données

Je pense à

Voir cours p. 36

① Importer un module pour utiliser des données d'un fichier externe.

Pour importer le module permettant d'utiliser les données d'un fichier csv, j'écris :

❑ `print csv`

❑ `import csv`

❑ `show csv`

② Utiliser une instruction pour réaliser une régression linéaire.

Pour réaliser une régression linéaire pour les points expérimentaux de la courbe $y = f(x)$, j'écris :

❑ `(a, b, _, _, _) = Linregress(x, y)`

❑ `(a, b, _, _, _) = linregress(X, y)`

❑ `(a, b, _, _, _) = linregress(x, y)`

3 Graphiques

Je pense à

Voir cours p. 31

① Choisir des valeurs limites pour les axes d'un graphique.

Pour choisir une limite des valeurs de *y* entre 0 et 10 et de *x* entre 0 et 5, j'écris :

❑
```
ylim(0, 10)
xlim(0, 5)
```
❑
```
xlim(0, 10)
ylim(0, 5)
```
❑
```
ylim(10, 0)
xlim(5, 0)
```
❑
```
xlim(0, 9)
ylim(0, 4)
```

② Utiliser une instruction pour tracer des vecteurs.

Pour tracer le vecteur de coordonnées (5 ; 10) à partir du point de coordonnées (1 ; 2), j'écris :

❑ `plt.quiver(2, 1, 5, 10)`

❑ `plt.quiver(1, 2, 5, 10)`

❑ `plt.quiver(1, 2, 10, 5)`

Je m'entraîne

Description d'un mouvement

VU EN 2de — 1re SPÉCIALITÉ

1 a) Compléter le texte à trous ci-dessous avec les mots : accéléré, trajectoire, décéléré, circulaire, vitesse, uniforme, rectiligne.

• Pour décrire un mouvement, on doit étudier sa …… et sa …….

• Quand la trajectoire est une portion de droite, le mouvement est ……. Quand la trajectoire est une portion de cercle, le mouvement est …….

• Quand la vitesse augmente, le mouvement est ……. Quand la vitesse diminue, le mouvement est ……. Quand la vitesse ne varie pas, le mouvement est …….

b) Quelle formule utilise-t-on pour calculer la vitesse moyenne *v* sur une distance *d* pendant un temps Δt ? Expliciter les unités des grandeurs qui la composent.

……

……

2 Donner l'équivalence entre les unités de vitesse $m \cdot s^{-1}$ et $km \cdot h^{-1}$: ……

3 a) On souhaite calculer la vitesse d'un cycliste parcourant 3 km en 12 min. Faire les conversions nécessaires.

……

……

b) Écrire un programme Python permettant de calculer cette vitesse.
Commencer par définir les variables `d` et `delta_t`, respectivement la distance et la durée. Appliquer ensuite la formule de calcul de la vitesse `v`. Puis écrire une ligne de code permettant d'afficher le résultat dans la console. Il est possible également de faire apparaître des commentaires.

……

……

……

……

Étude énergétique

Tle SPÉCIALITÉ

On utilise l'extrait de programme ci-contre afin de récupérer un fichier .csv et d'en exploiter les données pour l'étude énergétique du mouvement de la chute d'un objet.

10 à 12 Importation de la bibliothèque nécessaire et du fichier ……
Création d'un nouveau fichier en modifiant le séparateur

↓

20 à 24 Création des ……
……

```
10  import ……
11  f = open('mouvement.csv', 'r')  # importe le fichier mouvement
12  F = csv.reader(f, delimiter = ';')
    # crée un fichier F à partir de f lu grâce au module importé csv avec le séparateur point-virgule
…
20  Ec = ……0.5*112E-3*V**2 for V in v……
    # calcule Ec
21  Epp = [112E-3*9.81*y for y in Y] # calcule Epp
22  ……    # crée une liste vide nommée Em
23  for i in range (0, len(Ec)) :   # pour chaque point i de la trajectoire
24      Em.append(Ec[i] + Epp[i])   # calcule Em et l'ajoute à la liste
```

1 Compléter la ligne 10 afin d'importer la bibliothèque nécessaire pour récupérer un fichier .csv.
Si difficulté, revoir 2. Importation et traitement des données.

2 Corriger la ligne 20 pour créer la liste de valeurs nommée `Ec`.
Si difficulté, revoir 1. Listes.

3 Compléter la ligne 22 pour créer la liste vide de valeurs nommée `Em`.
Si difficulté, revoir 1. Listes.

TP

Capacité numérique exigible	Dans le programme Python	
Utiliser un langage de programmation pour étudier la relation approchée entre la variation du vecteur vitesse d'un système modélisé par un point matériel entre deux instants voisins et la somme des forces appliquées sur celui-ci.	Savoir rentrer des valeurs numériques dans un programme Python.	p. 9
	Savoir tracer des vecteurs.	p. 32
	Reconnaître les instructions de base : `plt.plot()`.	p. 10
	Utiliser un programme Python pour tracer un graphique.	p. 30

▸ Ressources numériques
flashbelin.fr/pythonspe-052

1 • Roue arrière

2 h

1re SPÉCIALITÉ

Lors d'un spectacle d'acrobatie en moto-cross, un motard fait un passage en roue arrière. Cette pratique impressionnante peut être dangereuse et est interdite sur la voie publique.

Comment varie la vitesse du centre de la roue avant d'une moto lorsqu'elle passe en roue arrière ?

Étude du mouvement

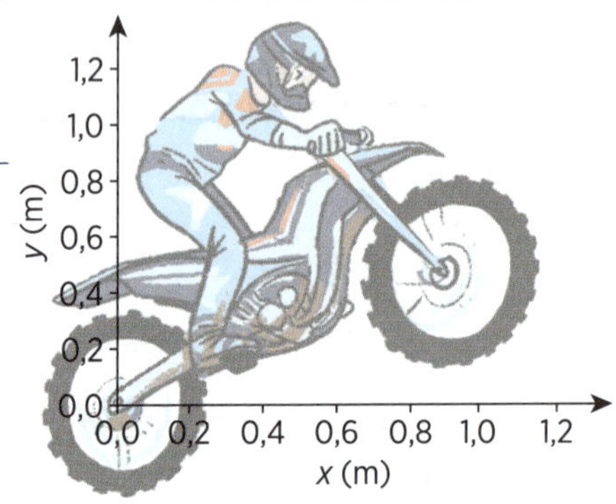

1 Chronophotographie

On étudie le quart de cercle décrit par le centre de la roue avant d'un deux-roues au moment de se soulever du sol. On considère le deux-roues à l'arrêt. Les positions *x* (m) et *y* (m) du centre de la roue avant sont notées à intervalle de temps régulier $\Delta t = 0{,}15$ s dans le tableau suivant.

Δt (s)	0	0,15							
***x* (m)**	1,20	1,19	1,176	1,147	1,11	1,06	0,994	0,926	0,850
***y* (m)**	0	0,1176	0,234	0,348	0,459	0,566	0,667	0,758	0,850

Vecteurs vitesse et variation de vitesse

On représente ci-contre les positions *M* d'abscisse *x* au cours du temps, prises à intervalle de temps régulier Δt.

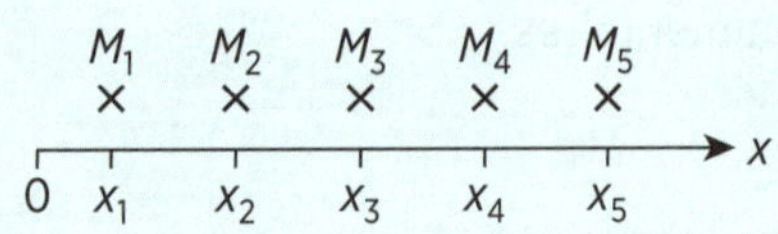

• Vecteur vitesse instantanée en un point, à la position 2 : $\vec{v}_2 = \dfrac{\overrightarrow{M_1M_3}}{t_3 - t_1}$.

Valeur de ce vecteur : $v_2 = \dfrac{x_3 - x_1}{t_3 - t_1} = \dfrac{x_3 - x_1}{2\Delta t}$.

• Vecteur variation de vitesse à la position 3 :

$$\Delta\vec{v}_3 = \vec{v}_4 - \vec{v}_2$$

Valeur de ce vecteur :

$$\Delta v_3 = v_4 - v_2$$

Applications

• Valeur du vecteur vitesse instantanée à la position 3 :

$v_3 =$ ....

• Valeur du vecteur variation de vitesse à la position 4 :

$\Delta v_4 =$ ....

MÉTHODE

Tracé des vecteurs vitesse et variation de vitesse

À partir des vecteurs vitesse aux positions 5 et 3, on peut tracer le vecteur variation de vitesse $\Delta\vec{v}_4$ à la position 4.

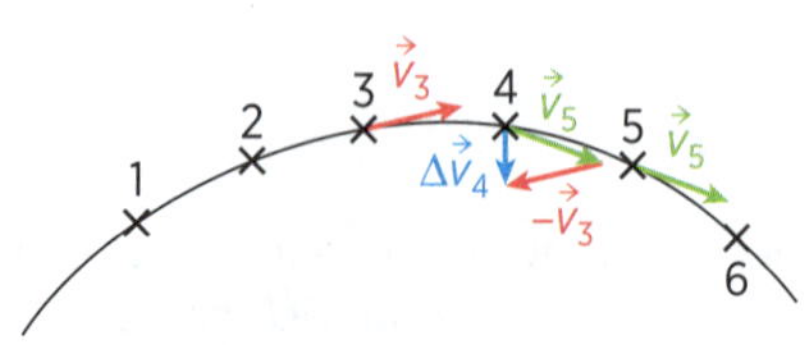

① Reproduire le vecteur vitesse $\vec{v}_5$ en partant de la position 4.
② Reproduire le vecteur vitesse $-\vec{v}_3$ à la suite du vecteur $\vec{v}_5$ tracé.
③ Tracer le vecteur variation de vitesse $\Delta\vec{v}_4 = \vec{v}_5 - \vec{v}_3$ qui va de la position 4 à la pointe du vecteur $-\vec{v}_3$ tracé.

PROGRAMME-TYPE

2 Tracé de la trajectoire et des vecteurs vitesse et variation de vitesse

Pour tracer la trajectoire et représenter les vecteurs vitesse, ainsi que les vecteurs variation de vitesse du centre de la roue avant du deux-roues, exécuter :

1 et **2** Importation des bibliothèques

5 et **6** Création des listes de valeurs des ....

7 Définition de ....

10 à **15** ....

18 à **24** ....

27 à **33** ....

36 ....

```
1   import numpy as np
2   import matplotlib.pyplot as plt
3
4   # Création des listes de valeurs utiles
5   x = [........
    ........]
6   y = [........
    ........]
7   dt = ........
8
9   # Tracé de la trajectoire (chronophotographie)
10  plt.plot(x, y, 'x', markersize = 4)
11  plt.xlabel("x (en m)")
12  plt.ylabel("y (en m)")
13  plt.title("Étude du mouvement")
14  plt.ylim(0, 1.5)
15  plt.xlim(0, 1.5)
16
17  # Tracé des vecteurs vitesse et calcul de la norme
18  Vx = []
19  Vy = []
20  for k in range(1, len(x) - 1):
21      Vx.append((x[k + 1] - x[k - 1])/(2*dt))
22      Vy.append(........)
23  for i in range(0, len(x) - 2):
24      plt.quiver(x[1 + i], y[1 + i], Vx[i], Vy[i], color =
    "r", scale = 1, scale_units = 'xy')
25
26  # Tracé des vecteurs variation de vitesse et calcul de la norme
27  dVx = []
28  dVy = []
29  for k in range(1, len(x) - 3):
30      dVx.append(Vx[k + 1] - Vx[k - 1])
31      dVy.append(........)
32  for i in range(0, len(x) - 4):
33      plt.quiver(x[2 + i], y[2 + i], dVx[i], dVy[i], color =
    "b", scale = 1, scale_units = 'xy')
34
35  # Affichage
36  plt.show()
```

`x = []` crée ....

`len(x)` renvoie ....

- `plt.quiver(x[1 + i], y[1 + i], Vx[i], Vy[i])` permet de ....
- `x[1 + i]` et `y[1 + i]` sont les coordonnées du ....
- `Vx[i]` et `Vy[i]` sont les composantes du vecteur selon l'abscisse et l'ordonnée.

`plt.ylim(0, 1.5)` et `plt.xlim(0, 1.5)` définissent .... respectivement de l'axe des .... et de l'axe des ....

➡ *Voir cours Partie 1*

QUESTIONS

1. Représenter sur le schéma **1** les forces qui s'exercent sur le centre de la roue avant dans le référentiel terrestre. RÉA, ANA-RAIS

2. Sommer les forces qui s'exercent sur le système et représenter le vecteur somme des forces $\Sigma\vec{F}$. RÉA, ANA-RAIS

3. Compléter les lignes 5, 6 et 7 du programme Python **2** à partir du tableau **1**. RÉA

4. Compléter la ligne 22 du programme **2** en s'aidant de la ligne 21. RÉA, ANA-RAIS

5. De même, s'aider de la ligne 30 pour compléter la ligne 31 du programme. RÉA, ANA-RAIS

6. Après exécution du programme Python, comparer la direction et le sens du vecteur somme des forces déterminé dans la question **2.** à ceux du vecteur variation de vitesse. ANA-RAIS

7. Conclure sur le lien existant entre le vecteur variation de vitesse $\Delta\vec{v}$ et la somme des forces qui s'appliquent à un système $\Sigma\vec{F}$. ANA-RAIS, VAL

TP

Capacité numérique exigible	Dans le programme Python	
Utiliser un langage de programmation pour effectuer le bilan énergétique d'un système en mouvement.	Savoir rentrer des valeurs numériques dans un programme Python.	p. 9
	Utiliser un programme Python pour appliquer une formule.	p. 9
	Utiliser un programme Python pour tracer un graphique.	p. 30
	Reconnaître les instructions de base : `plt.plot()`, `range()`, `append()`.	p. 10

► Ressources numériques
flashbelin.fr/pythonspe-054

2 • Explosion d'une bombe à eau

2 h

1re SPÉCIALITÉ

Un enfant s'amuse à remplir d'eau des ballons de baudruche et à les lancer par la fenêtre du premier étage de sa maison.

Le choc de la chute sera-t-il suffisant pour faire éclater le ballon rempli d'eau au contact du sol ?

1 Modélisation de la situation

Vidéo : À télécharger

On reproduit la situation afin de la modéliser et on enregistre le mouvement plan du ballon lors de sa chute (vidéo).

Données :
- Masse du ballon rempli d'eau : 613 g.
- Hauteur du balai : 1,38 m.
- Norme du champ de pesanteur terrestre, supposé uniforme : $g = 9{,}81\ \text{N} \cdot \text{kg}^{-1}$.
- Énergie nécessaire pour éclater un ballon : 40 J.

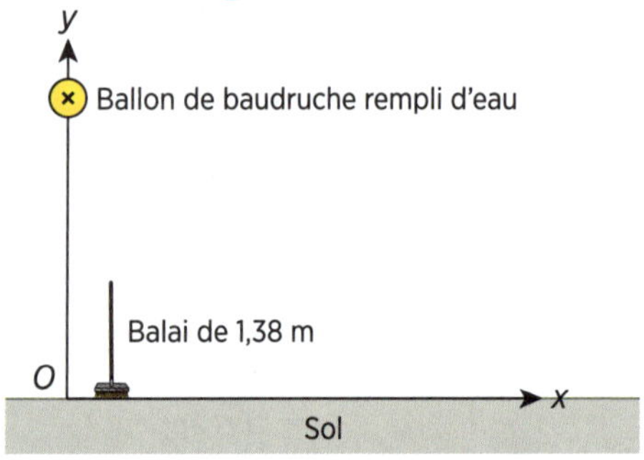

Rappels

- Pour un système de masse m assimilé à un point matériel :

– énergie cinétique : E_c = ... avec v la vitesse ;

– énergie potentielle de pesanteur : E_{pp} = ... avec z l'altitude ;

– énergie mécanique : E_m = ...

- Une énergie s'exprime en ....
- Un corps en chute libre n'est soumis qu'à son poids.
- Valeur de la composante v_y du vecteur vitesse au point n :

$$v_{y\,n} = \frac{y_{n+1} - y_{n-1}}{t_{n+1} - t_{n-1}}$$

2 Protocole : exploitation de l'enregistrement

① Ouvrir la vidéo dans un logiciel de pointage (Latis-Pro®, Regressi...).

② Se positionner sur l'image 17/35 correspondant au début du mouvement du ballon de baudruche.

③ Régler l'origine O des axes au niveau du ...., à la verticale de la position initiale du ballon.
Renseigner la longueur de l'étalon, c'est-à-dire du ....

④ Effectuer le pointage des positions successives du centre d'inertie du ballon. Le logiciel génère alors des tableaux de valeurs notés X (abscisse en m), Y (ordonnée correspondant à l'.................................. en m) et t (temps en s).

⑤ Copier les colonnes Y et t, et les coller dans un fichier Excel.
Enregistrer ce fichier au format .csv (séparateur : point-virgule) en le nommant chute_ballon dans un dossier où sera également placé le fichier du programme Python 3 .

Remarque : certains logiciels de pointage permettent d'enregistrer directement les tableaux de valeurs au format .csv avec le point-virgule comme séparateur.

PROGRAMME-TYPE

3 Exploitation énergétique

Pour importer les valeurs du fichier chute_ballon.csv créé et les exploiter afin d'afficher l'évolution des énergies E_c, E_{pp} et E_m en fonction du temps *t* pour le système étudié, exécuter :

- Système : {……………} assimilé à un point matériel.
- Référentiel d'étude : référentiel terrestre lié au sol.

1 et **4** Importation des bibliothèques

5 à **16** Importation des données du fichier …………… et création des …………… contenant les valeurs des ordonnées et du temps issues du pointage vidéo

19 à **21** Création d'une ……………

22 à **25** Suppression des …………… des listes ……………

28 Création d'une ……………

29 Création d'une liste contenant les valeurs de l'énergie potentielle de pesanteur *Epp*

30 à **32** Création d'une ……………

33 à **35** Création des courbes $E_c = f(t)$, …………… et ……………

36 à **40** Choix des paramètres puis ……………

```
1  import matplotlib.pyplot as plt          # importe les bibliothèques
2
3  # Importation de données d'un fichier csv
4  import csv                               # importe la bibliothèque nécessaire
5  f = open('chute_ballon.csv', 'r')  # crée et ouvre un fichier nommé f dans Python
6  F = csv.reader(f, delimiter = ';')       # crée un fichier nommé F à partir de
   f lu grâce au module importé csv avec le séparateur point-virgule
7  A = []           # crée une liste vide pour récupérer la 1re colonne
8  B = []           # crée une liste vide pour récupérer la 2e colonne
9  for ligne in F :
10     a = ligne[0].replace(',' , '.')      # remplace les virgules par des points
   pour les valeurs de la 1re colonne du fichier Excel
11     A.append(a)                          # ajoute la valeur dans la liste A
12     b = ligne[1].replace(',' , '.')      # remplace les virgules par des points
   pour les valeurs de la 2e colonne du fichier Excel
13     B.append(b)                          # ajoute la valeur dans la liste B
14 Y = [float(a) for a in A]                # transforme les chaines de caractères
   de la liste A en float dans une nouvelle liste Y
15 t = [float(b) for b in B]
16 f.close                                  # ferme le fichier f
17
18 # Calcul de la composante vy du vecteur vitesse v au point i
19 vy = []                                  # crée une liste vide nommée vy
20 for i in range(1, len(t) - 1):           # pour chaque point i de la trajectoire
   (sauf le premier et le dernier)
21     vy.append(……………………………………………)  # calcule
   la vitesse instantanée vy au point i et l'ajoute à la liste vy
22 del Y[0]         # enlève la première valeur de la liste Y
23 del Y[-1]        # enlève la dernière valeur de la liste Y
24 del t[0]
25 del t[-1]
26
27 # Calcul de Ec, Epp et Em et représentation graphique en fonction de t
28 Ec = [0.5*613E-3*V**2 for V in vy]       # calcule Ec
29 Epp = [……………………… for y in Y]            # calcule Epp
30 Em = []                                  # crée une liste vide nommée Em
31 for i in range (0, len(Ec)) :
32     Em.append(Ec[i] + ……………………)        # calcule Em et l'ajoute à la liste
33 plt.plot(t, Ec, marker = '+', label = 'Ec')   # trace Ec = f(t)
34 plt.plot(t, Epp, marker = '+', label = 'Epp')
35 plt.plot(t, Em, marker = '+', label = ……………)
36 plt.grid()                               # affiche un quadrillage
37 plt.legend()                             # affiche les légendes des courbes
38 plt.xlabel("Temps (s)")                  # légende de l'axe des abscisses
39 plt.ylabel("Énergie (J)")
40 plt.show()                               # affiche le graphique
```

QUESTIONS

1. En considérant la chute comme une chute libre, réaliser le bilan des forces sur le ballon et les représenter sans souci d'échelle sur le schéma **1**. ANA-RAIS, RÉA

2. Réaliser le protocole **2**. RÉA

3. Compléter les lignes 21, 29, 32 et 35 du programme Python **3** et l'exécuter. RÉA

4. Décrire les conversions énergétiques au cours du mouvement du ballon. APP, ANA-RAIS

5. L'énergie mécanique se conserve-t-elle ? Quelle est sa valeur ? ANA-RAIS

6. L'approximation de la chute libre du ballon de la question **1.** est-elle vérifiée ? ANA-RAIS, VAL

7. En déduire la valeur de l'énergie mécanique lors de l'impact. Le ballon va-t-il éclater au sol ? ANA-RAIS, VAL

TP

Capacité numérique exigible	Dans le programme Python	
Exploiter, à l'aide d'un langage de programmation, des données astronomiques ou satellitaires pour tester les deuxième et troisième lois de Kepler.	Savoir rentrer des valeurs numériques dans un programme Python.	p. 9
	Utiliser un programme Python pour appliquer une formule.	p. 9
	Utiliser un programme Python pour tracer un graphique.	p. 10
	Reconnaître les instructions de base : `plt.plot()`, `print()`, `round()`.	p. 10

► Ressources numériques
flashbelin.fr/pythonspe-056

3 • Neptune et ses satellites

2 h

Tle SPÉCIALITÉ

Neptune est la 8e planète du système solaire par ordre d'éloignement du Soleil. Elle met 165 ans pour faire un tour autour du Soleil suivant une orbite quasi circulaire. Neptune possède 14 satellites naturels, parmi lesquels Naïade, Thalassa, Despina, Galatée, Larissa, Hippocampe et Protée suivent une orbite circulaire.

Johannes Kepler (1571-1630), astronome et mathématicien allemand, a énoncé trois lois relatives au mouvement des planètes autour du Soleil, qui peuvent être étendues aux satellites en orbite autour d'une planète.

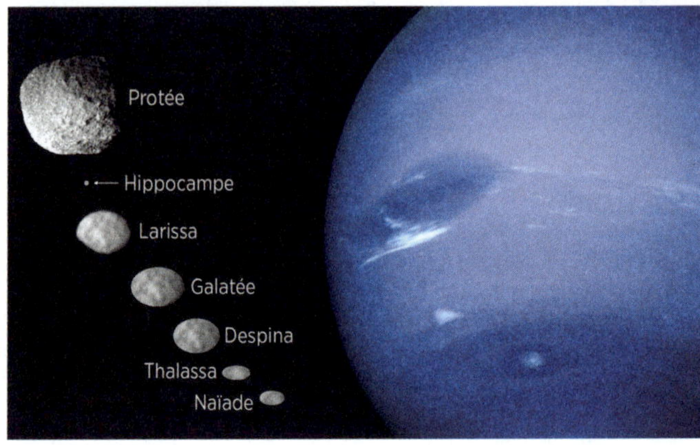

Comment tester les lois de Kepler dans le cas de Neptune ?

1 Énoncé des lois de Kepler

1re loi de Kepler ou loi des orbites :

Dans le référentiel héliocentrique, la trajectoire du centre P d'une planète est une ellipse dont l'un des foyers est le centre du Soleil.

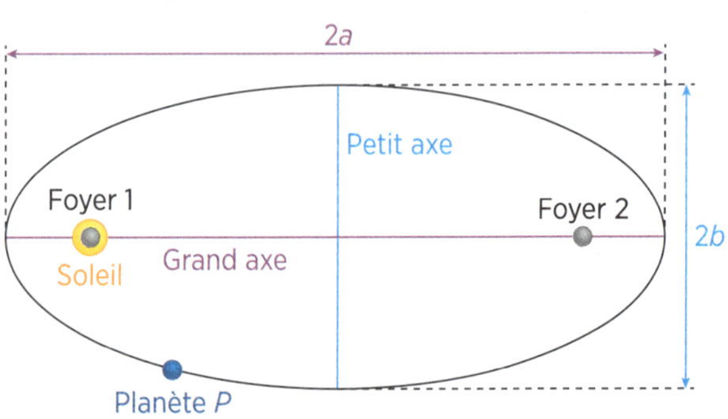

Schéma de la trajectoire elliptique d'une planète

2e loi de Kepler ou loi des aires :

Le segment $[SP]$ qui relie le centre S du Soleil au centre P d'une planète balaie des aires égales pendant des durées Δt égales.

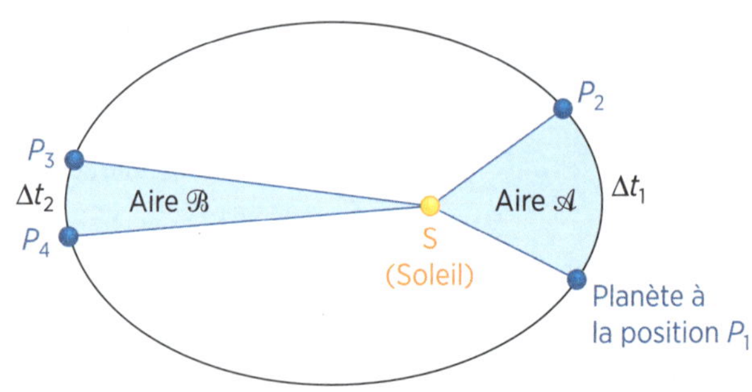

Si $\Delta t_1 = \Delta t_2$ alors ....

3e loi de Kepler ou loi des périodes :

Le quotient du carré de la période de révolution T (en s) d'une planète par le cube de la longueur a (en m) du demi-grand axe de son orbite est égal à une même constante k (en ....) pour toutes les planètes du système solaire : $\frac{T^2}{a^3} = k$.

Donnée : constante de gravitation universelle $G = 6{,}67 \times 10^{-11}\ N \cdot m^2 \cdot kg^{-2}$.

2 Éphéméride des positions de Neptune dans le repère héliocentrique écliptique

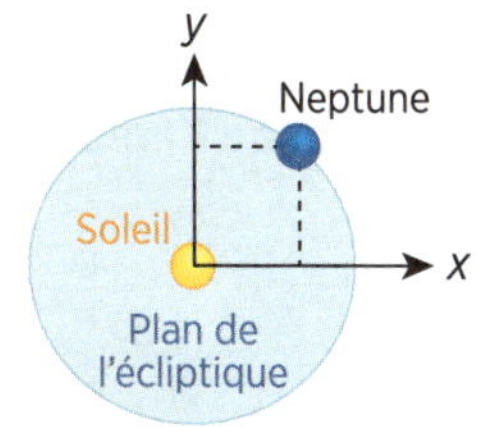

La position prévisionnelle de Neptune dans le repère héliocentrique écliptique est donnée dans le tableau ci-dessous (**à télécharger**) à la même date entre 2020 et 2024 (avec pour référence l'écliptique du 1er janvier 2000).

Donnée : 1 ua = $1{,}5 \times 10^{11}$ m = distance ....

Année	2020	2021	2022	2023	2024
Abscisse *x* (ua)	29,4328410560730	29,6118356847488	29,7457682031831	29,8342404541355	29,8774316380940
Ordonnée *y* (ua)	– 5,3906071859853	– 4,2505317595919	– 3,1034908723970	– 1,9519995345194	– 0,7985426911486

Propriétés mathématiques

- **Formule de Héron d'Alexandrie :**

Calcul d'une aire balayée par le segment [SP] entre deux points P_1 et P_2 :

Aire $\mathcal{A} = \sqrt{p \times (p - L_2) \times (p - L_3) \times (p - L_1)}$, avec $p = \dfrac{L_1 + L_2 + L_3}{2}$.

- **Calcul de l'excentricité *e* d'une ellipse :**

$e = \sqrt{1 - \dfrac{b^2}{a^2}}$ avec a la longueur du demi-.................... axe de l'ellipse et b la longueur de son demi-.................... axe.

L'excentricité indique l'écart au cercle de la forme de l'orbite : une excentricité nulle correspond à un cercle.

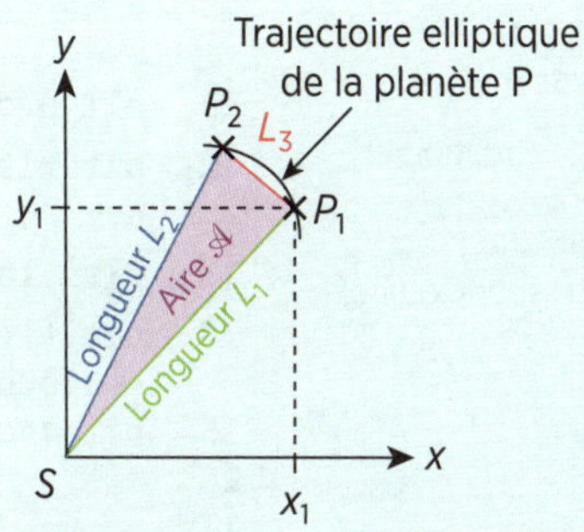

Application

Soient P_1 et P_2 les positions prises par Neptune respectivement en 2020 et en 2021 (tableau 2).

- Compléter les coordonnées :

– du point P_1(.................................... ; ....) ;

– du point P_2(.................................... ; ....) ;

– du Soleil S(.................................... ; ....).

- Calculer la longueur L_1 entre le Soleil et P_1 :

....

- Calculer la longueur L_2 entre le Soleil et P_2 :

....

3 Caractéristiques des satellites naturels de Neptune

Le tableau ci-dessous donne les valeurs du demi-grand axe a de l'orbite des satellites réguliers de Neptune (c'est-à-dire ayant une orbite quasi circulaire) et leur période de révolution T.

Satellite	Naïade	Thalassa	Despina	Galatée	Larissa	Hippocampe	Protée
***a* (km)**	$48{,}227 \times 10^3$	$50{,}075 \times 10^3$	$52{,}526 \times 10^3$	$61{,}593 \times 10^3$	$73{,}458 \times 10^3$	$105{,}200 \times 10^3$	$117{,}647 \times 10^3$
***T* (j)**	0,294	0,311	0,335	0,429	0,555	0,936	1,122

PROGRAMME-TYPE

4 Vérification de la 2e loi de Kepler

Pour tracer une portion de la trajectoire de Neptune autour du Soleil entre 2020 et 2024 et vérifier la 2e loi de Kepler dans le cas de Neptune, exécuter :

1 à **3** ....

6 à **8** Création de trois listes contenant les valeurs des .... *X*, des .... *Y* et les .... *t* correspondant aux positions de Neptune

11 à **14** Création et paramétrage du graphique *Y* = *f*(*X*), qui correspond à une ....

15 ....

18 à **23** Calcul et affichage des aires balayées entre 2020 et 2021

26 à **31** ....

```
1  import matplotlib.pyplot as plt  # importe les bibliothèques nécessaires
2  import numpy as np
3  import math as m
4
5  # Coordonnées de Neptune en unité astronomique
6  X = [................., ................., ................., ................., .................]  # abscisse
7  Y = [................., ................., ................., ................., .................]  # ordonnée
8  t = [........., ........., ........., ........., .........]  # dates de relevé des coordonnées
9
10 # Représentation d'une portion de l'orbite de Neptune de 2020 à 2024 dans le plan de l'écliptique
11 plt.plot(X, Y)  # trace la courbe X en fonction de Y
12 plt.xlabel('..........................')  # légende de l'axe des abscisses
13 plt.ylabel('..........................')
14 plt.title("Portion d'orbite de Neptune dans le référentiel héliocentrique")       # titre du graphique
15 plt.show()          # affiche le graphique
16
17 # Calcul des aires parcourues entre 2020 et 2021
18 L1_a = m.sqrt(X[0]**2 + Y[0]**2)        # distance L1_a en ua
19 L2_a = m.sqrt(X[1]**2 + Y[1]**2)
20 L3_a = m.sqrt((X[1] - X[0])**2 + (Y[1] - Y[0])**2)
21 p_a = (L1_a + L2_a + L3_a)/2            # demi-périmètre
22 Aire_a = m.sqrt(p_a*(p_a - L2_a)*(p_a - L3_a)*(p_a - L1_a))  # aire balayée entre 2020 et 2021
23 print ("L'aire parcourue par le rayon vecteur entre 2020 et 2021 vaut : ", round(Aire_a, 2), "ua^2") # affiche le résultat
24
25 # Calcul des aires parcourues entre 2022 et 2023
26 L1_b = m.sqrt(X[.....]**2 + Y[.....]**2) # distance L1_b en ua
27 L2_b = m.sqrt(X[.....]**2 + Y[.....]**2)
28 L3_b = m.sqrt(..........................................)
29 p_b = ..........................        # demi-périmètre
30 Aire_b = m.sqrt(p_b*(......... - L2_b)*(p_b - L3_b)*(p_b - .........)) # aire balayée entre 2022 et 2023
31 print ("L'aire parcourue par le rayon vecteur entre 2022 et 2023 vaut : ", round(.........., 2), "ua^2")  # affiche le résultat
```

- La fonction `plt.plot(..................., ...................)` affiche la courbe Y = *f*(X) avec des points expérimentaux reliés.
- La fonction `print(`*`grandeur`*`)` affiche ....
- La fonction `sqrt(grandeur)` calcule ....

Pour une liste notée X, l'instruction `X[0]` appelle ....

La fonction `round(`*`valeur`*`, 2)` permet d'arrondir la valeur au ....

➡ *Voir cours Partie 1*

COUP DE POUCE

La norme d'un vecteur $\vec{u}(x\,;y)$ est donnée par la formule : $\|\vec{u}\| = \sqrt{x^2 + y^2}$

PROGRAMME-TYPE

5 Vérification de la 3e loi de Kepler

2 à 4 Importation des bibliothèques et des modules

↓

7 et 8 Création de deux tableaux contenant les ……………

↓

9 et 10 Calcul de ……………

↓

13 à 16 Création et paramétrage du graphique …… = f(……)

↓

19 et 20 Régression linéaire et affichage ……………

↓

21 Calcul de …… modélisé connaissant R^3 et *a*

↓

22 Création de la ……………

↓

23 et 24 Affichage du graphique

Pour vérifier la 3e loi de Kepler dans le cas des satellites de Neptune, exécuter :

```
1  # Importation des bibliothèques et modules
2  import matplotlib.pyplot as plt
3  import numpy as np
4  from scipy.stats import linregress # importe le module linregress
5
6  # Création des tableaux de valeurs
7  R = np.array([48.227e3, ……, ……, ……, ……, ……, ……])
   # valeurs des rayons (en km) des orbites circulaires des satellites autour de Neptune
8  T = np.array([……, ……, ……, ……, ……, ……, ……]) # période de révolution (en jour) des satellites de Neptune
9  R3 = R**3               # cube du rayon de l'orbite du satellite
10 T2 = ……                 # carré de la période
11
12 # Tracé de la courbe expérimentale T2 en fonction de R3
13 plt.plot(R3, T2, '+')   # trace les points expérimentaux pour la courbe T^2 = f(R^3)
14 plt.xlabel("……………………") # légende de l'axe des abscisses
15 plt.ylabel("……………………")
16 plt.grid()              # affiche un quadrillage
17
18 # Régression linéaire et affichage de la droite de régression
19 (a, _, _, _, _) = linregress(R3, T2) # modélise la courbe précédente par une droite de coefficient directeur a
20 print('Le coefficient directeur de la droite est : ', a, "en jour^2/km^3") # affiche la valeur du coefficient directeur a
21 T2_modelisation = a*R3 # calcule la période connaissant le coefficient directeur a
22 plt.plot(R3, T2_modelisation, label = 'Droite de régression linéaire')   # trace la droite de régression linéaire
23 plt.legend()        # affiche la légende des courbes
24 plt.show()          # affiche le graphique
```

La fonction `plt.plot(abscisse, ordonnée, '+')` permet ……………………………

`(a, b, _, _, _) = ……………(x, y)` permet de réaliser une régression linéaire pour les points expérimentaux de la courbe $y = f(x)$.

a correspond au ……………………………

et *b* à ……………………………

➡ Voir cours Partie 1

QUESTIONS

1. L'excentricité de Neptune $e = 0{,}00896$ est-elle en accord avec sa trajectoire quasi circulaire autour du Soleil ? APP

2. On souhaite tracer une portion de trajectoire de Neptune et vérifier que la 2e loi de Kepler s'applique bien à cette planète. Dans le programme Python 4, compléter :
- les valeurs contenues dans les listes X, Y et t (lignes 6, 7 et 8) ;
- les légendes des axes du graphique (lignes 12 et 13) ;
- les calculs de `L1_b`, `L2_b`, `L3_b`, `p_b` et `Aire_b` (lignes 26 à 30) ;
- l'affichage de l'aire (ligne 31). RÉA

3. Exécuter le programme Python 4. La 2e loi de Kepler est-elle vérifiée ? Justifier. RÉA, VAL

4. On souhaite vérifier que la 3e loi de Kepler s'applique bien aux satellites naturels de Neptune.

a) À l'aide des données du tableau 3, compléter dans le programme Python 5 les deux tableaux de valeurs correspondant à la période *T* de révolution des satellites et au rayon *R* de leur orbite considérée comme circulaire. RÉA

b) Compléter le calcul de T^2 (ligne 10) et les légendes des axes du graphique $T^2 = f(R^3)$ (lignes 14 et 15). RÉA

c) Exécuter le programme Python 5. La 3e loi de Kepler est-elle vérifiée ? Justifier. RÉA, VAL

d) Grâce aux résultats du programme Python 5, en déduire la masse de Neptune, sachant que $\frac{T^2}{R^3} = \frac{4 \times \pi^2}{G \times M_{Neptune}}$. ANA

TP

Capacité numérique exigible	Dans le programme Python	
Représenter, à l'aide d'un langage de programmation, des vecteurs accélération d'un point lors d'un mouvement.	Savoir rentrer des valeurs numériques dans un programme Python.	p. 9
	Savoir tracer des vecteurs.	p. 32
	Utiliser un programme Python pour tracer un graphique.	p. 30
	Reconnaître les instructions de base : `plt.plot()`, `range()`, `append()`.	p. 10

▶ Ressources numériques
flashbelin.fr/pythonspe-060

4 • La Grande Roue parisienne

2 h

Tle SPÉCIALITÉ

Lors de l'Exposition universelle de 1900, une grande roue fait son apparition à Paris. Elle sera démantelée en 1937 par manque de rentabilité. Pourtant, Paris accueille depuis de nombreuses grandes roues, par exemple place de la Concorde ou au jardin des Tuileries.

Quel mouvement décrit le centre de masse d'une cabine de grande roue au cours du temps ?

1 Chronophotographie

On étudie le mouvement du centre de masse M d'une cabine de grande roue au cours du temps. On prend comme origine du repère le centre de la grande roue. Les positions x (m) et y (m) du centre de masse de la cabine sont notées à intervalle de temps régulier $\Delta t = 30$ s dans le tableau suivant.

Δt (s)	0	30															
x (m)	53	52,74	51,98	50,72	48,97	46,74	44,07	40,97	37,48	33,62	29,44	24,98	20,28	15,38	10,34	5,19	0
y (m)	0	5,19	10,34	15,39	20,28	24,98	29,45	33,62	37,48	40,97	44,07	46,74	48,96	50,72	51,98	52,74	53

Vecteur vitesse

Avec le point O comme origine du repère, le vecteur vitesse instantanée au point M se définit comme la dérivée par rapport au temps du vecteur position $\overrightarrow{OM}$:

$$\vec{v} = \frac{d\overrightarrow{OM}(t)}{dt}$$

$$v_x(t) = \frac{dx(t)}{dt} \quad \text{et} \quad v_y(t) = \frac{dy(t)}{dt}$$

Vecteur vitesse au point M

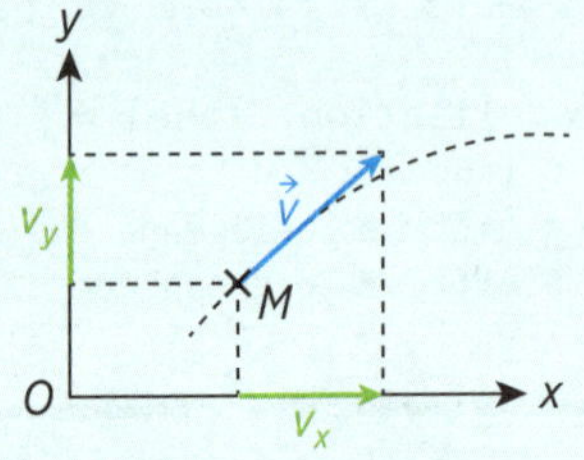

Vecteur accélération

Le vecteur accélération $\vec{a}$ du point M se définit comme la dérivée par rapport au temps du vecteur vitesse :

$$\vec{a} = \frac{d\vec{v}(t)}{dt}$$

$$a_x(t) = \frac{dv_x(t)}{dt} \quad \text{et} \quad a_y(t) = \frac{dv_y(t)}{dt}$$

On peut calculer de manière approchée les composantes à la position k :

– de la vitesse instantanée : $v_{x_k} = \dfrac{x_{k+1} - x_{k-1}}{2\Delta t}$ et $v_{y_k} =$ ....

– de l'accélération : $a_{x_k} = \dfrac{v_{x_{k+1}} - v_{x_{k-1}}}{2\Delta t}$ et $a_{y_k} =$ ....

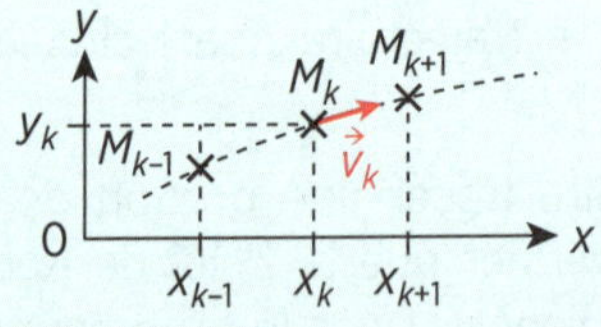

Repère de Frenet

Pour une trajectoire circulaire de centre O et de rayon R, le repère de Frenet est défini à partir de deux vecteurs unitaires ayant pour origine un point M en mouvement :

– le vecteur $\vec{u}_t$ tangent à la trajectoire au point M, orienté dans le sens du mouvement ;

– le vecteur $\vec{u}_n$ perpendiculaire à la trajectoire au point M, orienté vers l'intérieur de la trajectoire.

Le vecteur accélération $\vec{a}(t)$ s'écrit dans ce repère : $\vec{a}(t) = \dfrac{dv(t)}{dt}\vec{u}_t + \dfrac{v(t)^2}{R}\vec{u}_n$.

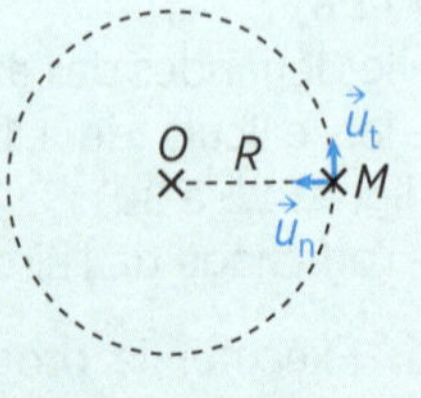

PROGRAMME-TYPE

2 Tracé de la trajectoire et des vecteurs vitesse et accélération

Pour tracer la trajectoire du centre de masse *M* de la cabine et représenter ses vecteurs vitesse, ainsi que ses vecteurs accélération, exécuter :

- **1 et 2** Importation des ....
- ↓ **5 et 6** Création des listes de valeurs des ....
- ↓ **7** Définition de ....
- ↓ **10 à 15** Tracé de ....
- ↓ **18 à 24** Calcul de .... Tracé des ....
- ↓ **27 à 33** Calcul de .... Tracé des ....
- ↓ **36** ....

```
1  import numpy as np
2  import matplotlib.pyplot as plt
3
4  # Construction des listes de valeurs utiles et définition de l'intervalle de temps
5  x = [..........
   ..........]
6  y = [..........
   ..........]
7  dt = ..........                # définit l'intervalle de temps en s
8
9  # Tracé de la trajectoire (chronophotographie)
10 plt.plot(x, y, 'x', markersize = 4)
11 plt.xlabel("x (en m)")
12 plt.ylabel("y (en m)")
13 plt.title("Étude du mouvement d'une grande roue")
14 plt.xlim(0, 53)                # définit les limites de valeurs de l'axe des abscisses
15 plt.ylim(0, 53)
16
17 # Tracé des vecteurs vitesse et calcul de la norme
18 Vx = []                        # crée une liste de valeurs de Vx
19 Vy = []
20 for k in range(1, len(x)- 1): # len(x) renvoie le nombre d'éléments contenus dans la liste x
21     Vx.append((x[k + 1] - x[k - 1])/(2*dt))
22     Vy.append(..........)
23 for i in range(0, len(x) - 2):
24     plt.quiver(x[1 + i], y[1 + i], 100*Vx[i], 100*Vy[i], color = "r", scale = 1,
   scale_units = 'xy')         # trace les vecteurs vitesse avec x[1 + i] et y[1 + i] les
   coordonnées du point de départ, Vx[i] et Vy[i] les composantes du vecteur vitesse respec-
   tivement selon l'abscisse et l'ordonnée
25
26 # Tracé des vecteurs accélération et calcul de la norme
27 Ax = []
28 Ay = []
29 for k in range(1, len(x)- 3):
30     Ax.append((Vx[k + 1] - Vx[k - 1])/(2*dt))
31     Ay.append(..........)
32 for i in range(0, len(x) - 4):
33     plt.quiver(x[2 + i], y[2 + i], 10000*Ax[i], 10000*Ay[i], color = "b",
   scale = 1, scale_units = 'xy')
34
35 # Affichage
36 plt.show()
```

QUESTIONS

1. Compléter le programme Python 2. RÉA, ANA-RAIS

2. Exécuter le programme 2. Donner le diamètre de la grande roue étudiée et caractériser le mouvement obtenu. RÉA, ANA-RAIS

3. Le mouvement étudié correspond-il au démarrage de la grande roue ? Justifier. ANA-RAIS

4. En utilisant le tracé des vecteurs accélération obtenus, donner l'expression du vecteur accélération dans le repère de Frenet pour le mouvement de la grande roue étudié. RÉA, ANA-RAIS

5. Discuter de l'orientation du vecteur accélération selon $\vec{u}_n$. ANA-RAIS, COM

6. La composante $\frac{dv(t)}{dt}\vec{u}_t$ indique si le mouvement est accéléré ou décéléré. Discuter du signe de $\frac{dv(t)}{dt}$ selon le mouvement. ANA-RAIS, COM

7. Conclure en donnant la signification des différentes composantes du vecteur accélération dans le repère de Frenet selon le mouvement circulaire étudié : uniforme, accéléré ou décéléré. ANA-RAIS, COM, VAL

TP

Capacité numérique exigible	Dans le programme Python	
Représenter, à partir de données expérimentales variées, l'évolution des grandeurs énergétiques d'un système en mouvement dans un champ uniforme à l'aide d'un langage de programmation.	Savoir rentrer des valeurs numériques dans un programme Python.	p. 9
	Utiliser un programme Python pour appliquer une formule.	p. 9
	Utiliser un programme Python pour tracer un graphique.	p. 30
	Reconnaître les instructions de base : `plt.plot()`, `range()`, `append()`.	p. 10

► Ressources numériques
flashbelin.fr/pythonspe-062

5 • La chute du téléphone

2 h

Tle SPÉCIALITÉ

La norme IK04, qui précise la résistance d'un smartphone aux impacts, garantit une résistance aux chocs d'une énergie équivalente à 0,50 J. Un lycéen lance à son ami un smartphone pour le lui rendre, mais pas suffisamment loin… et le smartphone tombe au sol.

Le smartphone résistera-t-il au choc ?

1 Modélisation de la situation

Vidéo

La vidéo à télécharger contient l'enregistrement du mouvement plan du téléphone lors de sa chute.

La masse du téléphone vaut 112 g et la règle posée à la verticale sur le sol mesure 30 cm. La norme du champ de pesanteur terrestre, supposé uniforme, vaut $g = 9{,}81\ \text{N} \cdot \text{kg}^{-1}$.

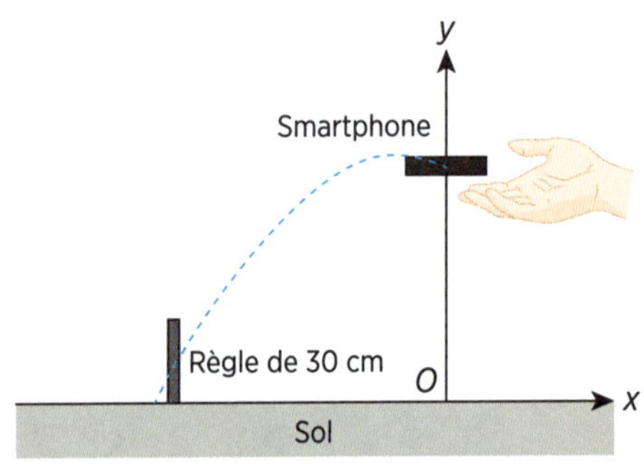

2 Protocole : exploitation de l'enregistrement

① Ouvrir la vidéo dans un logiciel de pointage (Latis-Pro®, Regressi…).

② Se positionner sur l'image 11/44 correspondant au début du mouvement du smartphone.

③ Régler l'origine *O* des axes au niveau du sol, à la verticale de la position initiale du smartphone. Renseigner la longueur de l'étalon, c'est-à-dire de la règle.

④ Effectuer le pointage des positions successives du centre d'inertie du smartphone. Le logiciel génère alors des tableaux de valeurs notés ici X (abscisse en m), Y (ordonnée correspondant à l'altitude en m) et t (temps en s).

⑤ Copier les 3 colonnes X, Y et t, et les coller dans un fichier Excel. Enregistrer ce fichier au format .csv (séparateur : point-virgule) en le nommant vol_tel dans un dossier où sera également placé le fichier Python 3.

Rappels

- Valeur de la composante v_x du vecteur vitesse au point *n* :

....

- Norme du vecteur vitesse $\vec{v}\begin{cases} v_x \\ v_y \end{cases}$:

$v =$ ....

QUESTIONS

1. Réaliser le protocole 2. RÉA

2. Où se situe la référence des énergies potentielles de pesanteur ? APP

3. Compléter et exécuter le programme Python 3 pour tracer l'évolution temporelle des énergies cinétique, potentielle de pesanteur et mécanique. RÉA

4. a) Déterminer, à l'aide du réticule de la fenêtre graphique, la valeur maximale atteinte pour l'énergie potentielle de pesanteur du smartphone. En déduire l'altitude maximale atteinte par le système. APP, ANA-RAIS

b) Déterminer à l'aide du réticule, au même instant, la valeur de l'énergie cinétique. En déduire la vitesse du smartphone à cet instant. Commenter. APP, ANA-RAIS

5. Décrire les conversions énergétiques au cours du mouvement du smartphone. APP, ANA-RAIS

6. L'énergie mécanique se conserve-t-elle ? ANA-RAIS

7. En déduire la valeur de l'énergie mécanique lors de l'impact et répondre à la problématique. ANA-RAIS, VAL

3 Exploitation énergétique

PROGRAMME-TYPE

Pour importer les valeurs du fichier vol_tel.csv, en faire des listes, et afficher l'évolution des énergies E_c, E_{pp} et E_m en fonction du temps *t* pour le système étudié, exécuter :

- Système : { .... } assimilé à un point matériel.
- Référentiel d'étude : référentiel terrestre lié au sol.

1 et 4 ....

5 à 20 Importation des données du fichier .... et création des listes X, Y et t contenant ....

23 à 37 Création ....

31 à 34 Suppression ....

38 Création d'une liste contenant les valeurs de ....

39 Création d'une liste contenant les valeurs de ....

40 à 42 Création d'une liste contenant les valeurs de ....

43 à 45 Création des courbes $E_c = f(t)$, ...

46 à 50 ....

`for i in` .... `(x, len(L))` sert à parcourir les indices d'une liste `L.` de x jusqu'à la fin de la liste.

```
1  import matplotlib.pyplot as plt  # importe les bibliothèques
2
3  # Importation de données d'un fichier csv
4  import csv                       # importe la bibliothèque nécessaire
5  f = open('vol_tel.csv', 'r')     # crée et ouvre un fichier nommé f dans Python
6  F = csv.reader(f, delimiter = ';')  # crée un fichier nommé F à partir de f
   lu grâce au module importé csv avec le séparateur point-virgule
7  A = []        # crée une liste vide pour récupérer la 1re colonne
8  B = []        # crée une liste vide pour récupérer la 2e colonne
9  C = []
10 for ligne in F :
11     a = ligne[0].replace(',' , '.')  # remplace les virgules par des points
   pour les valeurs de la 1re colonne du fichier Excel
12     A.append(a)           # ajoute la valeur dans la liste A
13     b = ligne[1].replace(',' , '.')
14     B.append(b)           # ajoute la valeur dans la liste B
15     c = ligne[2].replace(',' , '.')
16     C.append(c)           # ajoute la valeur dans la liste C
17 X = [float(a) for a in A]  # transforme les chaînes de caractères de la liste
   A en float dans une nouvelle liste X
18 Y = [float(b) for b in B]
19 t = [float(c) for c in C]
20 f.close                   # ferme le fichier f
21
22 # Calcul de la composante vx du vecteur vitesse v au point i
23 vx = []                   # crée une liste vide nommée vx
24 for i in range(1, len(t) - 1):  # pour chaque point i de la trajectoire, sauf
   le premier et le dernier
25     vx.append((X[i + 1] - X[i - 1])/(t[i + 1] - t[i - 1]))  # calcule la
   vitesse instantanée vx au point i et l'ajoute à la liste vx
26
27 # Calcul de la composante vy du vecteur vitesse v au point i
28 vy = []
29 for i in range(1, len(t) - 1):
30     vy.append(............)
31 del Y[0]                  # enlève la première valeur de la liste Y
32 del Y[-1]                 # enlève la dernière valeur de la liste Y
33 del t[......]
34 del t[......]
35 v = []                    # crée la liste vide nommée v (vitesse)
36 for i in range (0, len(vy)) :  # pour chaque point i de la trajectoire (sauf
   le premier et le dernier)
37     v.append((vy[i]*vy[i] + vx[i]*vx[i])**......)  # calcule la valeur de
   la vitesse v au point i et l'ajoute à la liste v
38 Ec = [0.5*112E-3*V**2 for V in v]     # calcule Ec
39 Epp = [............]                  # calcule Epp
40 Em = []                               # crée une liste vide nommée Em
41 for i in range (0, len(Ec)) :
42     Em.append(Ec[i] + ......[i])      # calcule Em et l'ajoute à la liste
43 plt.plot(t, Ec, marker = '+', label = 'Ec')  # trace Ec = f(t)
44 plt.plot(......, ......, marker = '+', label = 'Epp')
45 plt.plot(......, ......, marker = '+', label = 'Em')
46 plt.grid()                            # affiche un quadrillage
47 plt.legend()                          # affiche les légendes des courbes
48 plt.xlabel("............")            # légende de l'axe des abscisses
49 plt.ylabel("Energie (J)")             # légende de l'axe des ordonnées
50 plt.show()                            # affiche le graphique
```

UN PAS VERS L'ÉVALUATION COMMUNE

Capacités exigibles – Physique-Chimie	Numériques
• Calculer le travail d'une force de frottement d'intensité constante dans le cas d'une trajectoire rectiligne. Identifier des situations de conservation et de non-conservation de l'énergie mécanique. • Utiliser la variation de l'énergie mécanique pour déterminer le travail des forces non conservatives.	Utiliser un langage de programmation pour effectuer le bilan énergétique d'un système en mouvement.

1 • Dégâts de la grêle

1re SPÉCIALITÉ

La grêle se forme dans les nuages de type cumulonimbus. Les averses de grêle sont souvent de courte durée, mais peuvent provoquer des dégâts importants, car la vitesse des grêlons peut atteindre 172 $km \cdot h^{-1}$.

On considère que le choc d'un grêlon entraîne un impact sur le capot d'une voiture si l'énergie du choc dépasse 8,0 J.

Avec son smartphone, un lycéen filme la grêle tombant sur la voiture de ses parents stationnée devant leur habitation.

Données :
• L'intensité de la pesanteur terrestre est supposée constante et égale à $g = 9{,}81\ N \cdot kg^{-1}$.
• L'énergie potentielle de pesanteur est nulle au point O du repère.

1 Modélisation de la situation

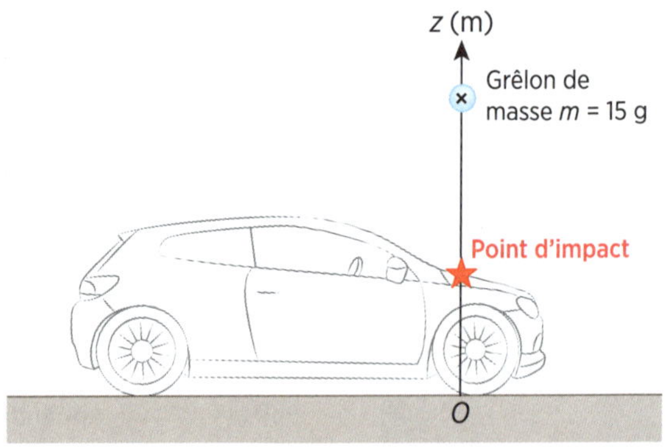

Un pointage vidéo du centre d'inertie d'un grêlon sur l'enregistrement permet d'obtenir l'altitude z du grêlon et sa vitesse v au cours du temps t entre le moment où il apparaît dans le cadre du smartphone et son impact sur le capot de la voiture. Les résultats sont consignés dans le tableau ci-dessous.

Altitude *z* (m)	3,13	2,92	2,72	2,51	2,24	1,90	1,63	1,36	1,22
Temps *t* (s)	0,04	0,08	0,12	0,16	0,20	0,24	0,28	0,32	0,36
Vitesse *v* ($m \cdot s^{-1}$)	4,16	4,32	4,47	4,76	5,16	5,54	5,89	6,11	6,22

1 Déterminer l'altitude du grêlon ainsi que sa vitesse au début du pointage, c'est-à-dire pour $t = 0{,}04$ s. À quelle altitude se trouve le capot de la voiture ?

2 Rappeler l'expression des énergies cinétique, potentielle de pesanteur et mécanique d'un système de masse m, modélisé par un point matériel.

Le programme Python ci-dessous permet de représenter l'évolution au cours du temps *t* des énergies cinétique E_c, potentielle de pesanteur E_{pp} et mécanique E_m du système {grêlon} assimilé à un point matériel.

Programme Python

```
1  import matplotlib.pyplot as plt                      # importe les bibliothèques nécessaires
2
3  m = ..............................                    # masse du grêlon en kg
4  g = ..............................                    # intensité de la pesanteur en N/kg
5
6  z = [3.13, 2.92, 2.72, 2.51, 2.24, 1.90, 1.63, 1.36, 1.22]  # liste des altitudes relevées
7  t = [0.04, 0.08, 0.12, 0.16, 0.20, 0.24, 0.28, 0.32, 0.36]  # liste des dates relevées
8  v = [4.16, 4.32, 4.47, 4.76, 5.16, 5.54, 5.89, 6.11, 6.22]  # liste des vitesses relevées
9
10 Ec = [0.5*m*V**2 for V in v]                        # crée la liste Ec
11 Epp = [..................................................]  # crée la liste Epp
12 Em = []                                              # crée une liste vide nommée Em
13
14 for i in range (0, len(Epp)):                        # pour chaque indice de la liste
15     Em.append(Ec[i] + Epp[i])                        # ajoute la somme Ec + Epp à la liste Em
16
17 plt.plot(t, Ec, marker = '+', label = 'Ec')          # trace la courbe Ec = f(t)
18 plt.plot(........, ........, marker = '+', label = 'Epp')  # trace la courbe Epp = f(t)
19 plt.plot(........, ........, marker = '+', label = 'Em')   # trace la courbe Em = f(t)
20 plt.title("Étude énergétique")                       # légende du graphique
21 plt.xlabel('..................................................')  # légende de l'axe des abscisses
22 plt.ylabel('..................................................')  # légende de l'axe des ordonnées
23 plt.legend()                                         # affiche les légendes des courbes
24 plt.grid()                                           # affiche un quadrillage
25 plt.show()                                           # affiche le graphique
```

Après exécution du programme Python, on obtient le graphique suivant :

2 Graphique obtenu

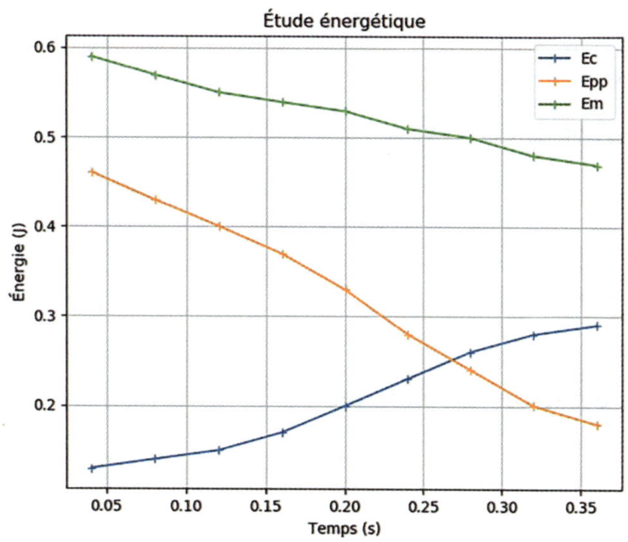

COUP DE POUCE

En Python, 1×10^2 s'écrit : 1e2.

3 Quelles lignes du programme Python permettent de définir la valeur de la masse *m* du grêlon et de l'intensité *g* de la pesanteur ? Compléter ces lignes.

....

....

❹ À la ligne 11 du programme, on souhaite créer une liste regroupant les valeurs de l'énergie potentielle de pesanteur du système. En s'aidant de la ligne 10, compléter la ligne 11.

❺ Compléter les lignes 18, 19, 21 et 22 du programme Python pour qu'il affiche le graphique 2 .

❻ Comment expliquer l'évolution de l'énergie mécanique au cours du temps ?

❼ Compléter le schéma 1 en représentant les forces modélisant les actions sur le système et faire un bilan des forces.

❽ a) À partir du tableau de valeurs, retrouver par le calcul les énergies mécaniques finale $E_m(t = 0{,}36 \text{ s})$ et initiale $E_m(t = 0{,}04 \text{ s})$ du système.

b) La chute du grêlon a-t-elle entraîné un impact sur la voiture ?

c) Déduire du a) la valeur du travail des forces non conservatives entre 0,04 s et 0,36 s.

❾ Déterminer la valeur, supposée constante, des forces non conservatives.

❿ Sans les forces non conservatives, le grêlon aurait-il causé un impact moins violent ?

UN PAS VERS L'ÉPREUVE FINALE

Capacités exigibles

Physique-Chimie	Numériques
Établir et exploiter la troisième loi de Kepler dans le cas du mouvement circulaire.	Exploiter, à l'aide d'un langage de programmation, des données astronomiques ou satellitaires pour tester les deuxième et troisième lois de Kepler.

2 • Période de révolution de Saturne

T^le^ SPÉCIALITÉ

Saturne est la 6e planète du système solaire par ordre d'éloignement du Soleil. C'est une planète gazeuse, entourée d'au moins 82 satellites naturels, dont les plus grands sont Titan, Mimas, Encelade, Téthys, Dioné, Rhéa et Japet qui ont une orbite quasi circulaire. Saturne gravite autour du Soleil sur une orbite de rayon $R = 1{,}434 \times 10^9$ km considérée comme circulaire.

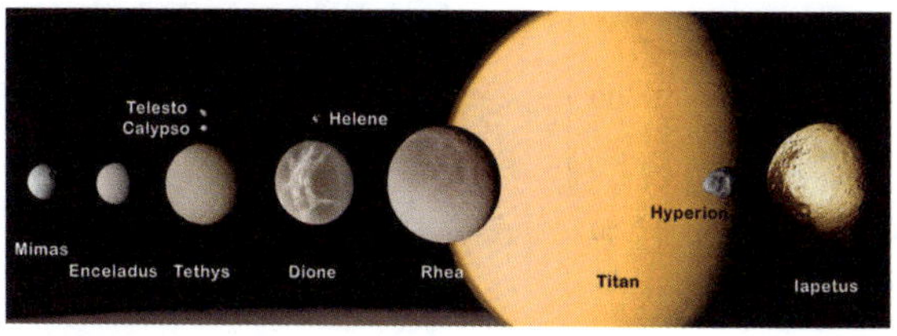

Données :

- Constante de gravitation universelle $G = 6{,}67 \times 10^{-11}\ m^3 \cdot kg^{-1} \cdot s^{-2}$.
- Période de révolution T et rayon r de l'orbite de quelques satellites de Saturne, ci-contre.

Satellite	Titan	Mimas	Encelade	Téthys	Dioné
***T* (jour)**	15,95	0,94	1,37	1,89	2,74
***r* (km)**	$1{,}222 \times 10^6$	$1{,}85 \times 10^5$	$2{,}38 \times 10^5$	$2{,}946 \times 10^5$	$3{,}774 \times 10^5$

1 Écrire la 3e loi de Kepler pour les satellites de Saturne dont l'orbite est considérée comme circulaire.

....

....

Le programme Python ci-dessous permet de vérifier la 3e loi de Kepler pour les satellites de Saturne.

Programme Python

```
import matplotlib.pyplot as plt
import numpy as np
from scipy.stats import linregress                    # importation du module linregress

# Pour les satellites de Saturne
r = np.array([.............................................]) # rayon (en km) des orbites circulaires
T = np.array([.............................................]) # période de révolution (en jour)
r3 = r**3                                             # calcule le cube du rayon de l'orbite
T2 = ..........                                       # calcule le carré de la période

plt.plot(r3, T2, '+')            # trace les points expérimentaux pour la courbe T^2 = f(r^3)
plt.xlabel("............................................")  # légende de l'axe des abscisses
plt.ylabel("............................................")  # légende de l'axe des ordonnées
plt.grid()                                            # affiche un quadrillage

(a, _, _, _, _) = linregress(r3, T2) # modélise la courbe précédente par une droite de coefficient directeur a
print('le coefficient directeur de la droite est : ', a, "en jour^2/km^3")

T2_modelisation = a*r3           # calcule la période connaissant le coefficient directeur a
plt.plot(r3, ..........................., label = 'Droite de régression linéaire') # trace la droite de régression linéaire
plt.legend()                                          # affiche la légende des courbes
plt.show()                                            # affiche le graphique
```

UN PAS VERS L'ÉPREUVE FINALE

Après exécution du programme Python, on obtient le graphique **1** et l'affichage **2** ci-après dans la console Python.

1 Graphique obtenu après exécution du programme Python

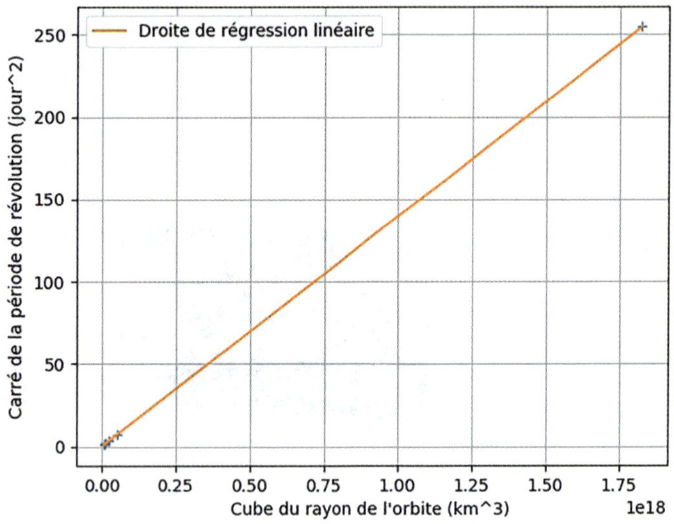

COUPS DE POUCE

- En Python, 1×10^2 s'écrit : 1e2.
- Dans un tableau, les valeurs sont séparées par des virgules.

2 Résultat affiché dans la console Python

```
le coefficient directeur de la droite est :  1.394119001562715e-16 en jour^2/km^3
```

❷ Compléter les lignes `6`, `7`, `9`, `12`, `13` et `20` du programme Python pour qu'il affiche le graphique **1** et le résultat **2**.

❸ Quelle ligne du programme permet d'afficher le résultat dans la console Python ?

....

❹ En analysant le résultat affiché dans la console Python, conclure quant à la validité de la 3e loi de Kepler dans le cas des satellites de Saturne.

....

....

....

....

❺ En appliquant la 2e loi de Newton à un satellite étudié dans le référentiel saturnocentrique, supposé galiléen, et en utilisant le repère de Frenet, montrer que $k = \dfrac{4 \times \pi^2}{G \times M}$, avec M la masse de Saturne.

....

....

....

....

....

6 **Déduire des deux questions précédentes la masse *M* de Saturne.**

COUP DE POUCE

Penser à exprimer *k* dans l'unité du système international.

7 **Japet est un autre satellite de Saturne dont la trajectoire quasi-circulaire a un rayon de $r = 3{,}561 \times 10^6$ km. Déterminer sa période de révolution T_J en jour terrestre.**

COUP DE POUCE

Attention aux conversions des unités !

THÈME 3

Ondes

▶ QCM interactifs
flashbelin.fr/pythonspe-070

Je m'auto-évalue

1 Nombres et calculs

Je pense à

Voir cours p. 9

1 Respecter la syntaxe lorsque j'écris une formule.

Pour calculer la taille A'B' d'une image, j'écris :

❑
```
AB = 0.05
OA = 0.70
OAp = 0.12
ApBp = AB*OAp/OA
```

❑
```
AB = 0.05
OA = 0.70
OAp = 0.12
ApBp = AB*OAP/OA
```

2 Respecter la syntaxe lorsque je crée un tableau de valeurs.

Pour créer un tableau de valeurs de temps t comprenant 50 nombres de 0 à 5 par pas de 0,1 j'écris :

❑ `t = np.linspace(0, 5, 50)`

❑ `t = np.linspace(0. 5. 50)`

❑ `t = NP.linspace(0, 5, 50)`

3 Utiliser une commande pour transformer le type d'un nombre.

Pour transformer un nombre en chaîne, j'utilise la commande :

❑ `str()`

❑ `type()`

❑ `int()`

2 Fonctions

Je pense à

Voir cours p. 18

1 Respecter la syntaxe lorsque je définis une fonction.

Pour définir la fonction $z(t) = \sin(2\pi t/T)$, j'écris :

❑
```
def z(t):
sin(2*pi*t/T)
```

❑
```
def z(t)
    sin(2*pi*t/T)
```

❑
```
def z(t):
    sin(2*pi*t/T)
```

2 Importer la bibliothèque nécessaire pour utiliser une fonction mathématique.

Pour utiliser la fonction cosinus, j'écris :

❑
```
import pyplot as plt
plt.cos(2pi)
```

❑
```
import numpy as np
np.cos(2*pi)
```

❑
```
import numpy as np
cos(2*pi)
```

3 Utiliser la commande qui affiche un résultat.

Pour afficher le résultat du calcul de la distance *AB*, j'écris :

❑ `show(AB)`

❑ `return(AB)`

❑ `print(AB)`

3 Paramètres des graphiques

Je pense à

Voir cours p. 30

1 Choisir les valeurs limites pour les axes d'un graphique.

Pour choisir une limite des valeurs de *x* entre 0 et 5, j'écris :

❑ `xlim(0, 5)`

❑ `ylim(0, 5)`

❑ `xlim(5, 0)`

2 Choisir les paramètres d'affichage d'un graphique.

Pour régler la largeur des marges dans un ou plusieurs graphiques, j'écris :

❑ `label = 0.7`

❑ `marker = 0.7`

❑ `hspace = 0.7`

3 Placer judicieusement la légende sur un graphique.

Pour placer une légende au meilleur endroit sur un graphique, j'écris :

❑ `loc = 'good'`

❑ `loc = 'low'`

❑ `loc = 'best'`

Je m'entraîne

Étude d'un signal périodique

1re SPÉCIALITÉ

On utilise l'extrait de programme suivant pour représenter et étudier un signal périodique.

10 et 11 Définition des variables …… et ……

↓

12 Création d'un …… comprenant 200 nombres de 0 à 2 par pas de 0,01

↓

14 et 15 Définition de la ……

↓

17 à 27 Paramétrage et …… du graphique

```
10  A = 5              # amplitude suivant z en m
11  T = 3              # période de l'onde en s
12  t = linspace(……………………………………)
13  # Définition de la fonction périodique
14  ……………………………………………………
15      return A*sin(2*pi*t/T)
16  # Graphique en x = 0
17  fig = figure()
18  gcf().subplots_adjust(…………………… = 0.5)
19  plot(t, z(t))
20  title("z(t) en x = 0")
21  xlabel("t (en s)")
22  ylabel("z (en m)")
23  grid(True)
24  ylim(……………)
25  xlim(……………)
26  # Affichage
27  show()
```

1 Compléter la ligne 12 du programme pour créer un tableau de valeurs de temps t comprenant 200 nombres de 0 à 2 par pas de 0,01.

Si difficulté, revoir 1. Nombres et calculs.

2 Compléter la ligne 14 du programme afin de définir la fonction *z(t)*. *Si difficulté, revoir 2. Fonctions.*

3 Compléter la ligne 18 du programme afin de régler la largeur des marges du graphique à 0,5.

Si difficulté, revoir 3. Paramètres des graphiques.

4 Compléter les lignes 24 et 25 du programme afin de définir les valeurs limites pour *x* entre 0 et 2 et pour *y* entre –10 et 10. *Si difficulté, revoir 3. Paramètres des graphiques.*

Somme de deux signaux périodiques sinusoïdaux

Tle SPÉCIALITÉ

On utilise l'extrait de programme ci-contre pour représenter et étudier la somme de deux signaux périodiques sinusoïdaux.

10 Importation de la bibliothèque numpy renommée np

↓

11 Création d'un …… comprenant 600 nombres de 0 à 6 par pas de 0,01

↓

12 à 15 Définition des variables ……

↓

16 à 18 Définition des signaux ……

↓

20 à 29 Paramétrage et …… du graphique

```
10  ……………………………………………………
11  t = np.linspace(0, 6, 600)
12  T = 3               # période en ms
13  A1 = 5              # amplitude du signal 1 en V
14  A2 = 7              # amplitude du signal 2 en V
15  phi = 0             # phase à l'origine
16  s1 = A1*np.cos(2*pi*t/T)                   # s1(t)
17  s2 = ……………………………………………                # s2(t)
18  S = ……………………………………………………
19  # Affichage des courbes
20  plt.plot(t, s1, label = 's1')
21  plt.plot(t, s2, label = 's2')
22  plt.plot(t, S, label = 'S')
23  plt.xlabel('t (en ms)')
24  plt.ylabel('signal s1, s2 et S')
25  ……………………………………………………
26  ……………………………………………………
27  plt.grid()
28  plt.legend(loc = 'best', ncol = 3)
29  plt.show()
```

1 Compléter la ligne 10 du programme pour importer la bibliothèque numpy en la renommant np.

Si difficulté, revoir 2. Fonctions.

2 On étudie les signaux $s_1(t) = A_1\cos\left(\frac{2\pi}{T}t\right)$, $s_2(t) = A_2\cos\left(\frac{2\pi}{T}t + \varphi\right)$ avec φ (phi) la phase à l'origine et $S(t) = s_1(t) + s_2(t)$. Compléter les lignes 17 et 18 du programme. *Si difficulté, revoir 2. Fonctions.*

3 Compléter les lignes 25 et 26 du programme afin de définir les valeurs limites pour *x* entre 0 et 8 et pour *y* entre –15 et 15.

Si difficulté, revoir 3. Paramètres des graphiques.

TP

Capacités numériques exigibles	Dans le programme Python	
Représenter un signal périodique et illustrer l'influence de ses caractéristiques (période, amplitude) sur sa représentation. Simuler, à l'aide d'un langage de programmation, la propagation d'une onde périodique.	Savoir rentrer des valeurs numériques dans un programme Python.	p. 10
	Reconnaître les instructions de base : `plt.plot()`.	p. 10
	Utiliser un programme Python pour tracer un graphique.	p. 30

▸ Ressources numériques
flashbelin.fr/pythonspe-072

1 • Érosion des lacs

2 h

1re SPÉCIALITÉ

L'érosion des berges des lacs est un phénomène naturel. Cependant, des études récentes ont montré que ce phénomène pouvait être accentué par des activités nautiques importantes. Au Québec, des chercheurs ont mis en évidence l'effet des activités comme le *wakeboard* et le *wakesurf* sur les lacs de Memphrémagog et Lovering.

Comment les caractéristiques des ondes provoquées par les bateaux participent-elles à l'érosion des berges des lacs ?

1 Hypothèses

On modélise par des ondes mécaniques périodiques les vagues créées par les bateaux. On note A l'amplitude de ces ondes suivant l'axe z des altitudes.

On étudie l'altitude z à la date t d'un point M de la surface de l'eau suivant une direction x. L'origine $z = 0$ correspond à l'altitude de l'eau dans le lac lorsqu'aucune onde ne se propage. Les points de la surface du lac étudiés sont repérés par leur abscisse x.

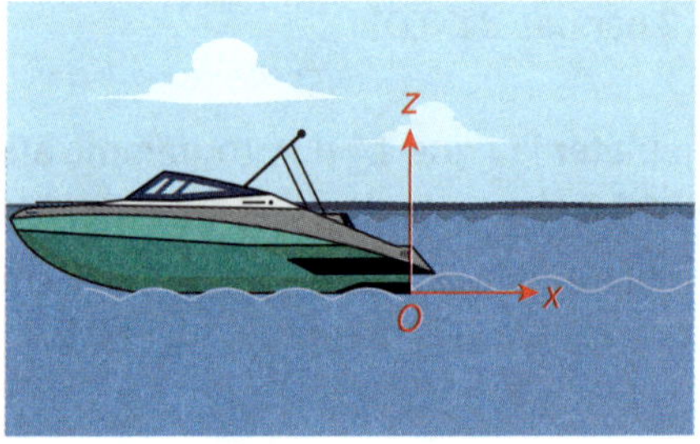

Période, longueur d'onde et célérité : cas d'une onde sinusoïdale

Représentation temporelle d'une onde sinusoïdale

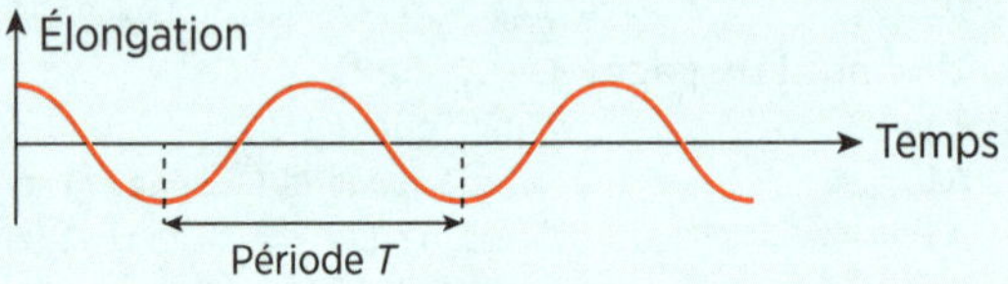

Représentation spatiale d'une onde sinusoïdale

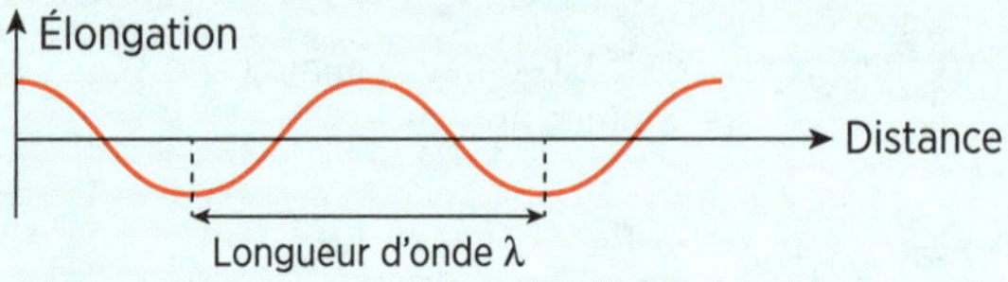

- Une onde périodique est caractérisée par sa **période temporelle** (appelée période T) et sa **période spatiale** (appelée ....).
- La **célérité *v*** (en ....) d'une onde est liée à sa longueur d'onde λ (en m) et à sa période T (en s) : ....

2 Graphique de l'évolution de $z(t)$ à la source (bateau), obtenu grâce au programme Python 3

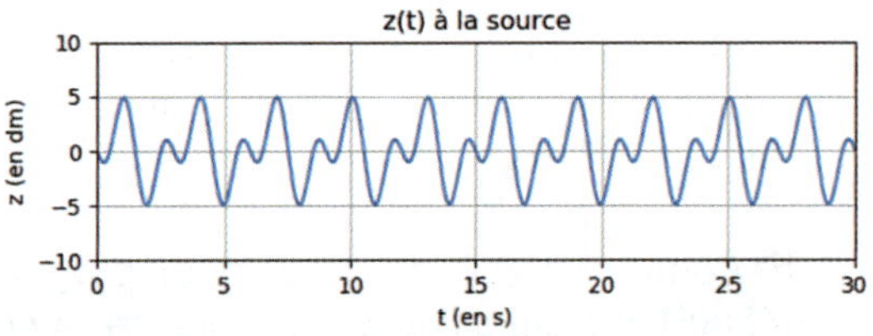

Vocabulaire

Deux points sont dits **en phase** s'ils sont à tout instant dans le même état vibratoire (à des sommets de vagues en même temps par exemple).

PROGRAMME-TYPE

3 Étude de l'onde formée par le bateau

Pour tracer l'onde formée par le bateau en $x = 0$ m et en $x = x_M$, exécuter :

1 Importation de la bibliothèque
↓
4 à 6 Définition des données modifiables : ....
↓
9 à 12 Définition des données non modifiables
↓
15 à 17 Définition de la variable .... et de la fonction ....
↓
20 et 21 Création des zones de graphique
↓
24 à 31 Construction du .... en ...., choix des titres des axes et format du graphique
↓
33 à 40 Construction du graphique en ...., choix des titres des axes et format du graphique
↓
42 ....

```
1  from pylab import *
2
3  # Données modifiables
4  A = ..........  # amplitude suivant z, en dm (entre 0 et Amax)
5  T = ..........  # période de l'onde en s (entre 2 et 10)
6  xM = ..........  # abscisse de M en km (entre 0 et L)
7
8  # Données non modifiables
9  v = 10         # célérité en m/s
10 L = 0.040      # distance bateau-berge suivant x en km
11 tmax = 30      # date de fin en s
12 Amax = 10      # amplitude maximale en dm
13
14 # Définition de t (500 points) et de la fonction périodique
15 t = linspace(0, tmax, 500)
16 def z(t):
17     return 0.56*A*(sin(2*pi*t/T) - sin(4*pi*t/T))
18
19 # Définition des graphiques
20 fig = figure()
21 gcf().subplots_adjust(hspace = 0.7)
22
23 # Graphiques
24 fig.add_subplot(2, 1, 1)          # en x = 0
25 plot(t, z(t))
26 title("z(t) à la source")
27 xlabel("t (en s)")
28 ylabel("z (en dm)")
29 grid(True)
30 ylim(-Amax, Amax)
31 xlim(0, tmax)
32
33 fig.add_subplot(2, 1, 2)          # en xM
34 plot(t, z(t - 1000*xM/v))
35 title("z(t) à xM = "+ str(xM)+" km de la source")
36 xlabel("t (en s)")
37 ylabel("z (en dm)")
38 grid(True)
39 ylim(-Amax, Amax)
40 xlim(0, tmax)
41
42 show()                            # affichage
```

`def fonction ():` définit une fonction. Pour écrire les instructions, ne pas oublier après le retour à la ligne ....

`fig = figure()` crée ....

`gcf().subplots_adjust (hspace = 0.7)` permet de .... pour un ou plusieurs graphes.

`ylim(-Amax, Amax)` et `xlim(0, tmax)` définissent .... respectivement de l'axe des ordonnées et de l'axe des abscisses.

`str(nombre)` transforme .... en .... pour permettre un affichage par exemple.

➡ Voir cours Partie 1

QUESTIONS

1. Indiquer sur le graphique 2 la période T et l'amplitude A de l'onde. APP, RÉA

2. Compléter les lignes 4, 5 et 6 du programme Python 3, en choisissant une période $T = 3$ s, une amplitude $A = 5$ dm et une abscisse du point M $x_M = 10$ m. RÉA

3. Exécuter le programme 3 pour différentes valeurs de T et de A. Décrire l'influence de ces paramètres sur l'aspect des courbes obtenues. RÉA, ANA-RAIS

4. En revenant aux paramètres initiaux pour A et T, faire varier x_M et décrire les changements observés. RÉA, ANA-RAIS

5. Trouver plusieurs valeurs de x_M pour lesquelles les deux signaux sont en phase. APP, RÉA

6. Déterminer la période spatiale de l'onde étudiée. RÉA, ANA-RAIS

7. L'accélération de l'érosion peut être en partie expliquée par l'énergie provoquée par l'impact des vagues sur la rive. Déterminer, dans les conditions de la question **2.**, le nombre de vagues qui touchent la rive en 1 min. RÉA, ANA-RAIS

8. Conclure en donnant les différentes caractéristiques d'une onde mécanique progressive périodique, modèle utilisé ici pour la propagation des vagues provoquées par un bateau. COM, ANA-RAIS

TP

Capacité numérique exigible	Dans le programme Python	
Représenter, à l'aide d'un langage de programmation, la somme de deux signaux sinusoïdaux périodiques synchrones en faisant varier la phase à l'origine de l'un des deux.	Savoir rentrer des valeurs numériques dans un programme Python.	p. 10
	Savoir rentrer une formule dans un programme Python.	p. 10
	Reconnaître les instructions de base : `plt.plot()`.	p. 10
	Utiliser un programme Python pour tracer un graphique.	p. 30

▶ Ressources numériques
flashbelin.fr/pythonspe-074

2 • L'hologramme

2 h

Tle SPÉCIALITÉ

Le principe de l'holographie a été mis en évidence par Dennis Gabor, un physicien hongrois, qui a obtenu le prix Nobel pour ses travaux en 1971. Les premiers hologrammes ont été réalisés en 1963 à l'université du Michigan suite à l'invention du laser.

Vidéo : Fonctionnement des hologrammes

Pour obtenir un hologramme, on superpose le rayon lumineux d'un laser et les ondes lumineuses réfléchies par l'objet à holographier éclairé par ce même laser. Les différents rayons lumineux obtenus permettent d'imprimer sur une plaque photographique l'image de l'objet en relief.

Quel est le principe de superposition de deux ondes lumineuses ?

Expression des deux signaux étudiés

Pour imprimer l'image d'un objet sur une plaque photographique, on utilise la source lumineuse d'un laser. On note $s_1(t)$ l'expression du signal lumineux envoyé par le laser, obtenu au point M, qui s'écrit :

$$s_1(t) = A_1 \cos\left(\frac{2\pi}{T}t\right)$$

On utilise un verre de séparation pour envoyer une partie de ce rayon lumineux sur l'objet à holographier. Des lentilles sont utilisées pour faire diverger les rayons et ainsi éclairer tout l'objet.
Plusieurs rayons lumineux sont issus de la réflexion sur l'objet, on en considère ici un en particulier, $s_2(t)$. L'expression de ce signal lumineux réfléchi doit tenir compte du retard pris par cette onde (en parcourant un chemin plus long) par rapport à l'onde envoyée directement par le laser. Ce retard est modélisé par une phase à l'origine notée ϕ. L'expression de ce signal lumineux réfléchi sur l'objet, obtenu au point M, s'écrit ainsi :

$$s_2(t) = A_2 \cos\left(\frac{2\pi}{T}t + \Phi\right)$$

Support holographique

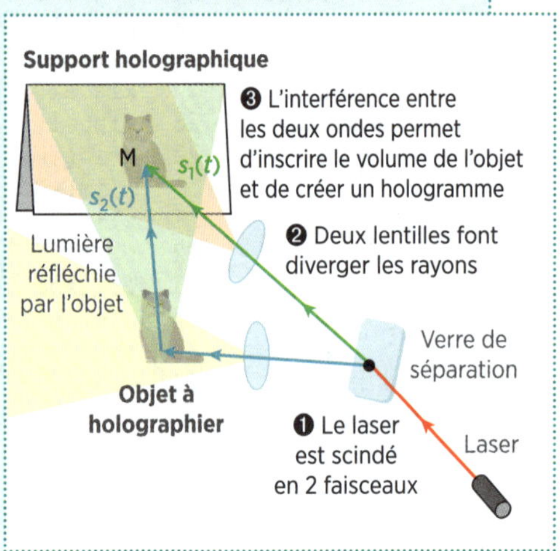

Chaque signal lumineux réfléchi aura une phase à l'origine différente. On note $S(t)$ le signal lumineux obtenu au point M, somme de $s_1(t)$ et $s_2(t)$:

$$S(t) = s_1(t) + s_2(t)$$

1 Impression sur plaque photographique

L'impression sur une plaque photographique repose sur l'utilisation de produits chimiques sensibles à la lumière, comme les sels d'argent. Ils sont dispersés dans une gélatine pour former un mélange, qui, lorsqu'il est exposé à la lumière, devient plus ou moins opaque. Le résultat est alors une image.

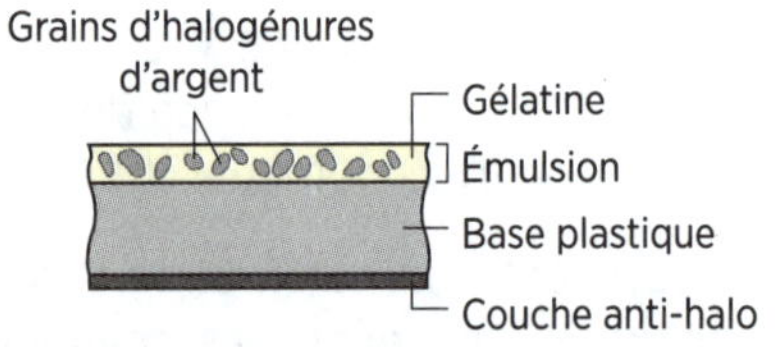

Conditions d'interférences

Le phénomène d'interférences correspond à la superposition des signaux de deux ondes de même nature et de même fréquence.
On étudie ici le phénomène d'interférences de deux ondes sinusoïdales périodiques $s_1(t)$ et $s_2(t)$.
En un point *M*, on parle d'**interférences constructives** quand les deux ondes arrivent **en phase** et d'**interférences destructives** quand les deux ondes arrivent **en opposition de phase**.

Interférences ……………… Interférences ………………

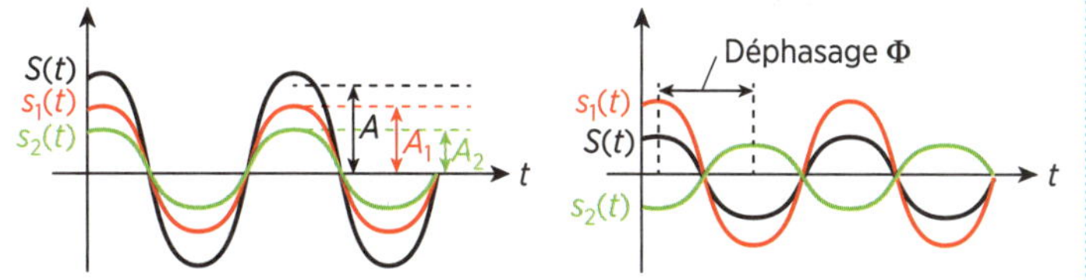

2 Superposition d'ondes

PROGRAMME-TYPE

1 à **3** Importation des bibliothèques et modules

5 et **6** Définition de :
- ……………… en ms ;
- ………………
……………… en ………

7 à **9** Définition de :
- ………………
en ……… ;
- ………………
en ……… ;
- ………………

10 à **12** Définition des expressions des signaux :
………………

14 à **23** Paramétrage et affichage des courbes

Pour additionner et tracer deux ondes, puis tracer le signal obtenu par superposition, exécuter :

```
1  from matplotlib import pyplot as plt
2  from math import pi
3  import numpy as np
4
5  T = 3                              # période en ms
6  t = np.linspace(0, 8, 800)         # tableau de valeurs
   des temps en ms
7  A1 = ………………                     # amplitude du signal 1 en V
8  A2 = ………………                     # amplitude du signal 2 en V
9  phi = ………………                    # phase à l'origine
10 s1 = A1*np.cos(2*pi*t/T)           # s1(t)
11 s2 = ……………………………………              # s2(t)
12 S = ……………………………………………………
   # somme s1(t) + s2(t)
13
14 plt.plot(t, s1, label = 's1')
15 plt.plot(t, s2, label = 's2')
16 plt.plot(t, S, label = 'S')
17 plt.xlabel('t (en ms)')
18 plt.ylabel('signal s1, s2 et S')
19 plt.xlim(0, 8)
20 plt.ylim(-2*(A1 + A2),2*(A1 + A2))
21 plt.grid()
22 plt.legend(loc = 'best', ncol = 3)
23 plt.show()
```

`t = np.linspace(0, 8, 800)` crée un tableau de valeurs des temps comprenant ……… nombres, de ……… à ……… par pas de ………

`np.cos()` permet d'utiliser ………………

`plt.xlim(0, 8)` et `plt.ylim(-2*(A1 + A2), 2*(A1 + A2))` définissent ……………… ……… respectivement de l'axe des ……… et de l'axe des ………

`loc = 'best'` permet de choisir ……………… ………………
et `ncol = 3` définit ……………… ………………

➡ *Voir cours Partie 1*

QUESTIONS

1. Compléter dans le programme Python **2** :

a) les lignes **7**, **8** et **9** en choisissant une amplitude $A_1 = 1$ V, une amplitude $A_2 = 3$ V et une phase à l'origine $\phi = 0$. `RÉA`

b) les lignes **11** et **12** pour l'expression des signaux $s_2(t)$ et $S(t)$. `APP, RÉA`

2. On étudie l'influence de la valeur de la phase à l'origine ϕ.

a) Exécuter le programme Python **2** en essayant les valeurs $\phi = 0$, $\phi = \pi$, $\phi = \pi/4$, $\phi = \pi/2$, $\phi = 3/4\pi$, $\phi = 2\pi$, etc. `RÉA, ANA-RAIS`

b) Déterminer pour quelle(s) valeur(s) de ϕ les signaux $s_1(t)$ et $s_2(t)$ sont en phase. `ANA-RAIS`

c) En déduire la condition sur la phase à l'origine pour que les interférences soient constructives. `ANA-RAIS`

3. On étudie l'influence des amplitudes A_1 et A_2.

a) Exécuter le programme Python complété **2** en faisant varier les amplitudes A_1 et A_2 des signaux $s_1(t)$ et $s_2(t)$ pour chacune des valeurs de phase à l'origine : $\phi = 0$ et $\phi = \pi/2$. `RÉA, ANA-RAIS`

b) Indiquer l'influence des amplitudes A_1 et A_2 sur la somme $S(t)$ des deux signaux. `ANA-RAIS`

4. Expliquer le principe d'impression de la plaque photographique à partir de l'interférence du signal $s_1(t)$ avec tous les signaux $s_2(t)$ possibles issus de la réflexion sur l'objet. `RÉA, ANA-RAIS, VAL`

UN PAS VERS L'ÉVALUATION COMMUNE

Capacités exigibles

Physique-Chimie	Numériques
• Déterminer les caractéristiques d'une onde mécanique périodique à partir de représentations spatiales ou temporelles. • Distinguer périodicité spatiale et périodicité temporelle. • Justifier et exploiter la relation entre période, longueur d'onde et célérité.	Représenter un signal périodique et illustrer l'influence de ses caractéristiques (période, amplitude) sur sa représentation.

1 • Piscine à vagues

1re SPÉCIALITÉ

Il est possible d'avoir l'impression de nager en pleine mer dans une piscine équipée d'un générateur de vagues. Selon le dispositif, ces vagues sont générées par soufflerie, par panneau métallique oscillant ou encore par accumulation d'eau.

1 Identifier les différentes grandeurs physiques mentionnées dans l'extrait de notice du générateur de vagues 1.

....

....

....

....

2 En déduire la valeur minimale de vitesse de propagation des vagues.

....

....

1 Extrait de notice d'un dispositif générateur de vagues

L'amplitude des vagues créées se situe entre 0,70 m et 1,20 m. L'espacement entre les vagues est compris entre 9 et 14 m. Une nouvelle vague est créée toutes les 10 s.

Pour étudier les caractéristiques des ondes générées, on utilise le programme Python suivant.

Programme Python

```
# Importation de la bibliothèque
from pylab import*

# Définition des variables
A = ..................           # amplitude suivant z en m
T = ..................           # période de l'onde en s
v = ..................           # célérité en m/s
L = 20                           # longueur de la piscine en m
t = linspace(0, 50, 500)         # définition de t (500 points) en s

# Définition de la fonction périodique
def z(t):
    return ................................................................

# Paramètres du graphique
plot(t, z(t))
title("z(t) en x = 0")
xlabel("t (en s)")
ylabel("z (en m)")
grid(True)
ylim(-1.5, 1.5)
xlim(0, 50)
show()
```

❸ Compléter les lignes 5 à 7 du programme Python en choisissant la plus grande amplitude et la vitesse la plus faible de propagation.

❹ Expliquer la signification de la ligne 9 du programme Python.

❺ La fonction périodique étudiée qui modélise la propagation des vagues est la fonction :

$$z(t) = A \times \sin\left(\frac{2\pi t}{T}\right)$$

a) Expliciter les différentes grandeurs de la fonction.

b) Compléter la ligne 13 du programme qui calcule la fonction.

❻ Après exécution du programme Python, on obtient le graphique suivant.
Annoter ce graphique en indiquant l'amplitude *A* et la période *T*.

2 Graphique affiché dans la console Python

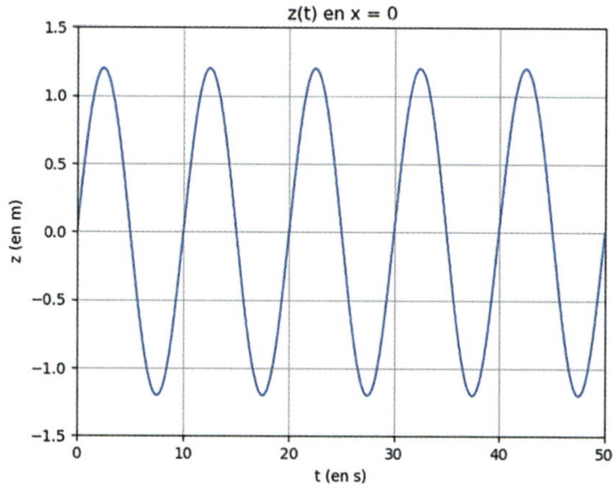

❼ On peut modifier différents paramètres dans le programme Python.
Quelle est l'influence sur le graphique obtenu :

a) de l'amplitude *A* ?

b) de la période *T* ?

c) de la vitesse *v* ?

On étudie maintenant le même signal émis, mais à $x = 4{,}5$ m de la source (le générateur de vagues). On obtient le graphique 3.

3 Graphique affiché dans la console Python

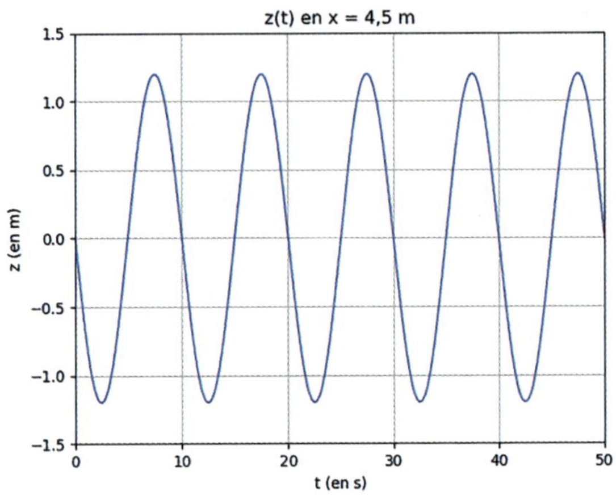

8 Comparer les graphiques en $x = 0$ et en $x = 4{,}5$ m. Les signaux sont-ils en phase ou en opposition de phase ? Justifier et dessiner l'allure des graphiques superposés.

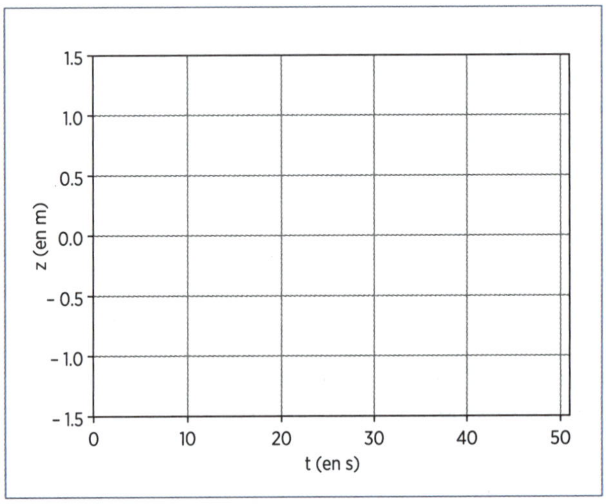

9 Donner une distance à la source permettant d'avoir deux signaux en phase. Justifier.

UN PAS VERS L'ÉPREUVE FINALE

Capacités exigibles

Physique-Chimie	Numériques
• Caractériser le phénomène d'interférences de deux ondes et en citer des conséquences concrètes. • Établir les conditions d'interférences constructives et destructives de deux ondes issues de deux sources ponctuelles en phase dans le cas d'un milieu de propagation homogène.	Représenter, à l'aide d'un langage de programmation, la somme de deux signaux sinusoïdaux périodiques synchrones en faisant varier la phase à l'origine de l'un des deux.

2 • Casque à réduction active de bruit

Tle SPÉCIALITÉ

Une nouvelle génération de casques audio est devenue à la mode ces dernières années : les casques à réduction de bruit active. Dans les transports en commun, dans une salle d'attente ou dans la rue, ces casques permettent d'écouter de la musique sans entendre les bruits extérieurs.

Sur ces casques, un micro est positionné de chaque côté des oreillettes du casque pour capter le son extérieur.

1 On note $s_1(t) = A_1 \cos\left(\frac{2\pi}{T}t\right)$ le signal sonore provenant de l'enregistrement du bruit ambiant reçu par un des micros situés sur le casque.

a) Expliciter les différentes grandeurs dans l'expression $s_1(t)$ du signal sonore.

b) Comment peut-on nommer ce type de fonction ?

Dans la plupart des casques, le signal sonore provenant de l'enregistrement du bruit ambiant est analysé, modifié et renvoyé directement aux oreilles du porteur du casque.

On note $s_2(t) = A_2 \cos\left(\frac{2\pi}{T}t + \Phi\right)$ le signal renvoyé, ϕ étant la phase à l'origine.

2 Les deux signaux $s_1(t)$ et $s_2(t)$ ont-ils la même fréquence ? Justifier.

3 Le bruit extérieur modélisé par le signal sonore $s_1(t)$ et le signal sonore $s_2(t)$ produit par le casque vont s'additionner. Rappeler les conditions pour que deux ondes interfèrent.

4 Réaliser deux schémas permettant d'expliquer le principe des interférences constructives et destructives.

Titre : ……………………………… Titre : ………………………………

Pour des interférences constructives, ………………………………………………………………

………………………………………………………………………………………………

Pour des interférences destructives, ………………………………………………………………

………………………………………………………………………………………………

Pour étudier la superposition de ces deux ondes sonores, on utilise le programme Python suivant.

Programme Python

```
1   # Importation des bibliothèques
2   from matplotlib import pyplot as plt
3   from math import pi
4   import numpy as np
5
6   # Définition des variables et des fonctions
7   T = ........                        # période en ms
8   t = np.linspace(0, 10, 1000)        # définit le tableau de valeurs des temps en ms
9   A1 = 3                              # amplitude du signal 1 en volt
10  A2 = 3                              # amplitude du signal 2 en volt
11  phi = pi                            # phase à l'origine
12  s1 = ......................         # s1(t)
13  s2 = A2*np.cos(2*pi*t/T + phi)      # s2(t)
14  S = ..........                      # somme s1(t) + s2(t)
15  # Affichage des courbes
16  plt.plot(t, s1, label = 's1')
17  plt.plot(t, s2, label = 's2')
18  plt.plot(t, S, label = 'S')
19  plt.xlabel('t (en ms)')
20  plt.ylabel('signal s1, s2 et S')
21  plt.xlim(0, 4)
22  plt.ylim(-2*(A1 + A2),2*(A1 + A2))
23  plt.grid()
24  plt.legend(loc = 'best', ncol = 3)
25  plt.show()
```

5 Calculer la valeur de la période du signal de fréquence $f = 2 \times 10^3$ Hz, puis compléter la ligne 7 du programme.

………………………………………………………………………………………………

**6 On note $S(t)$ le signal issu de l'addition des deux signaux $s_1(t)$ et $s_2(t)$.
Compléter les lignes 12 et 14 du programme Python.**

Après exécution du programme Python, on obtient le graphique 1 suivant :

1 Graphique affiché dans la console Python

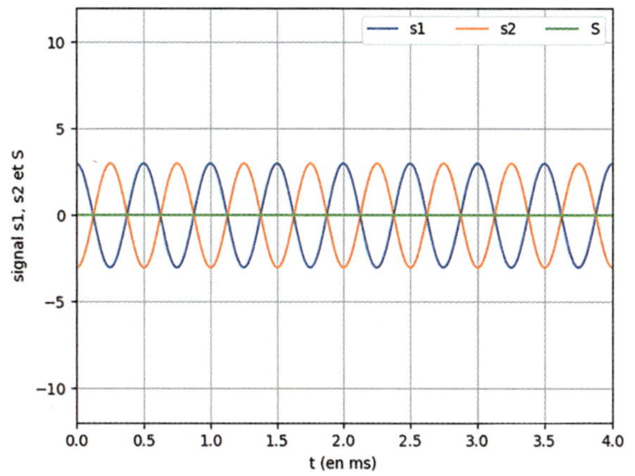

7 Expliquer le principe du casque à réduction active de bruit.

8 Certains casques, de mauvaise qualité, n'atténuent pas totalement le bruit extérieur ou même pire, provoquent un son parasite entendu par le porteur du casque.

a) Le graphique 2 illustre le cas d'un bruit résiduel entendu par le porteur du casque. Expliquer ce phénomène.

b) Proposer une explication pour les casques qui provoquent un son parasite.

2 Graphique obtenu pour le cas d'un son résiduel

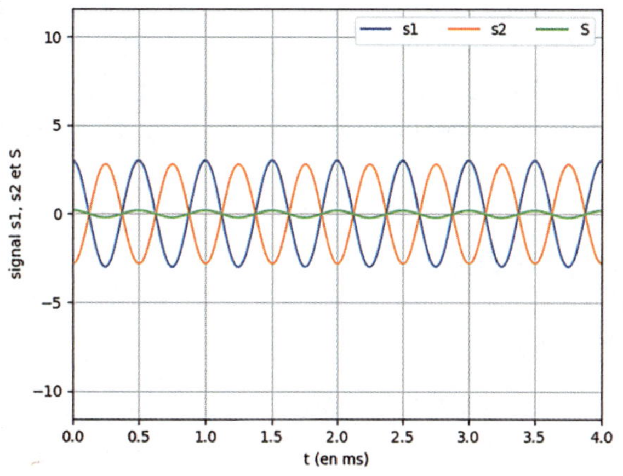

9 Une autre technologie de casque audio, appelée à réduction passive de bruit, existe. Elle fonctionne comme le principe des bouchons d'oreille. Expliquer.

THÈME 4 Chimie

▶ QCM interactifs
flashbelin.fr/pythonspe-082

Je m'auto-évalue

1 Nombres et calculs

Je pense à

Voir cours p. 9

① Respecter la syntaxe lorsque j'écris une formule.

Pour calculer la masse du noyau, j'écris :

❑
```
m_Nucleon = 1.67e-27
m_noyau = 12*m_nucleon
```
❑
```
m_nucleon = 1.67e-27
m_noyau = 12*m_Nucleon
```
❑
```
m_nucleon = 1.67e-27
m_noyau = 12*m_nucleon
```

② Respecter la syntaxe lorsque je crée un tableau de valeurs.

Pour créer un tableau de valeurs de temps *t* comprenant 50 nombres de 0 à 5 par pas de 0,1 j'écris :

❑ `t = np.linspace(0, 5, 50)`

❑ `t = np.linspace(0. 5. 50)`

❑ `t = NP.linspace(0, 5, 50)`

③ Créer une liste pour rentrer des valeurs.

Pour créer une liste de valeurs avec les valeurs de temps $t = 0{,}1$ s ; 0,2 s ; 0,3 s ; 0,4 s, j'écris :

❑ `t = [0.1, 0.2, 0.3, 0.4]`

❑ `t = (0.1, 0.2, 0.3, 0.4)`

❑ `t = [0,1. 0,2. 0,3. 0,4]`

2 Fonctions

Je pense à

Voir cours p. 18

① Utiliser l'instruction permettant de saisir manuellement un nombre entier.

Pour afficher une fenêtre de dialogue demandant de saisir un nombre entier pour *Z*, j'écris :

❑
```
Z = input('Entrer le
numéro atomique Z = ')
```
❑
```
Z = int(input('Entrer le
numéro atomique Z = '))
```

② Importer la bibliothèque contenant la fonction mathématique que je veux utiliser.

Pour utiliser la fonction log afin de calculer le pH d'une solution acide de concentration *c*, j'écris :

❑
```
import math
ph = -math.log10(c)
```
❑
```
import math
ph = -log10(c)
```

③ Utiliser la commande qui affiche un résultat.

Pour afficher le résultat du calcul de la masse du noyau, j'écris :

❑ `show(m_noyau)`

❑ `return(m_noyau)`

❑ `print(m_noyau)`

3 Graphiques

Je pense à

Voir cours p. 30

① Indiquer le titre des axes et du graphique.

Pour écrire « Valeurs de y » sur l'axe des ordonnées, j'écris :

❑ `plt.title('Valeurs de y')`

❑ `plt.ylabel('Valeurs de y')`

❑ `plt.xlabel('Valeurs de y')`

② Tracer les points expérimentaux en précisant leur graphisme.

Pour tracer des points expérimentaux reliés par un trait rouge, j'écris :

❑ `plt.plot(x, y, 'r+')`

❑
```
plt.plot(x, r, c = 'r',
marker = '+')
```
❑
```
plt.scatter(x, y, c = 'r',
marker = '+')
```

③ Utiliser une commande pour afficher plusieurs graphiques.

Pour afficher deux graphiques et choisir lequel sera affiché à gauche, j'écris :

❑ `plt.plot(121)`

❑ `plt.subplot(122)`

❑ `plt.subplot(121)`

Je m'entraîne

Étude cinétique

Tle SPÉCIALITÉ

On utilise l'extrait de programme suivant pour représenter la vitesse de disparition du peroxyde d'hydrogène en fonction du temps. On a à disposition les valeurs expérimentales suivantes :

Temps (min)	0,0	1,0	2,0	3,0	4,0	5,0	6,0	7,0
[peroxyde] ($mol \cdot L^{-1}$)	$8{,}97 \times 10^{-4}$	$5{,}12 \times 10^{-4}$	$2{,}91 \times 10^{-4}$	$1{,}64 \times 10^{-4}$	$9{,}15 \times 10^{-5}$	$5{,}16 \times 10^{-5}$	$2{,}58 \times 10^{-5}$	$1{,}17 \times 10^{-5}$

10 et **11** Création d'une liste contenant .... et d'une liste contenant ....

↓

12 Calcul de la vitesse *v* de disparition du ....

↓

14 Création d'une liste contenant ln(C_peroxyde)

↓

15 à **19** Paramétrage et affichage du graphique représentant ....

↓

20 à **27** Paramétrage et affichage du .... représentant .... en fonction de ....

↓

28 ....

```
10  C_peroxyde = ....................................................
    ....................................................
11  t = ....................................................
12  v = -(np.diff(C_peroxyde)/1)
13
14  lnC_peroxyde = [log(i) for i in C_peroxyde]  # crée une liste
    contenant ln(C_peroxyde)
15  plt.subplot(........)  # affiche 2 graphiques en ligne (ici celui
    de droite)
16  plt.plot(......, ........................, marker = '+', color = 'b')
    # crée la courbe ln(C_peroxyde) = f(t)
17  plt.xlabel("temps (min)")  # légende de l'axe des abscisses
18  plt.ylabel("ln (C_peroxyde)")
19  plt.title("....................................................")
    # légende du graphique
20  plt.....................................................
21  del C_peroxyde[-1]
22  plt.plot(C_peroxyde, v, marker = '......', color = '..........')
    # création de la courbe v = f(concentration en peroxyde)
23  plt.xlabel("C_peroxyde (mol.L-1)")  # légende de l'axe des
    abscisses
24  plt.ylabel("Vitesse de disparition du peroxyde dhydrogène
    (mol.L-1.min-1)")
25  plt.title("v = f(C_peroxyde)")       # titre du graphique
26  plt.grid()                # affiche un quadrillage
27  plt.legend()              # affiche les légendes
28  plt.show()                # affiche les graphiques
```

1 **Compléter les lignes `10` et `11` du programme pour créer deux listes, l'une correspondant aux valeurs de concentration en peroxyde d'hydrogène et l'autre aux valeurs de temps.** *Si difficulté, revoir 1. Nombres et Calculs.*

2 **Compléter la ligne `15` du programme pour afficher le graphique de droite.** *Si difficulté, revoir 3. Graphiques.*

3 **Compléter la ligne `16` du programme pour choisir `t` en abscisse du graphique et `lnC_peroxyde` en ordonnée.** *Si difficulté, revoir 3. Graphiques.*

4 **Compléter la ligne `19` du programme pour indiquer comme titre du graphique : ln(C_peroxyde) en fonction du temps.** *Si difficulté, revoir 3. Graphiques.*

5 **Compléter la ligne `20` du programme pour afficher deux graphiques en ligne, celui-ci étant le graphique de gauche.** *Si difficulté, revoir 3. Graphiques.*

6 **Compléter la ligne `22` du programme en choisissant des croix « + » pour les marqueurs des points expérimentaux et la couleur rouge pour la ligne reliant ces points.** *Si difficulté, revoir 3. Graphiques.*

TP

Capacité numérique exigible	Dans le programme Python	
Déterminer la composition de l'état final d'un système siège d'une transformation chimique totale à l'aide d'un langage de programmation.	Savoir rentrer des valeurs numériques dans un programme Python.	p. 10
	Utiliser un programme Python pour appliquer une formule.	p. 10
	Reconnaître les instructions de base : `print()`.	p. 10

▶ Ressources numériques
flashbelin.fr/pythonspe-084

1 • Avancement et vitamine C

2 h

1re SPÉCIALITÉ

La vitamine C protège du vieillissement cellulaire et permet d'éviter l'ostéoporose. On la prescrit également pour aider les défenses immunitaires. Elle se présente en général sous la forme de comprimés de couleur blanche tirant vers le jaune. Laissés à l'air, ces comprimés prennent une couleur marron qui provient de l'oxydation de la vitamine C.

Quelle quantité de vitamine C est présente dans un comprimé qui a bruni ?

1 Réaction de la vitamine C au contact de l'air

La vitamine C de couleur blanche tirant vers le jaune, de formule chimique $C_6H_8O_6$, réagit au contact du dioxygène de l'air : elle s'oxyde.
Sous sa forme oxydée $C_6H_6O_6$, elle prend une couleur marron.

Demi-équations :

$$C_6H_8O_{6(s)} = C_6H_6O_{6(s)} + \ldots\ldots + \ldots\ldots \quad (\times \ldots)$$

$$O_{2(g)} + \ldots\ldots + \ldots\ldots = 2\,H_2O_{(\ell)}$$

$$\ldots C_6H_8O_{6(s)} + \ldots O_{2(g)} \rightarrow \ldots H_2O_{(\ell)} + \ldots C_6H_6O_{6(s)}$$

Données :
- Couples oxydant/réducteur : $C_6H_6O_{6(s)}/C_6H_8O_{6(s)}$; $O_{2(g)}/H_2O_{(\ell)}$.
- Un comprimé contient 500 mg de vitamine C.
- Masses molaires atomiques : $M(C) = 12{,}0\ g \cdot mol^{-1}$; $M(O) = 16{,}0\ g \cdot mol^{-1}$; $M(H) = 1{,}0\ g \cdot mol^{-1}$.
- L'apport nutritionnel conseillé en vitamine C est autour de 100 mg par jour.

Les antioxydants

Un antioxydant est une espèce chimique qui ralentit ou empêche l'oxydation d'autres substances chimiques à son contact.
Lors d'une oxydation, il y a un transfert d'électrons d'une espèce chimique vers un agent oxydant. Cette réaction peut produire des radicaux libres qui entraînent des réactions en chaîne destructrices dans l'organisme.
Les antioxydants sont capables d'arrêter ces réactions en chaîne en réagissant avec les radicaux : ils s'oxydent à la place des molécules de notre organisme.
Les aliments ayant un pouvoir antioxydant élevé sont principalement des fruits et des légumes (les agrumes, les pommes, le gingembre, la fraise, l'amande, les brocolis...), mais aussi d'autres aliments comme le chocolat.

2 Aspect de plusieurs comprimés de vitamine C plus ou moins oxydés

a. Comprimé de vitamine C non oxydé

b. Comprimé de vitamine C en partie oxydé

c. Comprimé de vitamine C très oxydé

3 Détermination de l'état final d'un système chimique

PROGRAMME-TYPE

Soit la réaction ...... $C_6H_8O_{6(s)}$ + ... $O_{2(g)} \rightarrow$ ...... $H_2O_{(\ell)}$ + ... $C_6H_6O_{6(s)}$. On note n_vitamine_init la quantité de matière initiale de $C_6H_8O_6$. Le dioxygène de l'air est considéré en excès pour cette réaction.
Pour déterminer l'état final du système chimique, exécuter :

1 Définition de la variable ....

2 à 5 Définition des variables ....

7 Calcul de ....

10 à 13 ....

```
1   n_vitamine_init = ............  # quantité de matière initiale en vitamine C
2   a = ......  # coefficient stoechiométrique de la vitamine C
3   # Inutile de détailler les quantités pour le dioxygène qui est en excès
4   c = ......  # coefficient stoechiométrique de H2O
5   d = ......  # coefficient stoechiométrique de C6H6O6
6
7   xmax = n_vitamine_init/a  # calcule l'avancement maximal
8
9   # Affichage des quantités de matière des réactifs et des produits à l'état final
10  print("À l'état final :")
11  print("- la quantité de matière en vitamine C vaut :  ", n_vitamine_init - ............, "mol")
12  print("- la quantité de matière en eau vaut :  ", c*xmax, "mol")
13  print("- la quantité de matière en C6H6O6 vaut :  ", d*xmax, "mol")
```

Attention à l'écriture :
- des nombres décimaux : 2,0 s'écrit .... en Python ;
- des puissances de 10 : 10^{20} s'écrit .... ou .... en Python.

L'instruction print sert à ....

➡ *Voir cours Partie 1*

QUESTIONS

1. Discuter du caractère oxydant ou réducteur de la vitamine C. Pourquoi la vitamine C peut-elle être considérée comme un antioxydant ? ANA-RAIS, COM

2. À partir des couples redox fournis, écrire l'équation de la réaction d'oxydation de la vitamine C au contact du dioxygène de l'air. ANA-RAIS, RÉA

3. Calculer la quantité de matière initiale de vitamine C contenue dans le comprimé. RÉA

4. Compléter les lignes 1, 2, 4, 5 et 11 du programme Python 3 . RÉA

5. À l'aide du programme Python 3, déterminer l'avancement final x_{max} et les quantités de matière des espèces chimiques à l'état final. ANA-RAIS

6. Dresser un tableau d'avancement. RÉA

7. Un titrage de la vitamine C dans le comprimé marron permet de déterminer la quantité de matière de $C_6H_6O_6$ présente dans le comprimé :
$n(C_6H_6O_6) = 1{,}40 \times 10^{-4}$ mol.

a) Calculer l'avancement x_f de la réaction. RÉA

b) Déterminer les quantités de matière des espèces chimiques dans l'état final. RÉA

8. Calculer la masse restante de vitamine C dans le cachet marron. Quelle proportion de vitamine C a finalement été oxydée ? Conclure. RÉA, ANA-RAIS, COM, VAL

TP

Capacités numériques exigibles	Dans le programme Python	
À l'aide d'un langage de programmation et à partir de données expérimentales, tracer l'évolution temporelle d'une concentration, d'une vitesse volumique de disparition et tester une relation donnée entre la vitesse volumique de disparition et la concentration d'un réactif.	Savoir rentrer des valeurs numériques dans un programme Python.	p. 10
	Utiliser un programme Python pour appliquer une formule.	p. 10
	Utiliser un programme Python pour tracer un graphique.	p. 30
	Reconnaître les instructions de base : `plt.plot()`, `print()`.	p. 10

▶ Ressources numériques
flashbelin.fr/pythonspe-086

2 • Cinétique et facteurs cinétiques

2 h

Tle SPÉCIALITÉ

Le chlorure de tertiobutyle (ou 2-chloro-2-méthylpropane) est un composé organique utilisé en chimie comme précurseur dans certaines synthèses. Il est instable en solution aqueuse et se décompose par hydrolyse en 2-méthylpropan-2-ol. Cet alcool permet de synthétiser du MTBE (méthyl tert-butyl éther), un additif de l'essence dont l'odeur est bien connue dans les stands de Formule 1.

Quelles sont les caractéristiques cinétiques de la réaction d'hydrolyse du chlorure de tertiobutyle ?

1 Réaction d'hydrolyse du *t*BuCℓ

Mis en solution dans l'eau, le chlorure de tertiobutyle (noté *t*BuCℓ) s'hydrolyse selon la réaction d'équation :

$$(CH_3)_3C-C\ell+2\,H_2O \rightarrow (CH_3)_3C-OH+C\ell^-+H_3O^+$$

On considère que, dans ces conditions, la réaction est d'ordre 1 par rapport au chlorure de tertiobutyle.

Données :
- Masse molaire du chlorure de tertiobutyle : $M(C_4H_9C\ell) = 92{,}5\ g\cdot mol^{-1}$.
- Densité du chlorure de tertiobutyle : $d = 0{,}85$.
- Conductivités ioniques molaires à 25 °C :
$\lambda(H_3O^+) = 349{,}8\times10^{-4}\ S\cdot m^2\cdot mol^{-1}$;
$\lambda(C\ell^-) = 76{,}3\times10^{-4}\ S\cdot m^2\cdot mol^{-1}$.

Temps de demi-réaction

Le temps de demi-réaction, noté $t_{1/2}$, d'un système est la durée nécessaire pour que la moitié du réactif limitant soit consommée. Pour une même transformation chimique, plus $t_{1/2}$ est faible, plus la réaction est rapide.

Loi de Kohlrausch

La conductivité σ d'une solution se calcule par la formule $\sigma = \sum_i \lambda_i \times [X_i]$, avec σ exprimée en $S\cdot m^{-1}$, la conductivité ionique molaire λ_i en $S\cdot m^2\cdot mol^{-1}$ et la concentration molaire de l'ion $[X_i]$ en $mol\cdot m^{-3}$.

2 Protocole

① Préparation de la solution S : dans une fiole jaugée de 25,0 mL, introduire, en fonction du groupe, soit 1,0 mL, soit 0,5 mL de chlorure de tertiobutyle, puis compléter avec de l'acétone jusqu'au trait de jauge.

② Placer un bécher contenant 200,0 mL d'eau distillée dans un cristallisoir contenant, en fonction du groupe, soit de l'eau fraîche, soit de l'eau à température ambiante, puis mettre sous agitation magnétique. Relever la température dans le bécher.

③ Verser 5,0 mL de solution S dans le bécher.

④ Relever la conductivité du mélange au cours du temps pendant 17 min dans le tableau suivant.

Conditions expérimentales du groupe :
- Température : θ = ……………
- Volume de chlorure de tertiobutyle : ……………

Temps (min)	0,0	1,0	2,0	3,0	4,0	5,0	6,0	7,0	8,0
σ ($S\cdot m^{-1}$)									
[*t*BuCℓ] ($mol\cdot L^{-1}$)									

Temps (min)	9,0	10,0	11,0	12,0	13,0	14,0	15,0	16,0	17,0
σ ($S\cdot m^{-1}$)									
[*t*BuCℓ] ($mol\cdot L^{-1}$)									

Vitesse volumique

La vitesse volumique de disparition d'un réactif à l'instant t $v_{d,R}(t)$ est égale à l'opposé de la pente de la tangente à la courbe $[R] = f(t)$ au point d'abscisse t.

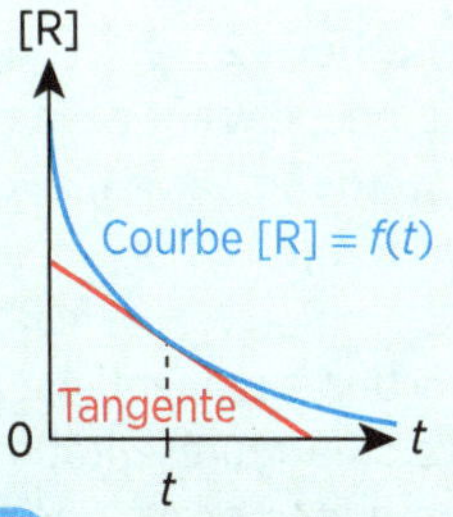

Document à télécharger

3 Résultats expérimentaux

θ (°C)	*V* (*t*BuCℓ) ajouté (mL)	$t_{1/2}$ (min)	$v_{d,tBuC\ell}$ (mol · L⁻¹ · min⁻¹) à t = 2,0 min
	1,0		
	0,5		
	1,0		
	0,5		

4 Tracé de l'évolution temporelle de [*t*BuCℓ]

PROGRAMME-TYPE

1 et 2 Importation des bibliothèques et des modules

4 à 11 Définition des variables : ......, ..., ro_eau, somme_conductivites_ioniques, V_tBuCl, V_fiole, V_S_preleve, Vtotal

14 et 15 Création des tableaux des valeurs expérimentales pour ....

18 et 19 Calcul et affichage de valeurs de la concentration en tBuCl notée ......

20 à 24 Création du graphique ...... en fonction du ...... et choix des paramètres du graphique

25 Affichage du graphique

Pour tracer l'évolution de la concentration en *t*BuCℓ au cours du temps, exécuter :

```
1  import numpy as np          # importe les bibliothèques nécessaires
2  import matplotlib.pyplot as plt
3
4  d = ......             # densité du chlorure de tertiobutyle tBuCl
5  M = ......                  # masse molaire de tBuCl
6  ro_eau = 1000               # masse volumique de l'eau
7  somme_conductivites_ioniques = ......
8  V_tBuCl = ......            # volume de tBuCl choisi par le groupe
9  V_fiole = ......            # volume de la fiole jaugée
10 V_S_preleve = ......        # volume de solution S prélevée
11 Vtotal = ......             # volume total du milieu réactionnel
12
13 # Tableaux de valeurs expérimentales
14 conductivite = np.array([......, ......, ......, ......,
   ......, ......, ......, ......, ......, ......, ......,
   ......, ......, ......, ......, ......, ......, ......])
15 temps = np.array([0.0, 1.0, 2.0, 3.0, 4.0, 5.0, 6.0, 7.0,
   8.0, 9.0, 10.0, 11.0, 12.0, 13.0, 14.0, 15.0, 16.0, 17.0])
16
17 # Calcul de la concentration en tBuCl à l'instant t
18 C_tBuCl = ((V_tBuCl*d*ro_eau*V_S_preleve) /(M*V_fiole*Vto-
   tal)) - ((conductivite*1E-3) /somme_conductivites_ioniques)
19 print(C_tBuCl)
20 plt.plot(......, ......, linestyle = '-', color =
   'b', marker = '+') # trace le graphique C_tBuCl en fonction du
   temps (points représentés par des + bleus et reliés)
21 plt.xlabel('......') # légende de l'axe des abscisses
22 plt.ylabel('......')
23 plt.title('......
   ......')                    # titre du graphique
24 plt.grid()                  # affiche un quadrillage
25 plt.show()                  # affiche le graphique
```

`Conductivite = np.array([])` permet de ....

La fonction `plt.plot(......, ......`, *style de ligne reliant les points, couleur, type de points*) permet d'afficher des points expérimentaux, de choisir ...., ainsi que de relier les points entre eux.

COUP DE POUCE

Facteur cinétique
Un facteur cinétique est un paramètre capable de modifier l'évolution temporelle d'une transformation chimique. Exemples : pression, température, concentration des réactifs.

➡ Voir cours Partie 1

QUESTIONS

1. Justifier que la cinétique de la réaction d'hydrolyse du chlorure de tertiobutyle peut être suivie par conductimétrie. APP

2. Travail collaboratif. Mettre en œuvre le protocole 2 en fonction des conditions expérimentales choisies par le professeur pour le groupe. ANA-RAIS, RÉA

3. Compléter le programme Python 4. Exécuter ce programme et compléter la 3ᵉ ligne du tableau 2. RÉA

4. Grâce au réticule d'Edupython, déterminer la valeur du temps de demi-réaction et la reporter dans le tableau 3. Compléter la 3ᵉ colonne avec les résultats des autres groupes. RÉA

5. Quels sont les facteurs cinétiques étudiés lors de ce TP (justifier) ? Comment accélérer la réaction ? ANA-RAIS

Loi de vitesse d'ordre 1

Lorsque la vitesse de disparition d'un réactif R est proportionnelle à sa concentration, l'évolution de la concentration suit la loi de vitesse d'ordre 1. On peut écrire : $v_{d,R}(t) = k \times [R](t)$.

Pour vérifier que l'évolution d'une concentration suit une loi d'ordre 1, on peut :

– **méthode 1 :** tracer $v_{d,R}(t)$ en fonction de $[R](t)$ et vérifier que l'on trouve une fonction linéaire ;

– **méthode 2 :** vérifier que le temps de demi-réaction $t_{1/2}$ est indépendant de la concentration initiale en R ;

– **méthode 3 :** vérifier que l'évolution de $[R](t)$ au cours du temps obéit à une loi exponentielle du type $[R](t) = [R]_0 \times \exp(-k \times t)$. Utiliser les propriétés de la fonction exponentielle : la relation précédente est vérifiée si la représentation graphique de $\ln[R](t)$ en fonction du temps est une droite affine.

5 Vérification de l'ordre 1

PROGRAMME-TYPE

1 à **3** Importation des bibliothèques et modules

6 et **7** Création des tableaux des valeurs expérimentales pour la .... (notée C_tBuCl) et le ....

10 à **17** Calcul et affichage des valeurs de .... (notée v)

18 à **23** Paramétrage et création du graphique .... = *f* (..........)

26 Calcul du ....

27 à **33** Création du graphique .... = *f*(......) et choix des paramètres du graphique

34 ....

Pour vérifier si la concentration en *t*BuCℓ suit une loi de vitesse d'ordre 1, exécuter :

```
1  import numpy as np
2  import matplotlib.pyplot as plt
3  from math import *
4
5  # Tableau des valeurs expérimentales de la concentration en tBuCl au cours du temps
6  C_tBuCl = [.........., .........., .........., .........., .........., ..........,
   .........., .........., ..........] # ne pas écrire de valeurs nulles ou négatives
7  t = [......, ......, ......, ......, ......, ......, ......, ......, ......]
8
9  # Calcul de v et création du graphique v = f(C_tBuCl)
10 v = []                    # crée une liste vide nommée v
11 for i in range(1, len(t) - 1):
12     v.append((C_tBuCl[i-1] - C_tBuCl[i+1])/(t[i+1] - t[i-1]))
13 del t[0]                  # enlève la première valeur de la liste t
14 del t[-1]                 # enlève la dernière valeur de la liste t
15 del C_tBuCl[0]            # enlève la première valeur de la liste C_tBuCl
16 del C_tBuCl[-1]           # enlève la dernière valeur de la liste C_tBuCl
17 print(v)                  # affiche les valeurs de v
18 plt.subplot(121)          # affiche 2 graphiques en ligne (ici celui de gauche)
19 plt.plot(.........., v, marker = '+', color = 'red')
20 plt.xlabel("....................") # légende de l'axe des abscisses
21 plt.ylabel("........................................")
22 plt.title("....................") # titre du graphique
23 plt.grid()                          # affiche un quadrillage pour ce graphique
24
25 # Calcul de ln(C_tBuCl) et création du graphique ln(C_tBuCl) = f(t)
26 lnC_tBuCl = [log(i) for i in C_tBuCl]  # crée une liste contenant ln (C_tBuCl)
27 plt.subplot(122)  # affiche 2 graphiques en ligne, celui-ci étant celui de droite
28 plt.plot(......, .........., marker = '+', color = 'b')  # crée la courbe
   ln(C_tBuCl) = f(t)
29 plt.xlabel("..............................") # légende de l'axe des abscisses
30 plt.ylabel("..............................") # légende de l'axe des ordonnées
31 plt.title("..............................") # légende du graphique
32 plt.grid()                                   # affiche un quadrillage
33 plt.legend()                                 # affiche les légendes
34 plt.show()                                   # affiche les graphiques
```

6. a) Compléter le programme Python **5**.

b) Exécuter ce programme pour afficher les courbes $v = f([tBuCℓ])$ et $\ln([tBuCℓ]) = f(t)$ et relever la valeur de la vitesse volumique de disparition de *t*BuCℓ à t = 2,0 min. Compléter la 4e colonne du tableau **3** avec les résultats des autres groupes. RÉA

7. L'ordre 1 pour la réaction étudiée est-il vérifié ? Justifier. ANA-RAIS, VAL

TP

Capacité numérique exigible	Dans le programme Python	
Représenter, à l'aide d'un langage de programmation, l'évolution des quantités de matière des espèces en fonction du volume de solution titrante versé.	Savoir rentrer des valeurs numériques dans un programme Python.	p. 10
	Utiliser un programme Python pour appliquer une formule.	p. 10
	Utiliser un programme Python pour tracer un graphique.	p. 30
	Reconnaître les instructions de base : `plt.plot()`.	p. 10

▶ Ressources numériques
flashbelin.fr/pythonspe-089

3 • Un cachet toujours utile ?

2 h

Tle SPÉCIALITÉ

La vitamine C est une vitamine hydrosoluble qui, sensible à la lumière et à l'air, s'oxyde facilement en formant un produit de couleur marron. L'être humain ne pouvant pas la synthétiser lui-même, l'apport journalier conseillé en vitamine C est de 100 mg. La vitamine C est essentielle pour fabriquer le collagène, maintenir la fonction immunitaire et augmenter l'absorption du fer.
Une personne ayant mal refermé son tube de cachets de vitamine C a la déplaisante surprise, un mois après, de découvrir que ses cachets sont devenus marron !

L'absorption d'un cachet de vitamine C marron couvre-t-elle encore les besoins journaliers ?

1 Extrait de la notice d'un cachet de vitamine C

Comprimés à croquer sans sucre tamponnés 500 mg

Composition : acide ascorbique .... mg, ascorbate de sodium .... mg pour un comprimé de .... g

Données :

• L'acide ascorbique (ou vitamine C) a pour formule brute $C_6H_8O_6$ et l'ascorbate de sodium, contenant sa base conjuguée, a pour formule brute $C_6H_7O_6Na$.
• Masses molaires atomiques : $M(C) = 12{,}0\ g \cdot mol^{-1}$; $M(O) = 16{,}0\ g \cdot mol^{-1}$; $M(H) = 1{,}0\ g \cdot mol^{-1}$; $M(Na) = 23{,}0\ g \cdot mol^{-1}$.
• Conductivités molaires à 25 °C (en $mS \cdot m^2 \cdot mol^{-1}$) : $\lambda(Na^+) = 5{,}01$; $\lambda(HO^-) = 19{,}9$; $\lambda(C_6H_7O_6^-) = 3{,}42$.

2 Protocole : titrage conductimétrique de la vitamine C dans un cachet

Un titrage conductimétrique peut être réalisé quand la réaction support du titrage fait intervenir des ions. Le protocole expérimental ci-après permet de titrer l'acide ascorbique contenu dans un cachet tamponné par une solution d'hydroxyde de sodium ($Na^+_{(aq)} + HO^-_{(aq)}$) appelée aussi soude.

① **Préparation de la solution aqueuse titrée :** Dissoudre un comprimé dans une fiole jaugée de 500,0 mL.

② **Titrage :**
• Remplir la burette de soude à la concentration $C_B = 1{,}0 \times 10^{-2}\ mol \cdot L^{-1}$.
• Déposer un volume $V_A = 40{,}0$ mL de la solution précédente dans un bécher, y introduire un barreau aimanté et le placer sur un agitateur magnétique. Mettre en route l'agitation.
• Placer une sonde conductimétrique dans le bécher (rajouter de l'eau distillée si la sonde ne trempe pas).
• Ajouter la solution titrante au goutte à goutte et relever la conductivité σ de la solution tous les millilitres :

V_B (mL)	0,0	1,0	2,0	3,0	4,0	5,0	6,0	7,0	8,0
σ ($S \cdot cm^{-1}$)									
V_B (mL)	9,0	10,0	11,0	12,0	13,0	14,0	15,0	16,0	17,0
σ ($S \cdot cm^{-1}$)									

• À l'aide d'un tableur ou d'un programme Python, tracer la courbe $\sigma = f(V_B)$. Modéliser par parties les deux segments de droite et noter V_E l'abscisse de leur point d'intersection.

TP

3 Tracé de l'évolution des quantités de matière au cours du titrage

PROGRAMME-TYPE

Pour tracer l'évolution des quantités de matière des espèces ioniques au cours du titrage de l'acide ascorbique par la soude, exécuter :

- **1 et 2** Importation des bibliothèques
- **5 à 7** Définition des variables ......
- **8** Calcul de la concentration initiale en acide ascorbique notée ......
- **11 à 20** Création de 20 valeurs de VB avant et après l'équivalence et calcul des .... correspondantes en Na^+, ... et $C_6H_7O_6^-$
- **23 à 32** Création des graphiques $n(Na^+) = f(VB)$, ... et $n(C_6H_7O_6^-) = f(VB)$
- **34 et 35** Choix des ....
- **36 et 37** Affichage du graphique et des légendes

```
1  import matplotlib.pyplot as plt
2  import numpy as np
3
4  # Définition des variables
5  CB = ......          # concentration de la soude en mol/L
6  VA = ......          # volume de solution titrée en mL
7  VE = ......          # volume de soude versé à l'équivalence en mL
8  CA = CB*....../VA    # calcule la concentration initiale en acide ascorbique
9
10 # Avant l'équivalence
11 VB1 = np.linspace(0, VE, 20)      # crée 20 valeurs de VB de 0 mL à VE
12 nNa_plus_1 = CB*VB1*1e-3          # calcule n(Na+) pour les 20 valeurs de VB
13 nOH_moins_1 = 0*VB1               # calcule n(HO-) pour les 20 valeurs de VB
14 nA_moins_1 = CB*VB1*1e-3          # calcule n(ascorbate) pour les 20 valeurs de VB
15
16 # Après l'équivalence
17 VB2 = np.linspace(VE, 25, 20)            # crée 20 valeurs de volumes de VE à 25 mL
18 nNa_plus_2 = ......                      # calcule n(Na+)
19 nOH_moins_2 = CB*(VB2 - ......)*1e-3     # calcule n(HO-)
20 nA_moins_2 = 0*VB2 + CB*VE*1e-3          # calcule n(Ascorbate)
21
22 # Trace en bleu n(Na+) = f(VB) avant et après l'équivalence
23 plt.plot(VB1, nNa_plus_1, color = "blue", label = "Na+")
24 plt.plot(VB2, nNa_plus_2, color = "blue")
25
26 # Trace en vert n(OH-) = f(VB) avant et après l'équivalence
27 plt.plot(VB1, nOH_moins_1, color = "green", label = "HO-")
28 plt.plot(VB2, ......, color = "green")
29
30 # Trace en rouge n(A-) = f(VB) avant et après l'équivalence
31 plt.plot(VB1, nA_moins_1, color = "red", label = "A-")
32 plt.plot(VB2, nA_moins_2, color = "......")
33
34 plt.xlabel("......")
35 plt.ylabel("......")
36 plt.legend()                 # affiche la légende de chaque courbe
37 plt.show()                   # affiche le graphique
```

QUESTIONS

1. Écrire l'équation de la réaction support du titrage et réaliser le schéma du montage expérimental. Quelles doivent être ses caractéristiques ? APP, COM, RÉA

2. Écrire la relation existant à l'équivalence entre la concentration C_A de la solution titrée, son volume V_A, la concentration de la solution titrante C_B et le volume de soude V_E versé à l'équivalence. Justifier. RÉA

3. Mettre en œuvre le protocole 2.
Relever graphiquement la valeur du volume de soude V_E versé à l'équivalence. RÉA

4. Compléter le programme Python 3. RÉA

5. À l'aide des conductivités ioniques molaires et des résultats du programme Python 3, décrire l'évolution des quantités de matière de Na^+, OH^- et $C_6H_7O_6^-$ avant et après l'équivalence. Comment sera la pente de la droite $\sigma = f(V_B)$ dans ces deux cas ? Retrouve-t-on l'allure du graphique $\sigma = f(V_B)$ obtenu à la question **3** ? ANA-RAIS, VAL

6. Calculer la masse d'acide ascorbique contenue dans le cachet marron. Permet-elle de couvrir les besoins journaliers en vitamine C ? Commenter. RÉA, VAL

TP

Capacités numériques exigibles	Dans le programme Python	
Déterminer, à l'aide d'un langage de programmation, le taux d'avancement final d'une transformation, modélisée par la réaction d'un acide sur l'eau. Tracer, à l'aide d'un langage de programmation, le diagramme de distribution des espèces d'un couple acide-base de pK_A donné.	Remplir des valeurs numériques.	p. 10
	Écrire une formule mathématique.	p. 10
	Reconnaître les instructions de base.	p. 10

▶ Ressources numériques
flashbelin.fr/pythonspe-091

4 • Un conservateur alimentaire : l'acide benzoïque

2 h

Tle SPÉCIALITÉ

L'acide benzoïque (C_6H_5-COOH), naturellement présent dans certaines plantes, est utilisé comme conservateur alimentaire sous le code E210. Ses sels, appelés benzoates, sont aussi souvent utilisés. Le benzoate de sodium (C_6H_5-COONa) est noté sous le code E211.
Un industriel souhaite commercialiser une nouvelle boisson aromatisée. La réglementation impose une dose maximale en acide benzoïque ou en benzoate de sodium égale à 160 mg · L^{-1}.

Comment estimer la valeur de la constante d'équilibre associée à la réaction de l'acide benzoïque sur l'eau ? Comment prévoir le pH de la boisson aromatisée et en déduire sa teneur en acide benzoïque et en ions benzoate ?

Constante d'acidité

La constante d'acidité d'un couple acide-base, notée K_A, est la constante d'équilibre relative à la réaction d'un acide faible AH avec l'eau, modélisée par l'équation : $AH + H_2O = A^- + H_3O^+$.
Ainsi, pour le couple acide-base AH/A^-, la constante d'acidité (à la température T) s'écrit :

$$K_A = \frac{[A^-]_{éq} \times [H_3O^+]_{éq}}{[AH]_{éq}}$$

Comme l'échelle des valeurs de K_A pour différents couples acide-base est très étendue, on utilise souvent le pK_A :

$$pK_A = -\log K_A$$

La force d'un acide faible est reliée à la valeur de son pK_A : plus celui-ci est faible, plus l'acide est fort.

Application

Le vinaigre contient de l'acide éthanoïque de formule $C_2H_4O_2$, la constante d'acidité de son couple acide-base vaut $10^{-3,75}$ à 25 °C.

- La constante d'acidité du couple $C_2H_4O_2$/.................... (à 25 °C) s'écrit :

  K_A = ...

- Le pK_A de ce couple acide-base vaut : ....
- L'acide éthanoïque est plus .... que l'acide hypochloreux HClO qui appartient au couple acide-base $HClO/ClO^-$ de $pK_A = 7{,}3$.

S'interroger pour mieux comprendre

Quels sont les couples acide-base dont font partie l'eau et l'acide benzoïque ?

....
....
....

1 Protocole permettant de déterminer la constante d'acidité de l'acide benzoïque

① Préparer une solution S aqueuse d'acide benzoïque en dissolvant une masse $m = 0{,}122$ g d'acide benzoïque (de masse molaire $M = 122{,}0$ g · mol^{-1}) dans 100,0 mL de solution.

② Étalonner le pH-mètre en suivant la notice fournie par le professeur et mesurer le pH de cette solution mère.

③ Diluer dix fois la solution S pour préparer la solution fille S_1 de volume $V_1 = 20{,}0$ mL. Mesurer son pH.

④ Diluer cent fois la solution S pour préparer la solution fille S_2 de volume $V_2 = 20{,}0$ mL. Mesurer son pH.

Mesures du pH
- pH de S = ...
- pH de S_1 = ...
- pH de S_2 = ...

Conservation de la quantité de matière et relation d'Henderson

Lorsqu'on introduit un acide AH dans l'eau, une partie se dissocie en ions A^-. La conservation de la quantité de matière impose que la concentration initialement introduite C_i soit égale à la somme de la concentration de la forme acide et de la forme basique :

$$C_i = [AH] + [A^-]$$

Les concentrations des espèces conjuguées sont liées par la relation d'Henderson :

$$pH = pK_A + \log\left(\frac{[A^-]_{éq}}{[AH]_{éq}}\right)$$

2 Détermination du pH de la boisson aromatisée et du taux d'avancement final

PROGRAMME-TYPE

Pour déterminer le pH de la boisson aromatisée, connaissant le K_A du couple et la concentration molaire initiale C_i en acide benzoïque, et en déduire le taux d'avancement de la réaction entre l'acide benzoïque et l'eau, exécuter :

2 à **4** Importation des …… et modules
↓
6 et **7** …… ……
↓
9 à **12** Calcul du Δ, de $[H_3O^+]_{éq}$ notée ……, du …… et du ……
↓
14 et **15** …… ……

```
1  # Importation des bibliothèques nécessaires
2  import math
3  from matplotlib import pyplot as plt
4  import numpy as np
5
6  Ka = ……………………        # valeur de la constante d'acidité du couple
7  Ci = ……………………        # concentration molaire initiale en acide benzoïque
8
9  delta = Ka**2 + 4*Ka*Ci     # calcule le discriminant
10 h = (-Ka + delta**0.5)/2    # calcule la valeur de la racine positive de l'équation du second degré
11 pH = -math.log10(………)      # calcule le pH de la solution à l'équilibre
12 tau = ……………………       # calcule le taux d'avancement final
13
14 print("Le pH de la boisson vaut : ", pH)  # affiche la valeur du pH de la boisson
15 print("Le taux d'avancement final vaut : ", tau)  # affiche la valeur du taux d'avancement final
```

QUESTIONS

1. Écrire l'équation de la réaction modélisant le transfert d'un ion hydrogène de l'acide benzoïque vers l'eau, puis compléter le tableau d'avancement **4** dans le cas de la solution S. COM, RÉA

2. Réaliser le protocole **1** et noter les résultats. RÉA

3. On souhaite déterminer le pK_A du couple C_6H_5-COOH/C_6H_5-COO^-.

a) À partir du tableau d'avancement et de l'expression de la constante d'acidité du couple C_6H_5-COOH/C_6H_5-COO^-, montrer que :

$$K_A = \frac{[H_3O^+]_{éq}^2}{C - [H_3O^+]_{éq}}$$

avec C la concentration initiale en acide benzoïque. ANA-RAIS

b) Calculer les concentrations initiales en acide benzoïque des solutions S, S_1 et S_2. APP, RÉA

c) En déduire une valeur moyenne de la constante d'acidité, puis du pK_A du couple C_6H_5-COOH/C_6H_5-COO^-. RÉA

4. On souhaite déterminer le pH de la boisson aromatisée en considérant que seul l'acide benzoïque influence le pH de la solution.

a) Calculer la concentration C_i en quantité de matière d'acide benzoïque présent dans la boisson si l'industriel utilise la dose maximale autorisée pour ce conservateur. APP, RÉA

b) Compléter le programme Python **2** permettant de calculer la concentration en ions H_3O^+ à l'équilibre (notée h), le pH de la boisson aromatisée et le taux d'avancement final de la transformation modélisée par la réaction de l'acide benzoïque sur l'eau. APP, RÉA

c) Exécuter le programme Python **2**, en déduire le pH de la boisson, ainsi que le taux d'avancement final. Que peut-on en déduire quant au caractère total de la transformation ? RÉA, ANA-RAIS

PROGRAMME-TYPE

3 Tracé du diagramme de distribution des espèces conjuguées C_6H_5-COOH/C_6H_5-COO^-

1 et **2** Importation des ....

4 et **5** ....

6 Création des valeurs de pH

7 à **10** Calcul des concentrations en ...., et du ....

12 à **18** Choix des paramètres du graphique

19 ....

Pour tracer un diagramme de distribution, graphique qui représente les pourcentages d'un acide et de sa base conjuguée en fonction du pH, exécuter :

```
1  import numpy as np
2  from matplotlib import pyplot as plt
3
4  pka = ..........        # pKa du couple acide base considéré
5  Ci = ..........         # concentration initiale en acide benzoïque
6  pH = np.linspace(0, ......, 100)   # crée 100 valeurs de pH comprises entre 0 et 14
7  AH = Ci/(1 + 10**(pH - pka))   # calcule la concentration en acide benzoïque notée AH à l'équilibre
8  A = ....................     # calcule la concentration en ions benzoate notée A à l'équilibre
9  pAH = AH/Ci*100         # calcule le pourcentage d'acide benzoïque
10 pA = ..........         # calcule le pourcentage d'ions benzoate
11
12 plt.title("Diagramme de distribution de l'acide benzoïque et de l'ion benzoate")   # titre du graphique
13 plt.xlabel("pH")            # légende de l'axe des abscisses
14 plt.ylabel("pourcentage des espèces (%)")
15 plt.grid(True)              # affiche un quadrillage
16 plt.plot(pH, pAH, c = 'red', label = "pourcentage de la forme acide")   # trace la courbe pAH en fonction de pH en rouge et légende cette courbe
17 plt.plot(......, ......, c = 'blue', label = "pourcentage de la forme basique")   # trace la courbe pA en fonction de pH en bleu et légende cette courbe
18 plt.legend()                # affiche la légende
19 plt.show()                  # affiche le graphique
```

La fonction .... *(valeur de départ, valeur finale exclue, nombre de valeurs)* de `numpy` permet de créer un nombre de valeurs comprises entre une valeur initiale et une valeur finale exclue en vue de réaliser ....

La fonction `plt.plot(......, ......,` *couleur, légende*) de `matplotlib` permet de ....

➡ *Voir cours Partie 1*

4 Tableau d'avancement dans le cas de la solution S

Équation de la réaction					
État du système	**Avancement *x* (mol)**	**Quantité de matière (mol)**			

QUESTIONS

5. L'industriel décide, pour des raisons de marketing, de diminuer le pH de la boisson aromatisée à 2,5. On souhaite connaître les concentrations effectives d'acide benzoïque et d'ions benzoate présentes à ce pH. Pour cela, on se propose de tracer, grâce à un programme Python, le diagramme de distribution pour le couple C_6H_5-COOH/C_6H_5-COO^-.

a) Démontrer que : $[A^-]_{éq} = [AH]_{éq} \times 10^{(pH - pKA)}$. RÉA

b) Donner l'expression littérale de $[AH]_{éq}$ en fonction de C_i (concentration initiale en acide benzoïque introduit), du pH et du pK_A. APP, ANA-RAIS

c) Compléter et exécuter le programme Python 3 permettant de tracer le diagramme de distribution des espèces. APP, RÉA

d) Déterminer les concentrations des espèces conjuguées du couple C_6H_5-COOH/C_6H_5-COO^- présentes dans la boisson de pH = 2,5 et pour une concentration initiale C_i en acide benzoïque. Quel(s) code(s) doi(ven)t figurer sur l'étiquette de cette boisson ? ANA-RAIS, VAL

UN PAS VERS L'ÉVALUATION COMMUNE

Capacités exigibles

Physique-Chimie	Numériques
• Établir le tableau d'avancement d'une transformation chimique à partir de l'équation de la réaction et des quantités de matière initiales des espèces chimiques. • Déterminer la composition du système dans l'état final en fonction de sa composition initiale pour une transformation considérée comme totale. • Déterminer l'avancement final d'une réaction à partir de la description de l'état final et comparer à l'avancement maximal.	Déterminer la composition de l'état final d'un système siège d'une transformation chimique totale à l'aide d'un langage de programmation.

1 • Fonctionnement d'un airbag

1re SPÉCIALITÉ

L'airbag (ou coussin gonflable) a été développé à la fin des années 80 pour assurer la sécurité des conducteurs, ainsi que des passagers. Depuis sa création, son principe a évolué pour augmenter la protection des automobilistes.

Lors d'un choc, un détonateur permet de porter des pastilles contenant de l'azide de sodium (NaN_3) à une température voisine de 300 °C. À cette température, l'azide de sodium se décompose en sodium Na et en diazote N_2 (gaz qui permet le gonflement de l'airbag).

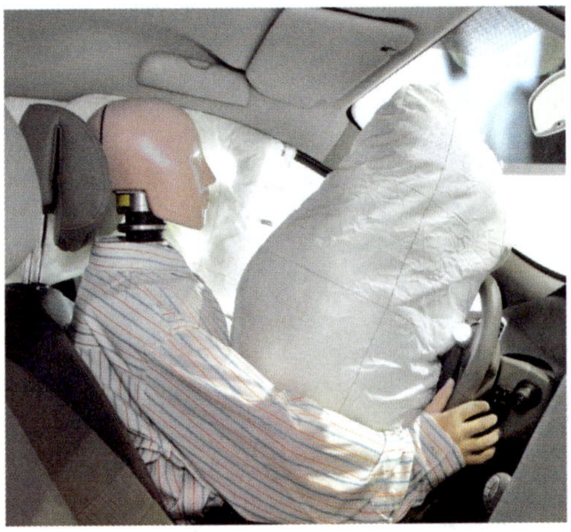

1 **Écrire la réaction ajustée de la décomposition de l'azide de sodium dans les airbags à 300 °C en considérant cette réaction comme totale.**

....

2 **a) Établir le tableau d'avancement de la réaction.**

b) 100 g d'azide de sodium sont utilisés pour le fonctionnement de l'airbag. Déterminer les quantités de matière de diazote et de sodium formées en considérant la réaction comme totale.

Données : $M(\text{Na}) = 23{,}0\ \text{g}\cdot\text{mol}^{-1}$; $M(\text{N}) = 14{,}0\ \text{g}\cdot\text{mol}^{-1}$.

....

....

....

❸ La réaction n'est en réalité pas totale, l'avancement final vaut $x_f = 7{,}50 \times 10^{-1}$ mol. Déterminer la composition du système dans l'état final.

Cette transformation chimique produit le diazote permettant le gonflement de l'airbag, mais également du sodium, métal très réactif au contact de l'eau et du dioxygène de l'air. Pour éliminer le sodium, une deuxième réaction chimique a lieu. Le sodium réagit avec du nitrate de potassium (KNO_3) pour donner des oxydes de potassium (K_2O) et de sodium (Na_2O), ainsi que de nouveau du diazote.

❹ Écrire la réaction équilibrée qui permet la neutralisation du sodium formé.

Le programme Python p. 96 permet de déterminer la composition de l'état final pour la réaction de neutralisation du sodium formé.

❺ La quantité de matière initiale en sodium Na définie ligne 1 du programme Python est-elle cohérente avec la composition finale déterminée à la question 3 ?

❻ Compléter les lignes 3 à 7 du programme Python pour indiquer les valeurs des coefficients stœchiométriques de chacun des réactifs et produits déterminés dans la question 3.

❼ Expliquer les lignes 9 à 11 du programme Python.

Programme Python

```
n_Na_init = 1.5          # quantité de matière initiale en sodium Na
n_KNO3_init = 0.4        # quantité de matière initiale en KNO3
a = ........             # coefficient stœchiométrique de Na
b = ........             # coefficient stœchiométrique de KNO3
c = ........             # coefficient stœchiométrique de K2O
d = ........             # coefficient stœchiométrique de Na2O
e = ........             # coefficient stœchiométrique de N2

x1 = n_Na_init/a
x2 = n_KNO3_init/b
R = min(x1, x2)

print("À l'état final :")  # affiche les quantités de matière des réactifs et des produits à l'état final
print("- la quantité de matière en Na vaut :   ", n_Na_init-a*R, "mol")
print("- la quantité de matière en KNO3 vaut :   ", n_KNO3_init-b*R, "mol")
print("- la quantité de matière en K2O vaut :   ", c*R, "mol")
print("- la quantité de matière en Na2O vaut :   ", d*R, "mol")
print("- la quantité de matière en N2 vaut :   ", e*R, "mol")
```

1 Résultat affiché dans la console Python

```
À l'état final :
- la quantité de matière en Na vaut :  0.0 mol
- la quantité de matière en KNO3 vaut :  0.10000000000000003 mol
- la quantité de matière en K2O vaut :  0.15 mol
- la quantité de matière en Na2O vaut :  0.75 mol
- la quantité de matière en N2 vaut :  0.15 mol
```

8 Quel est le réactif limitant ? Cela semble-t-il cohérent dans le cas de cette réaction ?

....

....

....

....

9 Les deux réactions étudiées permettent de former du diazote, le gaz qui permet le gonflement de l'airbag.

a) Déterminer la quantité de matière totale de diazote formée.

....

....

....

....

b) En déduire le volume de diazote formé.

Donnée : dans les conditions normales de température et de pression (CNTP), $V_m = 22{,}4\ L \cdot mol^{-1}$.

....

....

....

UN PAS VERS L'ÉPREUVE FINALE

Capacités exigibles

Physique-Chimie	Numériques
Identifier un transfert d'ion hydrogène et les couples acide-base mis en jeu, et établir l'équation d'une réaction acide-base. Déterminer, à partir de la valeur de la concentration en ions oxonium H_3O^+, la valeur du pH de la solution. Associer K_A aux équations de réaction correspondantes. Prévoir la composition finale d'une solution aqueuse de concentration donnée en acide faible apporté.	Déterminer, à l'aide d'un langage de programmation, le taux d'avancement final d'une transformation, modélisée par la réaction d'un acide sur l'eau.

2 • Formulation d'un cachet de vitamine C

Tle SPÉCIALITÉ

L'acide ascorbique, ou vitamine C ($C_6H_8O_6$), intervient dans la défense contre les infections virales et bactériennes, il aide à l'assimilation du fer et à la cicatrisation. Le corps humain ne le synthétise pas, il faut donc le puiser dans l'alimentation et, au besoin, se complémenter pour atteindre 110 mg par jour (d'après www.anses.fr).

Dans le commerce, il est possible de trouver des cachets de vitamine C (de masse unitaire m = 1,8 g) disponibles sous deux formulations chimiques :
– l'une ne contient que de l'acide ascorbique (500 mg) et des excipients ;
– l'autre contient de l'acide ascorbique (200 mg), sa base conjuguée l'ion ascorbate (298 mg) et des excipients.

Données :
- pK_A à 25 °C du couple acide ascorbique/ion ascorbate : 4,1.
- Masses molaires atomiques : $M(C) = 12{,}0\ g \cdot mol^{-1}$, $M(O) = 16{,}0\ g \cdot mol^{-1}$, $M(H) = 1{,}0\ g \cdot mol^{-1}$.

1 Écrire la formule brute de l'ion ascorbate.

....

Un médecin prescrit à une patiente un cachet de vitamine C, correspondant à la première formulation ci-dessus, qu'elle dissout dans un verre d'eau de 150 mL. Peu après, elle souffre de brûlures d'estomac et se demande si la solution absorbée est acide, ce qui expliquerait ses maux.

Le programme Python ci-dessous permet de calculer le pH de la solution absorbée par la patiente.

Programme Python

```
# Importation des bibliothèques nécessaires
import math
from matplotlib import pyplot as plt
import numpy as np

Ka = 10**(..........................)          # valeur de la constante d'acidité du couple
Ci = ..............................            # concentration molaire initiale en acide ascorbique
Vsol = ...........................             # volume (en L) de la solution absorbée

delta =(Ka*Vsol)**2 + 4*Ka*Ci*Vsol**2          # calcule le discriminant
xf = (-Ka*Vsol + delta**0.5)/2                 # calcule la valeur de la racine positive de l'équation du
second degré
pH = -math.log10(xf/..............)           # calcule le pH de la solution à l'équilibre

print("Le pH de la solution vaut : ", round(pH, 1))  # affiche la valeur du pH de la solution
```

COUP DE POUCE
En Python, 1×10^{-2} s'écrit : 1e–2 ou 1E–2.

Après exécution du programme Python, on obtient l'affichage **1** dans la console.

1 Résultat obtenu dans la console Python

```
Le pH de la solution vaut :  2.9
```

2 **Calculer la concentration initiale C_i en acide ascorbique de la solution absorbée par la patiente.**

....

....

....

3 **Compléter les lignes 6, 7, 8 et 12 du programme Python pour afficher le résultat 1.**

4 **a) À la ligne 14 du programme, quelle fonction permet d'arrondir le résultat du pH au 10e ?**

....

b) Écrire la modification à effectuer pour obtenir un pH arrondi au 100e.

....

5 **a) Écrire l'équation de la réaction modélisant le transfert d'un ion hydrogène de l'acide ascorbique vers l'eau, puis construire un tableau d'avancement dans le cas de la solution absorbée par la patiente.**

b) À partir de l'expression de la constante d'acidité du couple acide ascorbique/ion ascorbate et du tableau d'avancement, montrer que : $x_f^2 + K_A \times V_{solution} \times x_f - K_A \times C_i \times V^2_{solution} = 0$.

....

....

....

....

....

....

....

c) Retrouver l'expression du discriminant (ligne 10 du programme Python) relatif à l'équation du second degré en x_f de la question précédente.

....

....

6 Que devrait-on taper ligne 15 dans le programme Python pour calculer le taux d'avancement final, noté tau ?

7 En analysant le résultat 1 affiché dans la console Python, conclure quant au caractère acide de la solution absorbée. À ce pH, quelle espèce chimique du couple acide ascorbique/ion ascorbate prédomine ?

Le lendemain, conseillée par sa pharmacienne, la patiente prend cette fois-ci un cachet tamponné, c'est-à-dire composé d'acide ascorbique et d'ascorbate de sodium (voir indications de la boîte ci-contre). On se propose de vérifier l'affirmation soulignée.

Indications :

Douce pour l'estomac car possédant un pH quasiment neutre, cette formulation est particulièrement adaptée aux personnes à la digestion sensible qui supportent mal la vitamine C sous la forme d'acide ascorbique.

8 Déterminer le pH de la solution obtenue par la patiente le lendemain.

COUP DE POUCE

Il n'est pas nécessaire de connaître le volume de solution pour répondre à la question.

9 Le calcul précédent confirme-t-il l'affirmation soulignée ?

10 La deuxième formulation du cachet de vitamine C présente-t-elle tout de même un intérêt par rapport à un comprimé contenant uniquement de l'acide ascorbique ?

THÈME
5 Incertitudes

► QCM interactifs
flashbelin.fr/pythonspe-100

Je m'auto-évalue

1 Nombres et listes

Voir cours p. 9

Je pense à

1 Utiliser une fonction pour générer des nombres aléatoirement.

Pour effectuer un tirage entre $-\infty$ et $+\infty$, j'écris :

- ❑ `tirage = np.random.normal()`
- ❑ `tirage = Np.random.normal()`
- ❑ `tirage = np.Random.normal()`

2 Créer une liste vide et définir les valeurs à y insérer.

Pour créer une liste comprenant les produits `10*i` quand `i` prend les valeurs 0, 1, 2 et 3, j'écris :

❑
```
L = []
for i in range(4):
    L.append(i*10)
```

❑
```
L = []
for i in range(3):
L.append(i*10)
```

2 Moyenne et écart-type

Voir cours p. 34

Je pense à

1 Utiliser une fonction pour sommer des valeurs numériques.

Pour additionner les valeurs 2,5 ; 4 ; 5 et 18, j'écris :

❑
```
L = [2,5, 4, 5, 18]
sum(L)
```

❑
```
L = [2.5, 4, 5, 18]
add(L)
```

❑
```
L = [2.5, 4, 5, 18]
sum(L)
```

2 Utiliser une fonction pour calculer une moyenne.

Pour faire la moyenne des valeurs 2,5 ; 6 ; 8 et 16,2 j'écris :

❑
```
L = [2.5, 6, 8, 16.2]
sum(L)
```

❑
```
L = [2.5, 6, 8, 16.2]
mean(L)
```

❑
```
L = 2.5, 6, 8, 16.2
mean(L)
```

3 Utiliser une fonction pour calculer un écart-type expérimental.

Pour calculer l'écart-type expérimental à partir d'une liste de valeurs, j'écris :

❑
```
L = [5.9, 6.0, 6.1]
ecarttype = dev(L)
```

❑
```
L = [5.9, 6.0, 6.1]
ecarttype = stdevL
```

❑
```
L = [5.9, 6.0, 6.1]
ecarttype = stdev(L)
```

3 Graphiques

Voir cours p. 30

Je pense à

1 Indiquer le titre des axes, ainsi que celui du graphique.

Pour écrire « Valeurs de y » sur l'axe des ordonnées, j'écris :

- ❑ `plt.title('Valeurs de y')`
- ❑ `plt.ylabel('Valeurs de y')`
- ❑ `plt.xlabel('Valeurs de y')`

2 Choisir les valeurs limites pour les axes du graphique.

Pour choisir une limite des valeurs de y entre 0 et 10 et une limite des valeurs de x entre 0 et 5, j'écris :

❑
```
ylim(0, 10)
xlim(0, 5)
```

❑
```
xlim(0, 10)
ylim(0, 5)
```

❑
```
ylim(10, 0)
xlim(5, 0)
```

❑
```
ylim(0, 9)
xlim(0, 4)
```

3 Utiliser l'instruction pour tracer un histogramme.

Pour tracer un histogramme à partir d'une liste de valeurs, j'écris :

❑
```
Volume = [1, 2, 3, 2.5]
plt.hist(volume)
```

❑
```
volume = [1, 2, 3, 2.5]
plt.hist(volume)
```

❑
```
Volume = [1, 2, 3, 2.5]
hist(volume)
```

Je m'entraîne

Verrerie et précision

VU EN 2de

1 Nommer la verrerie associée aux schémas ci-contre.

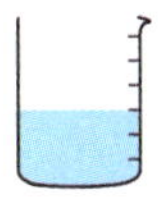

……………………

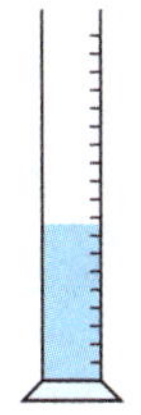

……………………

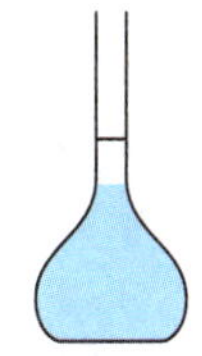

……………………

2 Un élève mesure les volumes *V* suivants à l'aide d'une éprouvette graduée :

V (mL)	48,6	50,1	51,3	50,5	49,8	49,7	50,8

Écrire un programme Python permettant de calculer la valeur moyenne des volumes *V* mesurés, ainsi que l'écart-type en s'aidant des informations suivantes :
- On ne fait pas apparaître les lignes de code permettant d'importer les bibliothèques.
- La première ligne définit le tableau de valeurs des volumes *V* mesurés en mL.
- La deuxième ligne calcule la moyenne et la nomme `moyenne`.
- La troisième ligne calcule l'écart-type et le nomme `ecart_type`.
- La dernière ligne permet d'afficher la phrase :
« La moyenne des valeurs des volumes *V* mesurés vaut `moyenne` mL et son écart-type vaut `ecart_type`. »

```
……………………
……………………
……………………
……………………
```

Détermination d'une concentration

1re SPÉCIALITÉ — Tle SPÉCIALITÉ

On utilise l'extrait de programme suivant pour étudier la variabilité d'une concentration CA.

10 à 12 Définition de ……………………, tirage des valeurs et calcul de la valeur renvoyée

↓

13 à 15 Définition des …………………… avec leur incertitude-type

↓

18 à 22 Méthode Monte Carlo : nombre de valeurs aléatoires générées, calcul des valeurs de …………………… et remplissage de ……………………

↓

23 et 24 ……………………
……………………

```
10  def Alea(L):
11      tirage = ……………………
12      return L[0] + L[1]*tirage
13  CB = [0.70, 0.02]
14  VA = [10.00, 0.02]
15  VE = [20.00, 0.03]
16
17  # Méthode de Monte Carlo pour trouver l'incertitude
    sur CA
18  ……………………
19  Iteration = 100000
20  for i in range(iteration):
21      AleaCA = (Alea(CB)*(Alea(VE))/Alea(VA))
22      LCA.append(AleaCA)
23  MoyCA = sum(LCA)/iteration
24  uCA = (1/(iteration - 1)*……………………((np.
    array(LCA)-MoyCA)**2))**0.5
```

1 Compléter la ligne 11 pour effectuer un tirage entre $-\infty$ et $+\infty$.
Si difficulté, revoir 1. Nombres et listes.

2 Compléter la ligne 18 pour créer une liste vide de valeurs nommée LCA qui contiendra les valeurs de la concentration CA.
Si difficulté, revoir 1. Nombres et listes.

3 Compléter la ligne 24 avec la fonction permettant d'effectuer une somme.
Si difficulté, revoir 2. Moyenne et écart-type.

TP

Dans le programme Python	
Savoir rentrer des valeurs numériques dans un programme Python.	p. 10
Utiliser un programme Python pour tracer un histogramme.	p. 33
Utiliser un programme Python pour appliquer une formule.	p. 10
Reconnaître les instructions de base : `plt.plot()`, `print()`.	p. 10

▶ Ressources numériques
flashbelin.fr/pythonspe-102

1 • Distance focale d'une lentille convergente

2 h

1re SPÉCIALITÉ

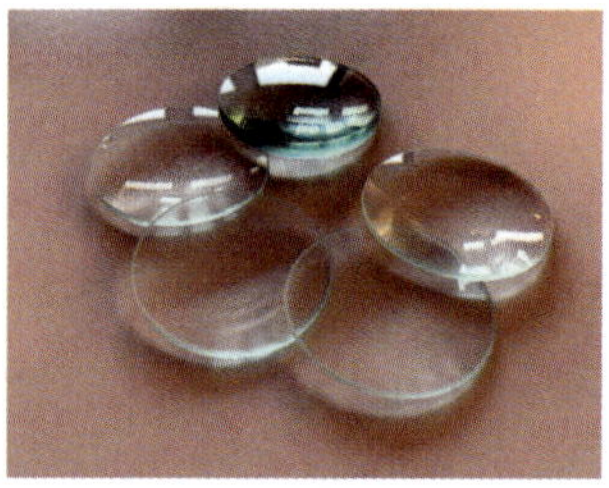

À la fin d'une séance de TP, les élèves doivent ranger leurs lentilles minces convergentes. L'un d'eux, peu enthousiasmé par la séance, s'est « occupé » en retirant les étiquettes des lentilles sur sa paillasse. Son groupe doit donc trouver un moyen rapide de connaître la vergence de chaque lentille afin de recoller correctement les étiquettes et d'échapper à une heure de retenue...

Comment déterminer la distance focale d'une lentille mince convergente ?

1 Méthode d'autocollimation

Protocole : À l'extrémité gauche d'un banc d'optique, placer l'objet-source. Placer la lentille à tester sur un support et y accoler un miroir plan. Déplacer l'ensemble lentille-miroir de manière à voir (au niveau de l'objet source) une image nette, de la même taille que l'objet. Cette distance lentille-objet est égale à la distance focale f' de la lentille.

Évaluation de l'incertitude-type (de type B) sur la distance focale : Évaluer la distance maximale dont peut être déplacée la lentille de part et d'autre de la position obtenue, tout en conservant l'image nette. Cette distance sera considérée comme égale à l'incertitude-type $u(f')$ sur la distance focale.

Incertitude de type A ou B

L'incertitude-type s'évalue de deux façons :
– si la mesure a été faite ...., c'est une incertitude de type B ;
– si la mesure a été répétée un grand nombre de fois (étude ....), c'est une incertitude de type ....

Résultats :
f' = ... cm ; $u(f')$ = ... cm

2 Méthode de l'objet à l'infini

Protocole utilisant le banc d'optique : À l'extrémité gauche du banc d'optique, placer l'objet source. Placer l'écran et la lentille tout à droite du banc. Déplacer la lentille vers la gauche jusqu'à apparition de l'image nette sur l'écran. La distance entre l'écran et la lentille donne la distance focale f'. Répéter 10 fois la manipulation.

Protocole utilisant les plafonniers de la salle : La lumière du plafond simulant une source lumineuse située à l'infini, observer l'image de celle-ci sur une feuille de papier située sur le bureau. Quand l'image est nette, mesurer avec un réglet la distance lentille-feuille, elle correspond à la distance focale de la lentille. Répéter 10 fois la manipulation.

Évaluation de l'incertitude-type sur la distance focale (incertitude de type A) : L'incertitude-type sur la distance focale peut être évaluée par une approche statistique en refaisant 10 fois la mesure dans des conditions de répétabilité.

Conditions de répétabilité

Même mode opératoire, même expérimentateur, mêmes instruments de mesure utilisés dans les mêmes conditions, même lieu de mesure, répétition des mesures dans un bref intervalle de temps.

Mesure n°	1	2	3	4	5	6	7	8	9	10
Banc d'optique • f' (cm)										
Plafonnier • f' (cm)										

PROGRAMME-TYPE

3 Variabilité des mesures de la distance focale

1 à 4 Importation des bibliothèques et des modules

↓

6 Création du tableau de valeurs expérimentales de ....

↓

8 à 11 Création, paramétrage et affichage de .... représentant la variabilité de la distance focale

↓

13 et 14 Calcul et affichage de la moyenne des valeurs expérimentales, notée ....

↓

16 et 17 Calcul et affichage de ....

↓

19 et 20 Calcul et affichage de l'incertitude-type sur f

Pour afficher l'histogramme représentant la variabilité des mesures de la distance focale, calculer l'écart-type expérimental et en déduire l'incertitude-type $u(f')$ sur la mesure de la distance focale, exécuter :

```
1  import matplotlib.pyplot as plt  # importe les bibliothèques nécessaires
2  import statistics
3  from statistics import mean  # importe les modules nécessaires
4  from statistics import stdev
5
6  valeurs_f_prim = [........, ........, ........, ........, ........, ........, ........, ........, ........, ........] # tableau regroupant les 10 valeurs trouvées pour la distance focale en cm
7
8  plt.hist(valeurs_f_prim)        # création de l'histogramme
9  plt.xlabel('Distance focale (cm)') # titre de l'axe des abscisses
10 plt.ylabel('Nombre de valeurs')
11 plt.show()                      # affiche l'histogramme
12
13 moyenne = mean(valeurs_f_prim)  # calcule la moyenne
14 print('La valeur moyenne de la distance focale vaut : ', ................, 'cm')  # affiche la valeur de la distance focale moyenne
15
16 ecarttype = stdev(valeurs_f_prim)  # calcule l'écart-type expérimental
17 print('avec un écart-type de : ', ........................)  # affiche la valeur de l'écart-type expérimental
18
19 incertitude_type = ecarttype/(10**........)
20 print("L'incertitude-type sur f' vaut :", incertitude_type, 'cm')
```

COUP DE POUCE

$u(f') = \frac{s_{exp}}{\sqrt{n}}$, avec s_{exp} l'écart-type expérimental et n le nombre de mesures réalisées.

- La fonction `print(grandeur)` permet ....
- La fonction `mean()` permet .... à partir d'une liste de valeurs.
- La fonction `plt.hist()` permet .... à partir d'une liste de valeurs.
- La fonction `stdev()` permet ....

➡ Voir cours Partie 1

4 Présentation du résultat issu d'une étude statistique

Le résultat d'une mesure de la grandeur M s'exprime de la façon suivante : « Dans les conditions de l'expérience, avec un échantillon de n mesures, la valeur de la grandeur M s'écrit : $\overline{m}$ = ***valeur moyenne unité avec une incertitude-type u(M) = valeur unité.*** L'incertitude-type fournit une estimation de l'étendue des valeurs que l'on peut raisonnablement attribuer à la grandeur M. »

ATTENTION !

- L'incertitude-type est donnée avec un seul chiffre significatif et est arrondie au plus proche.
Exemple : si le programme Python donne le résultat `0.0341 cm` pour l'incertitude-type, alors on prendra $u(f')$ = ...
- Le résultat de la moyenne doit être donné avec une précision cohérente avec l'incertitude-type.
Exemple : Si $\overline{f'}$ = 12,09846666 et $u(f')$ = 0,03 cm, alors on doit écrire $\overline{f'}$ = ..., car on est précis au ....ᵉ de cm près.

QUESTIONS

1. Déterminer la valeur de la distance focale de la lentille présente sur la paillasse en suivant la méthode 1 d'autocollimation. Évaluer l'incertitude-type $u(f')$ sur la mesure et présenter le résultat de la mesure avec un nombre de chiffres significatifs adapté. RÉA, COM

2. Déterminer la valeur de la distance focale de la lentille à partir de la méthode 2 de l'objet situé à l'infini en utilisant le banc d'optique, puis le plafonnier. Compléter les tableaux de valeurs. RÉA

3. Pour chacune des expériences de la question **2**, compléter et exécuter le programme 3 . RÉA

4. Présenter le résultat des deux mesures précédentes en utilisant le doc. 4 . RÉA, APP

5. Parmi les trois protocoles proposés, lequel est le plus précis ? Justifier. Lequel les élèves doivent-ils utiliser s'ils disposent de peu de temps ? Justifier. ANA-RAIS, VAL

TP

Capacité numérique exigible	Dans le programme Python	
Simuler, à l'aide d'un langage de programmation, un processus aléatoire illustrant la détermination de la valeur d'une grandeur avec incertitudes-types composées.	Savoir rentrer des valeurs numériques dans un programme Python.	p. 10
	Utiliser un programme Python pour appliquer une formule.	p. 10
	Reconnaître les instructions de base : `print()`.	p. 10

▶ Ressources numériques
flashbelin.fr/pythonspe-104

2 • La carie du blé

2 h

Tle SPÉCIALITÉ

La carie du blé est une maladie provoquée par un champignon présent dans la semence elle-même ou dans le sol. Elle entraîne une odeur nauséabonde des grains qui empêche leur commercialisation. La lutte contre cette maladie ne passe que par le traitement des semences.

L'utilisation du vinaigre à 8,0 %, c'est-à-dire d'une solution aqueuse d'acide éthanoïque, est une alternative biologique aux méthodes chimiques classiques de traitement des semences.

Comment réaliser un vinaigre à 8 % et en vérifier la concentration ?

1 Concentration d'un vinaigre à 8,0 %

Une solution d'acide éthanoïque $C_2H_4O_{2(aq)}$ de titre massique $w = 8,0\ \% = 0,080$ contient .... g d'acide éthanoïque pour 100 g de solution.
La masse volumique de la solution étant égale à $\rho = 1\,049\ g \cdot L^{-1}$ et la masse molaire de l'acide éthanoïque à $M = 60,05\ g \cdot mol^{-1}$, cette solution a une concentration en quantité de matière C_A égale à : C_A = ...

C_A = ... $mol \cdot L^{-1}$.

Remarque : La concentration en masse C_m et le titre massique w d'un soluté sont liés par $C_m = w_{soluté} \times \rho_{solution}$.

2 Détermination du volume de solution titrante versée à l'équivalence

Méthode à télécharger

MATÉRIEL À DISPOSITION

- Solution commerciale d'acide éthanoïque $C_2H_4O_2$ à 99,8 %, de densité 1,049.
- Solution titrante d'hydroxyde de sodium $(Na^+_{(aq)} + HO^-_{(aq)})$ à $C_B = 7,0 \times 10^{-1}\ mol \cdot L^{-1}$ fraîchement préparée, d'incertitude-type $u(C)$ = ... $mol \cdot L^{-1}$.
- Pipette jaugée de 10,0 mL de classe ...., d'incertitude-type $u(V)$ = ... mL ; pipette graduée de 10,0 mL.
- Burette graduée de 25 mL, d'incertitude-type $u(V)$ = ... mL ; pissette d'eau distillée ; pipette pasteur.
- Béchers ; fiole jaugée de 100,0 mL.
- pH-mètre, solutions tampon pour l'étalonnage, notice d'utilisation.

Remarque : L'incertitude-type sur la verrerie correspond à la tolérance affichée. Elle est notée +/– *valeur unité*.

QUESTIONS

1. Calculer la concentration en quantité de matière d'une solution d'acide éthanoïque à 8,0 % (doc. 1). RÉA

2. Déterminer la concentration en quantité de matière de la solution commerciale d'acide éthanoïque. RÉA, ANA-RAIS

3. Proposer un protocole permettant de préparer une solution aqueuse S d'acide éthanoïque à 8,0 % à partir de la solution commerciale. Réaliser la manipulation après accord du professeur. RÉA, ANA-RAIS

4. On souhaite vérifier la concentration en quantité de matière de la solution S. Pour cela, on réalise le titrage pH-métrique de $V_A = 10,0$ mL de la solution S par de la soude $(Na^+_{(aq)} + HO^-_{(aq)})$ à $C_B = 7,0 \times 10^{-1}\ mol \cdot L^{-1}$.

a) Faire un schéma du montage. RÉA, COM

b) Écrire l'équation de la réaction support du titrage sachant qu'elle met en jeu une réaction acide-base et que l'acide éthanoïque fait partie du couple $CH_3CH_2COOH_{(aq)}/CH_3CH_2COO^-_{(aq)}$. Quelles doivent être les caractéristiques de cette réaction pour que l'on puisse effectuer le titrage ? RÉA, VAL

c) Réaliser le titrage : noter la valeur du pH tous les mL, puis utiliser un tableur ou un programme Python pour tracer le graphique pH = $f(V_{soude})$. RÉA

d) Déterminer le volume de solution titrante V_E versé à l'équivalence et en déduire la concentration de la solution S. RÉA, ANA-RAIS

3 Méthode Monte Carlo

PROGRAMME-TYPE

1 et **2** Importation des bibliothèques et du module

4 à **6** Définition de la fonction ....

9 à **11** Définition des variables ...., ..., ... et de leur incertitude-type

14 à **18** Création et remplissage d'une liste qui contiendra les 100 000 valeurs de .... tirées au hasard

19 et **20** Calcul de ....

22 et **23** Affichage de la valeur moyenne de CA et de l'incertitude-type sur CA

On étudie la variabilité de la concentration C_A en acide éthanoïque, sans utiliser la formule de composition des incertitudes. Pour cela, un jeu de données (C_B, V_B, V_A) tenant compte des incertitudes-types est tiré au sort, parmi des valeurs générées aléatoirement, pour calculer C_A.

```
1  import numpy as np  # importe les bibliothèques nécessaires
2  from matplotlib import pyplot  # importe le module pyplot
3
4  def Alea(L):  # définit la fonction Alea qui renvoie une valeur aléatoire de la variable L[0] d'incertitude-type L[1]
5      tirage = np.random.normal()  # tirage entre -infini et +infini (loi normale)
6      return L[0] + L[1]*tirage  # calcule la valeur de L renvoyée
7
8  # Saisie des valeurs avec leur incertitude-type
9  CB = [.........., ..........]  # concentration de la soude
10 VA = [.........., ..........]  # volume de solution titrée
11 VE = [.........., ..........]  # volume équivalent
12
13 # Méthode de Monte Carlo pour trouver l'incertitude sur CA
14 LCA = []  # crée une liste vide qui contiendra les valeurs de CA
15 iteration = ..........  # 100 000 valeurs aléatoires générées
16 for i in range(iteration):
17     AleaCA = (Alea(CB)*(Alea(VE))/Alea(VA))  # calcule la valeur de CA pour chaque itération
18     LCA.append(AleaCA)  # ajoute à la liste LCA la valeur trouvée pour CA à chaque itération
19 MoyCA = sum(LCA)/iteration  # calcul de la moyenne de CA
20 uCA = (1/(iteration - 1)*sum((np.array(LCA) - MoyCA)**2))**0.5
   # calcul de l'incertitude-type sur CA
21
22 print('..........', MoyCA, "mol/L")
23 print('u(CA) :', .........., "mol/L")
```

La fonction `print(`*grandeur*`)` permet ....

Une boucle `for` permet de répéter les instructions du bloc ....

• La fonction `random.normal()` génère ....

• La fonction `sum()` permet ....

➡ Voir cours Partie 1

4 Présentation du résultat issu d'une étude statistique et comparaison avec une valeur de référence

• Le **résultat d'une mesure** de la grandeur *M* s'exprime de la façon suivante :
« Dans les conditions de l'expérience, avec un échantillon de *n* mesures, la valeur de la grandeur *M* s'écrit : $\bar{m}$ = ***valeur moyenne* unité avec une incertitude-type *u(M)* = *valeur* unité.**
L'incertitude-type fournit une estimation de l'étendue des valeurs que l'on peut raisonnablement attribuer à la grandeur *M*. »

• Le ***z*-score** indique si un résultat est compatible avec une valeur de référence.

$$z = \frac{|M_{\text{mesuré}} - M_{\text{référence}}|}{u(M)}$$

Si $z \geqslant 2$, alors le résultat n'est pas compatible avec la valeur de référence.
Si $z < 2$, le résultat est compatible avec la valeur de référence.

ATTENTION !
• L'incertitude-type est donnée avec un seul chiffre significatif et est arrondie au plus proche.
• Le résultat de la moyenne doit être donné avec une précision cohérente avec l'incertitude-type.

QUESTIONS

5. Compléter et exécuter le programme Python **3**. RÉA

6. On peut également calculer l'incertitude-type sur C_A en utilisant une formule de composition d'incertitudes. Calculer l'incertitude-type $u(C_A)$ sachant que :

$$u(C_A) = C_A \times \sqrt{\left(\frac{u(V_A)}{V_A}\right)^2 + \left(\frac{u(V_E)}{V_E}\right)^2 + \left(\frac{u(C_B)}{C_B}\right)^2}$$

Trouve-t-on la même incertitude qu'à la question **5** ?

7. Présenter le résultat obtenu grâce au programme Python sous la forme proposée au doc. **4**. Comparer la valeur obtenue à la concentration calculée à la question **1**. Conclure. RÉA, COM, VAL

UN PAS VERS L'ÉVALUATION COMMUNE

Capacités exigibles — Physique-Chimie	Numériques
Illustrer l'influence du milieu sur la célérité d'une onde. Exploiter une série de mesures indépendantes d'une grandeur physique : histogramme, moyenne, écart-type. Écrire, avec un nombre adapté de chiffres significatifs, le résultat d'une mesure.	Représenter l'histogramme associé à une série de mesures.

1 • Les Chorégies d'Orange

1re SPÉCIALITÉ

De juin à août, le festival des Chorégies propose des concerts de musique classique en plein air, à la tombée de la nuit au sein du théâtre antique d'Orange dans le Sud de la France.

C'est l'un des théâtres romains le mieux conservé au monde, d'une capacité de 10 000 places. La scène mesure 61 m de longueur pour 9 m de profondeur. Les gradins, appelés *cavea*, sont répartis en trois zones : l'*ima cavea*, la *media cavea* et la *summa cavea*.

Les représentations, en extérieur, sont dépendantes des conditions météorologiques. On se propose d'étudier leur influence sur la vitesse du son émis par les musiciens.

La vitesse du son dans l'air est mesurée grâce à l'application pour smartphone Phyphox® (sonar). À la date $t = 0$ s, l'application génère une onde sonore pendant 5 ms, puis mesure la durée Δt séparant l'émission et la réception de l'écho de cette onde sur un obstacle placé à la distance d du téléphone. Grâce à ces données, l'application affiche la valeur de la vitesse de l'onde dans l'air dans les conditions météorologiques testées.

Expérience n° 1 : Mesures effectuées à 20 °C par temps sec

Expérience	n° 1	n° 2	n° 3	n° 4	n° 5	n° 6	n° 7	n° 8	n° 9	n° 10
v_{son} (m · s^{-1})	319,99	335,95	362,50	320,17	344,16	413,68	334,67	374,53	350,39	321,89

Expérience n° 2 : Mesures effectuées à 40 °C par temps sec

Expérience	n° 1	n° 2	n° 3	n° 4	n° 5	n° 6	n° 7	n° 8	n° 9	n° 10
v_{son} (m · s^{-1})	393,12	356,61	400,66	333,71	400,38	349,02	334,73	352,54	400,75	383,37

Expérience n° 3 : Mesures effectuées à 40 °C par temps humide

Expérience	n° 1	n° 2	n° 3	n° 4	n° 5	n° 6	n° 7	n° 8	n° 9	n° 10
v_{son} (m · s^{-1})	371,04	344,74	365,90	343,50	316,99	361,18	362,50	331,66	356,10	354,10

Les résultats obtenus montrent pour chaque expérience une variabilité des mesures. Il faut donc s'intéresser au meilleur estimateur de la valeur de la vitesse du son : sa valeur moyenne $\overline{v}$ sur les 10 mesures pour chaque expérience, à laquelle on associe une incertitude-type $u(v)$.
La variabilité d'une mesure s'observe facilement à l'aide d'un histogramme représentant le nombre de valeurs obtenues pour chaque valeur de vitesse du son relevée.

Le programme Python ci-après permet de représenter l'histogramme des mesures réalisées par temps sec en plein été sous 40 °C, et de calculer la valeur moyenne de la vitesse, l'écart-type expérimental et l'incertitude-type sur la vitesse.

Programme Python

```
1  import matplotlib.pyplot as plt               # importe les bibliothèques nécessaires
2  from statistics import*                       # importe les modules nécessaires
3
4  v = [......................................................................]
   # crée un tableau regroupant les 10 valeurs de v à 40 °C par temps sec
5
6  plt.hist(v)                                   # crée l'histogramme
7  plt.xlabel("..................................")   # titre de l'axe des abscisses
8  plt.ylabel('.....................')           # titre de l'axe des ordonnées
9  plt.xlim(300, 450)                            # définit les valeurs limites de l'axe des abscisses
10 plt.show()                                    # affiche l'histogramme
11
12 moyenne = mean(v)                             # calcule la moyenne de la vitesse
13 print("La valeur moyenne de la vitesse du son dans l'air est : ", ..........., 'm/s')  # affiche
   la valeur de la vitesse moyenne
14
15 ecarttype = stdev(v)                          # calcule l'écart-type expérimental
16 print('avec un écart-type de : ', ecarttype)  # affiche la valeur de l'écart-type expérimental
17
18 incertitude_type = ecarttype/(10**0.5)        # calcule l'incertitude-type
19 print("L'incertitude-type sur v vaut :", ....................., 'm/s')  # affiche la valeur de
   l'incertitude-type
```

Après exécution du programme Python, on obtient la fenêtre graphique **1** et l'affichage des résultats **2** dans la console.

❶ Compléter à la ligne 4 du programme Python les valeurs de la vitesse du son et, aux lignes 7 et 8, les légendes des axes des abscisses et des ordonnées pour qu'il affiche l'histogramme 1.

❷ Expliquer pourquoi il ne faut pas écrire la légende de la ligne 7 sous la forme '*Légende*' avec des apostrophes comme à la ligne 8.

....

....

....

....

....

....

1 Graphique affiché dans la console Python

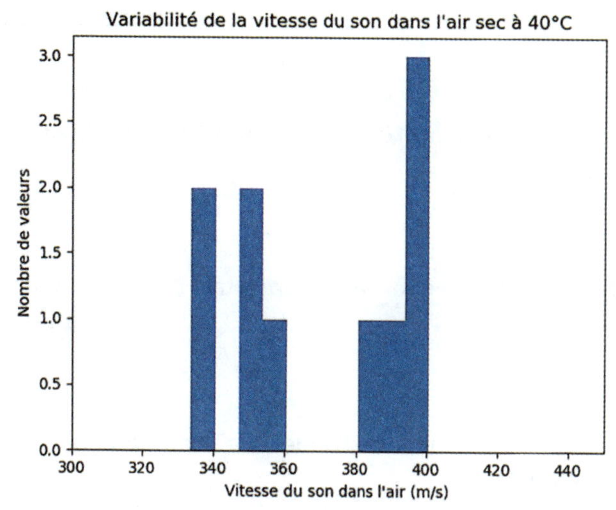

2 Résultats obtenus dans la console Python

```
La valeur moyenne de la vitesse du son dans l'air est :  370.48900000000003 m/s
avec un écart-type de :  27.89799612477172
L'incertitude-type sur v vaut : 8.822120990882961 m/s
```

❸ Compléter les lignes 13 et 19 du programme Python pour qu'il affiche les résultats 2.

4 Présenter le résultat de l'étude statistique de la vitesse du son à 40 °C et par temps sec.

5 Que faut-il modifier dans le programme Python pour obtenir la valeur moyenne de la vitesse du son à 20 °C par temps sec et à 40 °C par temps humide ?

L'exécution du programme Python pour ces deux conditions météorologiques permet de conclure que la vitesse du son :
– à 20 °C par temps sec vaut en moyenne 348 $m \cdot s^{-1}$ (avec une incertitude-type égale à 9 $m \cdot s^{-1}$) ;
– à 40 °C par temps humide vaut en moyenne 351 $m \cdot s^{-1}$ (avec une incertitude-type égale à 5 $m \cdot s^{-1}$).

On considère qu'un musicien sur la scène du théâtre antique d'Orange émet une note de musique dont l'enregistrement est donné ci-contre.

3 Enregistrement de la note de musique

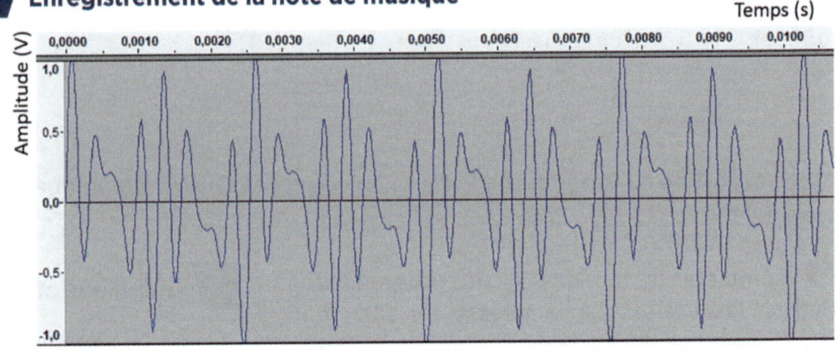

6 a) Quelles sont les caractéristiques de l'onde sonore ainsi émise ?

b) Déterminer la fréquence fondamentale de la note jouée.

c) Déterminer la longueur d'onde λ de l'onde sonore émise, si on se place dans les conditions météorologiques de l'expérience n° 1.

7 On considère un spectateur situé dans la *summa cavea* au point *M*, à 50 m du musicien. Déterminer le retard τ de l'onde sonore au point *M*, dans les trois conditions météorologiques étudiées. Commenter.

UN PAS VERS L'ÉPREUVE FINALE

Capacités exigibles

Physique-Chimie	Numériques
• Exploiter un titrage pour déterminer une quantité de matière, une concentration ou une masse. • Écrire, avec un nombre adapté de chiffres significatifs, le résultat d'une mesure. Comparer, le cas échéant, le résultat d'une mesure m_{mes} à une valeur de référence m_{ref} en utilisant le quotient $\frac{\lvert m_{mes} - m_{ref} \rvert}{u(m)}$ où $u(m)$ est l'incertitude-type associée au résultat. Évaluer, à l'aide d'une formule fournie, l'incertitude-type d'une grandeur s'exprimant en fonction d'autres grandeurs dont les incertitudes-types associées sont connues.	Simuler, à l'aide d'un langage de programmation, un processus aléatoire illustrant la détermination de la valeur d'une grandeur avec incertitudes-types composées.

2 • Contrôle qualité d'un détartrant

T^le SPÉCIALITÉ

Un sachet de 1,00 g de détartrant en poudre pour bouilloire du commerce porte la mention « acide sulfamique 99 %, soit 0,99 g par sachet ». L'acide sulfamique de formule NH_2SO_3H se présente sous la forme de cristaux blancs qui se dissolvent facilement dans l'eau.

On se propose de vérifier le titre massique indiqué par le fabricant. Pour cela, on réalise un titrage conductimétrique de l'acide sulfamique contenu dans un sachet de détartrant par de la soude.

Protocole suivi pour le titrage

• Préparation de la solution S de détartrant :
Dissoudre un sachet de détartrant dans une fiole jaugée de volume $V_S = 200{,}0$ mL (d'incertitude-type $u(V_S) = 0{,}3$ mL).

• Titrage :
① Remplir la burette graduée de 25,00 mL (d'incertitude-type sur le volume lu $u(V_b) = 0{,}05$ mL) de soude ($Na^+_{(aq)} + HO^-_{(aq)}$) titrée à 0,100 mol·L⁻¹ (d'incertitude-type $u(C_b) = 0{,}005$ mol·L⁻¹).
② À l'aide d'une pipette jaugée de 20,00 mL (d'incertitude-type $u(V_a) = 0{,}03$ mL), placer 20,00 mL de solution S dans un bécher et y ajouter un barreau aimanté.
③ Placer une sonde conductimétrique dans le bécher et mettre en route l'agitation.
④ Ajouter la solution titrante millilitre par millilitre et relever la conductivité σ de la solution.

1 Écrire l'équation de la réaction support du titrage. Quelles doivent être ses caractéristiques ?
Donnée : l'acide sulfamique appartient au couple acide-base $NH_2SO_3H/NH_2SO_3^-$.

....

....

Résultats obtenus : On représente la courbe de titrage de la conductivité σ en fonction du volume V_b de soude versé grâce au programme Python ci-dessous.

Programme Python

```
import matplotlib.pyplot as plt                # importe les bibliothèques nécessaires

conductivite = [2.42, 2.24, 2.08, 1.91, 1.69, 1.54, 1.34, 1.18, 1.01, 0.84, 0.66, 0.67, 0.76,
0.86, 0.94, 1.03, 1.14, 1.24, 1.34, 1.52]
Vb = [0.00, 1.00, 2.00, 3.00, 4.00, 5.00, 6.00, 7.00, 8.00, 9.00, 10.00, 11.00, 12.00, 13.00,
14.00, 15.00, 16.00, 17.00, 18.00, 19.00]

plt.plot(........, ....................,'+')
plt.xlabel.....................................   # légende de l'axe des abscisses
plt.ylabel.....................................   # légende de l'axe des ordonnées
plt.title('..............................................') # titre du graphique
plt.grid()                                     # affiche un quadrillage
plt.show()                                     # affiche le graphique
```

Après exécution du programme Python, on obtient la fenêtre graphique 1 ci-contre.

❷ Compléter la ligne 6 du programme Python p. 109 permettant de tracer le graphique $\sigma = f(V_b)$.

❸ Compléter les légendes des axes et le titre du graphique (lignes 7 à 9) du programme Python p. 109 pour qu'il affiche le graphique 1.

❹ À l'aide du graphique 1, déterminer le volume V_E de soude versée à l'équivalence.

1 Graphique affiché dans la console Python

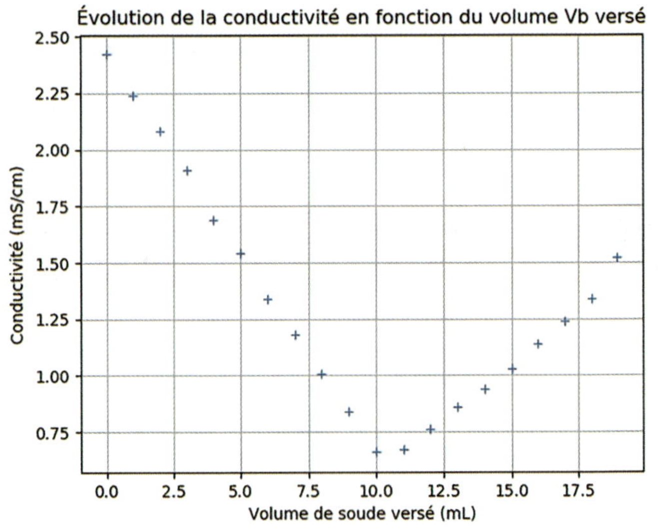

❺ Déterminer la concentration en quantité de matière C_a de la solution S en acide sulfamique.

L'incertitude-type $u(C_a)$ sur la concentration C_a est déterminée par la méthode Monte Carlo utilisée dans le programme Python ci-dessous.

Programme Python

```
import numpy as np                        # importe les bibliothèques nécessaires
from matplotlib import pyplot             # importe le module pyplot

# Fonction Alea qui renvoie une valeur aléatoire de la variable L[0] d'incertitude-type L[1]
def Alea(L):                              # définit la fonction
    tirage = np.random.normal()           # tirage entre -infini et +infini (loi normale)
    return L[0] + L[1]*tirage             # calcule la valeur de L renvoyée

CB = [.........., ..........]             # entrer la concentration de la soude puis son incertitude-type
VA = [.........., ..........]             # entrer le volume de solution titrée puis son incertitude-type
VE = [.........., ..........]             # entrer le volume équivalent puis son incertitude-type

# Méthode de Monte Carlo pour trouver l'incertitude sur CA
LCA = ......                       # crée une liste vide nommée LCA qui contiendra les valeurs de CA
iteration = 100000                 # il y aura 100 000 valeurs aléatoires générées

for i in range(iteration):
    AleaCA = (Alea(CB)*(Alea(VE))/Alea(VA))   # calcule la valeur de CA pour chaque itération
    LCA.append(AleaCA)                        # ajoute la valeur trouvée pour CA à chaque itération
MoyCA = sum(LCA)/iteration                    # calcule la moyenne de CA
uCA = (1/(iteration - 1)*sum((np.array(LCA) - MoyCA)**2))**0.5  # calcule l'incertitude-type sur CA

print('Moyenne des CA :', MoyCA, "mol/L")     # affiche la valeur moyenne de CA
print('u(CA) :', uCA, "mol/L")
```

6 Compléter les valeurs manquantes dans le programme Python p. 110 aux lignes 9 à 11.

7 Compléter la ligne 14 permettant de créer une liste vide nommée LCA qui contiendra les valeurs de CA.

Après exécution du programme Python p. 110, on obtient le résultat 2 ci-dessous dans la console :

2 Résultat obtenu dans la console Python

```
Moyenne des CA : 0.05099542695024437 mol/L
u(CA) : 0.00255709813369096 mol/L
```

8 Présenter le résultat obtenu par la méthode Monte Carlo.

....

....

....

....

....

9 a) Déterminer la masse m_a d'acide sulfamique contenue dans le sachet et calculer l'incertitude-type associée $u(m_a)$.

Données :

- $M(NH_2SO_3H) = 97{,}00\ g \cdot mol^{-1}$ avec une incertitude-type $u(M) = 0{,}01\ g \cdot mol^{-1}$;
- l'incertitude-type sur la masse d'acide sulfamique est donnée par la formule $u(m_a) = m_a \times \sqrt{\left(\frac{u(C_a)}{C_a}\right)^2 + \left(\frac{u(V_S)}{V_S}\right)^2 + \left(\frac{u(M)}{M}\right)^2}$.

....

....

....

....

....

....

....

....

b) Comparer la masse obtenue à la masse de référence affichée sur le sachet. Conclure.

....

....

....

....

....

....

....

....

## PARTIE 3

Présentation du microcontrôleur Arduino®

1 Installation de l'IDE pour piloter le microcontrôleur

Pour se servir du microcontrôleur Arduino®, il faut au préalable télécharger sur un ordinateur l'environnement de développement intégré (IDE) grâce auquel on peut créer des programmes (appelés sketch) permettant de piloter la carte Arduino®.

L'IDE est téléchargeable sur le site officiel d'Arduino® à l'adresse : www.arduino.cc/en/Main/Software

Un IDE en ligne ne nécessitant pas d'installation sur l'ordinateur est également disponible à la même adresse.

flashbelin.fr/pythonspe-112
Vidéo : Première utilisation d'Arduino®

2 Structure d'un projet Arduino®

- Une fois l'IDE téléchargé, relier la carte Arduino® à l'ordinateur par le port USB. En double-cliquant sur l'icône du raccourci ci-contre qui apparaît sur le bureau, un nouveau projet Arduino® s'ouvre.

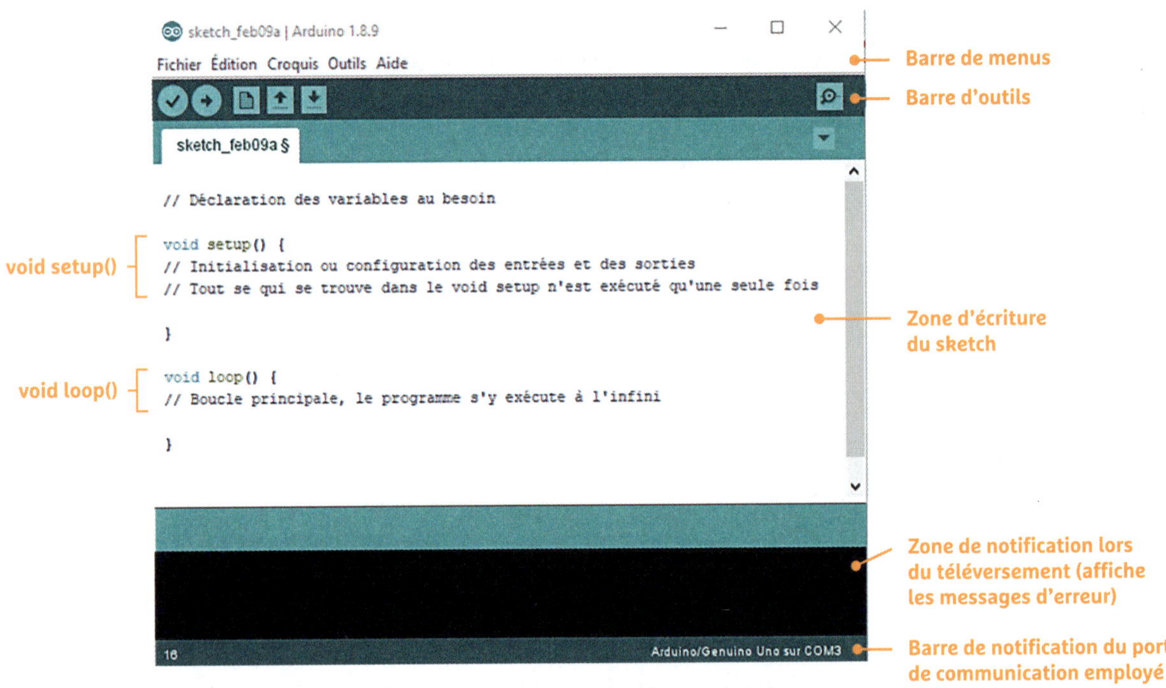

- Dans la barre de menus, cliquer sur `Outils` et vérifier que la carte branchée est reconnue.
- Dans le même menu, vérifier que dans `Outils → Port, COM3 (Arduino/Genuino Uno)` est bien sélectionné.
- Le langage Arduino® s'appuie sur le langage C++. Le code source du sketch sera souvent à copier, écrire ou compléter.

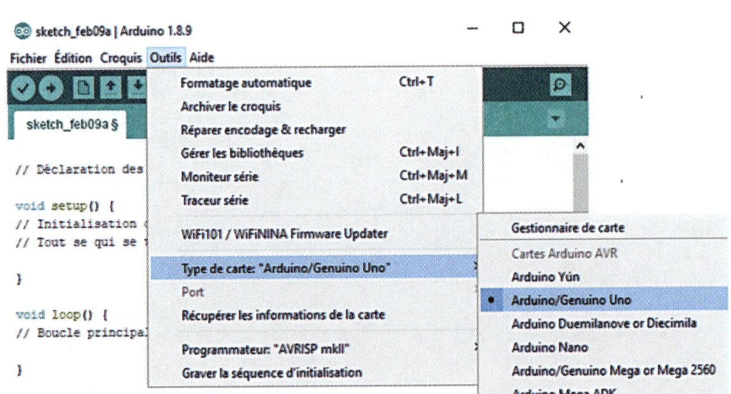

- Les fonctions de base **`void setup ()`** et **`void loop()`** sont obligatoires dans tout programme en langage Arduino® (voir détails de ces fonctions sur le sketch ci-avant). Les variables sont des lettres ou des mots utilisés pour stocker des valeurs numériques.

- Une fois le sketch Arduino® écrit et vérifié (dans la barre d'outils), il est **téléversé** (envoyé) dans le microcontrôleur (dans la barre d'outils). Il y est alors interprété, ce qui entraîne des actions, par exemple mesurer une tension électrique ou commander des composants électroniques (buzzer, DEL, émetteur-récepteur d'ultrasons, etc.).

3 Objets de base en Arduino®

Les variables

Les variables doivent être déclarées préalablement dans le sketch Arduino® avec le type compatible avec les valeurs qu'elles peuvent prendre.

Exemple : extrait d'un sketch dans lequel la variable `ValeurBroche` est déclarée comme étant de type `int`.

```
void setup() {
Serial.begin(9600);

void loop(){

int ValeurBroche = analogRead (A0) ;
// lit la valeur relevée en A0. Elle peut
être comprise entre 0 et 1023 car codée
en 10 bits
```

Type de variable	Valeurs stockées
unsigned int	0 à 65535
int	-32768 à 32767
float	-3.4E-38 à 3.4E38
unsigned char	0 à 255
char	-128 à 127
unsigned long	0 à 4 294 967 295
long	-2 147 483 648 à +2 147 483 647
boolean	True ou False

Exercice 1

1 Quel type de variable correspond le mieux à la valeur :

a) –50 ....

b) 200,56 × 10^{-6} ....

c) 130 ....

d) False ....

2 Pour déclarer la valeur 200, est-il judicieux d'utiliser le type long ?

....

ATTENTION !

Il est important d'être rigoureux dans le choix du type de variable pour ne pas occuper plus de place que nécessaire dans la mémoire de la carte qui est restreinte.

La syntaxe de base

`;` à la fin de chaque ligne d'instruction (sauf pour les lignes de commentaires)

`{}` dans des boucles, des fonctions ou des conditions

`//` pour un commentaire sur une ligne

`/*    */` pour un commentaire sur plusieurs lignes

À NE PAS OUBLIER

- Mettre un point-virgule à la fin d'une ligne.
- Fermer les accolades.

Les opérations

`=` Égalité

`+` Addition

`-` Soustraction

`*` Multiplication

`/` Division

`E` Puissance de 10

Les structures de contrôle

Les structures de contrôle sont des blocs d'instructions qui s'exécutent si certaines conditions sont respectées.

- `for` : exécute un code un certain nombre de fois.
- `while` : exécute un code tant que certaines conditions sont remplies.
- `if ... else` : exécute un code si certaines conditions sont remplies ; sinon, exécute un autre code (celui qui suit l'instruction `else`).

Exercice 2

On considère l'extrait de sketch Arduino® suivant :

```
for (int t = 0 ; t <= 100 ; t++)
{
     // instructions à écrire
}
```

1 Combien de fois le code qui apparaîtra entre les accolades sera-t-il exécuté ?

....

2 Le type de variable choisi pour *t* est-il correct ?

....

Les fonctions

Une fonction est un bloc d'instructions que l'on peut appeler à tout endroit du sketch.

Fonction	Description	Syntaxe et paramètres
`pinMode()`	Configure la broche spécifiée pour qu'elle se comporte soit en entrée, soit en sortie.	`pinMode(`*broche*`,` *mode*`)` ***broche*** : n° de la broche de la carte Arduino®. ***mode*** : INPUT (entrée) ou OUTPUT (sortie).
`digitalWrite()`	Met un niveau logique HIGH (HAUT) ou LOW (BAS) sur une broche numérique. Si la broche a été configurée en SORTIE avec l'instruction `pinMode()`, sa tension est mise à la valeur correspondante : 5 V pour le niveau HAUT, 0 V (masse) pour le niveau BAS.	`digitalWrite(`*broche*`,` *valeur*`)` ***broche*** : n° de la broche de la carte Arduino®. ***valeur*** : HIGH ou LOW.
`digitalRead()`	Lit l'état d'une broche et renvoie la valeur HIGH (HAUT) ou LOW (BAS).	`digitalRead(`*broche*`)` ***broche*** : n° de la broche numérique que l'on veut lire.
`analogRead()`	Lit la valeur de la tension présente sur la broche spécifiée. La valeur numérique lue est comprise entre 0 et 1023, ce qui correspond à une tension comprise entre 0 et 5 V.	`analogRead(`*broche_analogique*`)` ***broche_analogique*** : n° de la broche analogique sur laquelle il faut convertir la tension analogique appliquée (comprise entre 0 et 5 V).

`tone()`	Génère une onde à la fréquence spécifiée sur une broche. La durée peut être précisée, sinon l'impulsion continue jusqu'à l'appel de l'instruction `noTone()`. La broche peut être connectée à un buzzer. Une seule note peut être produite à la fois.	`tone(`*broche*`,` *frequence*`)`
		ou
		`tone(`*broche*`,` *frequence*`,` *durée*`)`
		broche : n° de la broche sur laquelle la note est générée.
		frequence : fréquence de la note produite, en hertz (Hz).
		durée : durée de la note en milliseconde (optionnel).

`noTone()`	Stoppe la génération d'impulsions produite par l'instruction `tone()`.	`noTone(`*broche*`)` ***broche*** : n° de la broche sur laquelle il faut stopper la note.

Fonction	Description	Syntaxe et paramètres
`delay()`	Réalise une pause dans l'exécution du sketch pour la durée (en milliseconde) indiquée en paramètre.	`delay(ms)` *ms (unsigned long)* : nombre de millisecondes que dure la pause.
`Serial.begin()`	Fixe le débit de communication en nombre de caractères par seconde (l'unité est le baud) pour la communication série.	`Serial.begin(debit)` *debit (int)* : débit de communication en caractères par seconde (baud). On travaille souvent avec un débit de 9 600 bauds. Attention, il ne faut pas confondre le baud avec le bit par seconde.
`Serial.print()`	Affiche les données sur le port série.	`Serial.print(Val)`
`Serial.println()`	Affiche les données sur le port série, puis effectue un saut de ligne.	`Serial.println(Val)` *Val* : valeur à afficher pour n'importe quel type de données.

Exercice 3

1 Expliquer le rôle des fonctions présentes (repérées en gras) dans cet extrait de sketch Arduino®.

```
void loop ()
{
tone(8,440,400) ;
delay(600) ;
}
```

tone() : ....

....

delay() : ....

....

2 Compléter le sketch Arduino® suivant à partir de l'explication fournie.

```
void setup ()
{
Serial.begin(..........) ;
}
void loop ()
{
int valeur = analogRead(..........) ;
..........("valeur lue sur la broche : ") ;
Serial...........(valeur) ;
delay(..........) ;
}
```

Le microcontrôleur échange des messages avec le moniteur série à un débit de données de 9 600 bauds.

On mesure la valeur sur la broche analogique A1. La valeur numérique lue est comprise entre 0 et 1 023.

On affiche le message « valeur lue sur la broche : ».

On affiche la valeur lue sur la broche A1 et on retourne à la ligne.

On attend 10 000 ms, soit 10 s, avant de recommencer la mesure et l'affichage.

3 Expliquer le rôle des fonctions présentes dans le sketch Arduino®.

```
void setup()
{
pinMode(13, OUTPUT) ;
}
void loop()
{
digitalWrite(13, HIGH);
delay(5000) ;
digitalWrite(13, LOW) ;
delay(5000) ;
}
```

....

....

....

....

....

....

....

4 Carte Arduino®

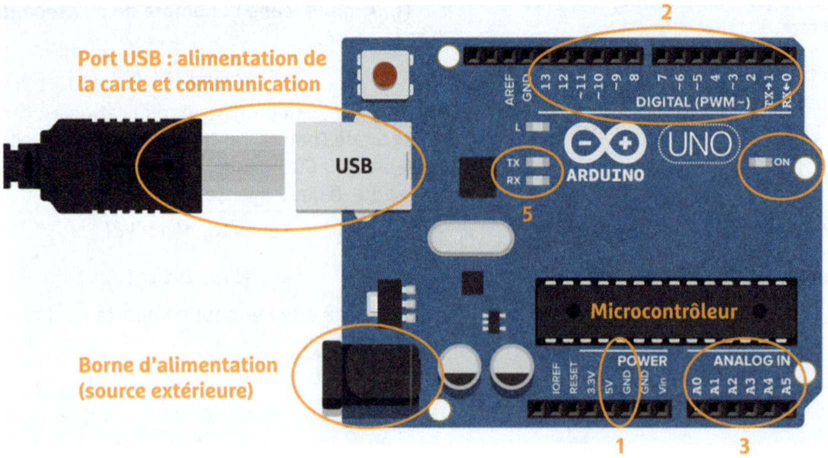

L'une des cartes les plus utilisées est la carte Arduino® modèle Uno.

ARDUINO EN LIGNE

Le site **www.tinkercad.com** (dans la partie Circuits accessible une fois connecté) permet de simuler en ligne sans matériel un projet électronique avec un microcontrôleur de type Arduino® Uno.

- Les broches 5 V et GND (la masse) **(1)** permettent d'alimenter un circuit comme le ferait un générateur de tension continue de 5 V.

- La carte comporte **14 broches d'entrées/sorties numériques** (numérotées de 0 à 13), dites digitales **(2)**. Elles ne peuvent prendre que deux états : `HIGH` (haut, soit 5,0 V) ou `LOW` (bas, soit 0 V) par rapport à la masse (GND) qui est par définition égale à 0 V. On utilise les fonctions `pinMode()`, `digitalWrite()` et `digitalRead()` avec ces broches.

- On trouve **6 broches analogiques** (notées A0 à A5) **(3)**, dont la valeur est comprise entre 0 V et 5 V. On utilise les fonctions `analogWrite()` et `analogRead()` avec ces broches. Ces broches permettent de lire le signal d'un capteur analogique et de le convertir en une valeur numérique comprise entre 0 et 1 023 (0 correspond à 0 V et 1 023 correspond à 5 V).

- Le témoin d'alimentation **(4)** permet de vérifier que la carte est reliée à une alimentation électrique.

- Lorsque des données (visibles dans la fenêtre « **moniteur série** » de l'IDE) sont transmises entre l'ordinateur et la carte Arduino®, les LEDs RX et TX **(5)** clignotent.

REMARQUES

- Les broches analogiques peuvent aussi être utilisées en tant que broches numériques (elles seront numérotées dans ce cas de 14 à 19).
- Il ne faut pas brancher une tension supérieure à 5 V sur une broche de la carte Arduino® au risque de la détruire. Il est préférable de ne pas dépasser une consommation de 20 mA sur une broche programmée en sortie (et impératif de ne pas dépasser 40 mA).

5 *Breadboard*

La *breadboard* est un support qui permet de connecter des composants utilisés par la carte Arduino® sans avoir à les souder.

Les trous sur une même ligne sont au même potentiel, ils sont reliés.

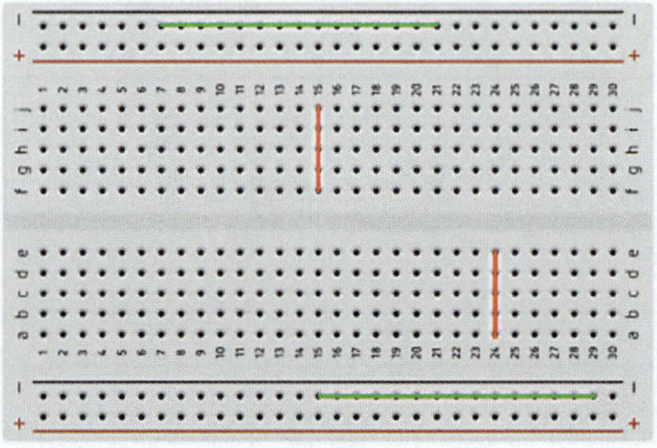

Les trous sur une même colonne sont au même potentiel, ils sont reliés.

flashbelin.fr/pythonspe-116

Vidéo pas à pas : Faire clignoter une DEL
- Branchements
- Téléversement du sketch
- Visualisation du résultat

Exercice 4

On souhaite réaliser un circuit en série alimenté par la sortie 5,0 V du microcontrôleur comprenant un conducteur ohmique de résistance $R = 1\ \text{k}\Omega$ et une LED rouge.

Compléter ci-dessous les branchements permettant de réaliser ce circuit.

Exercice 5

On souhaite réaliser un circuit en série comprenant un microcontrôleur Arduino®, un buzzer et un conducteur ohmique de résistance $R = 50\ \text{k}\Omega$.

Compléter ci-dessous les branchements si le début du sketch Arduino® est le suivant :

```
void setup()
{
char BUZZER = 8 ;
}
```

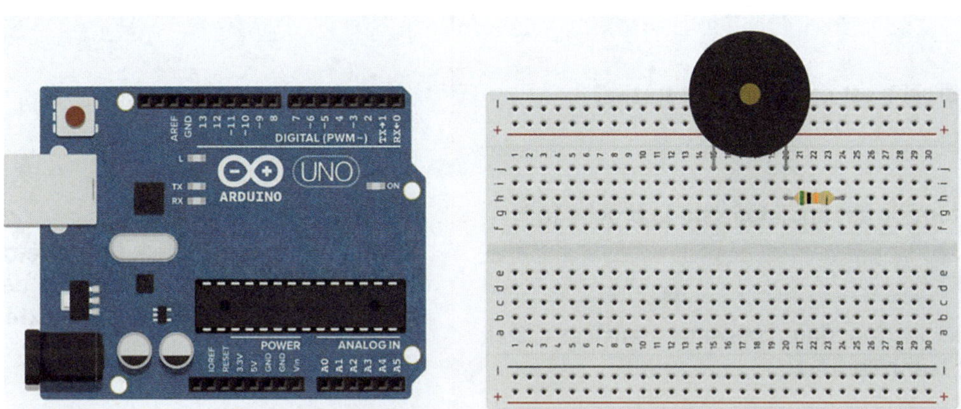

Entraînement 1 / Structure d'un projet Arduino®

Un projet Arduino® peut être structuré en trois types de blocs :

BLOC N° 1

On y déclare les variables, au besoin avec un type compatible avec les valeurs qu'elles peuvent prendre.

BLOC N° 2 `void setup()`

On y initialise et configure des entrées et des sorties.
Tout ce qui s'y trouve n'est exécuté qu'une seule fois.

BLOC N° 3 `void loop()`

C'est la boucle principale, le programme y est exécuté à l'infini.

Types de variables et valeurs stockées

- `unsigned int` : 0 à 65 535
- `int` : –32 768 à 32 767
- `float` : –3.4E–38 à 3.4E38
- `unsigned char` : 0 à 255
- `char` : –128 à 127
- `unsigned long` : 0 à 4 294 967 295
- `long` : – 2 147 483 648 à + 2 147 483 647
- `boolean` : True ou False

Voici un extrait d'un sketch Arduino® :

```
unsigned long t0;
unsigned long Tau;

void setup() {
pinMode(12, OUTPUT);
digitalWrite(12, LOW);
Serial.begin(9600);
}
```

1 **Identifier dans ce sketch les blocs utilisés, et le nom et le type des variables déclarées.**

2 **Ces variables peuvent-elles stocker une valeur égale à – 5.0 ?**

3 **Quelle broche est configurée en sortie ?**

4 **Quelle tension est appliquée sur la broche 12 ?**

5 **Identifier les fonctions présentes dans cet extrait et rappeler leur rôle.**

6 **Quel bloc n'a pas été représenté dans l'extrait ? Que permet-il de faire ?**

7 **Quelle est la fonction, présente dans l'extrait, qui indique qu'il y a dans le bloc n° 3 des valeurs mesurées envoyées à un périphérique extérieur ?**

Entraînement 2 / Capteurs et actionneurs

Le montage ci-contre comprend une carte à microcontrôleur Arduino®, un buzzer capable d'émettre un son, deux conducteurs ohmiques de résistance 10 kΩ et une photorésistance.

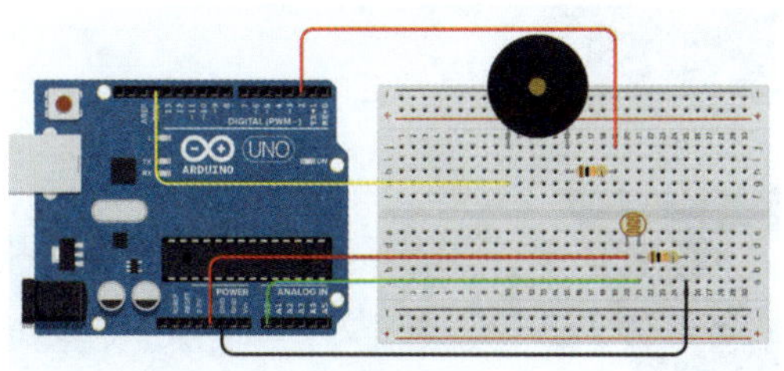

1 Identifier le (ou les) capteur(s) présent(s) dans ce montage, ainsi que le (ou les) actionneur(s). Indiquer leurs actions ou leurs rôles respectifs.

2 Identifier les deux circuits en série que l'on trouve dans ce montage.

3 À l'aide des éléments ci-dessous, construire un algorithme permettant de comprendre les différentes parties du sketch téléversé ci-contre.

Oui

La valeur lue sur la broche A0 est inférieure à 1 022

Le buzzer n'émet pas de son

Le buzzer émet un son car on applique une tension de 5 V sur la broche 2

Non

Configuration des entrées et des sorties

```
1  void setup()
2  {
3  pinMode(2, OUTPUT);
4  pinMode(A0, INPUT);
5  }
6
7  void loop()
8  {
9  int valeur=analogRead(A0);
10 if(valeur < 1022)
11 {
12 digitalWrite(2, HIGH);
13 }
14 else
15 {
16 digitalWrite(2, LOW);
17 }
18 delay(1000);
19 }
```

4 Dans quel bloc a-t-on défini la variable `valeur` ? De quel type de variable s'agit-il ? Dans quel autre bloc aurait-on pu la définir ?

5 La photorésistance est branchée sur une broche analogique.

a) Quelles valeurs peut prendre une broche analogique ?

b) Quelle fonction permet de lire la valeur de la broche analogique ?

6 Quelles instructions faudrait-il ajouter entre les lignes 4 et 5, ainsi qu'entre les lignes 9 et 10 pour afficher, en colonnes, dans le moniteur série, la valeur lue sur la broche A0 ?

TP

Capacité numérique exigible

Tester la loi de Mariotte, par exemple en utilisant un dispositif comportant un microcontrôleur.

► Ressources numériques
flashbelin.fr/pythonspe-120

1 • Temps d'intervention d'un pompier

2 h — 1re SPÉCIALITÉ

Lors de certaines interventions, les pompiers doivent porter un appareil respiratoire isolant (ARI) leur permettant d'évoluer pendant une durée T (appelée autonomie ou temps d'intervention) dans une atmosphère non respirable.

Lors de l'incendie de Notre-Dame de Paris le 15 avril 2019, des pompiers ont dû gravir les escaliers en colimaçon, harnachés d'appareils respiratoires pour se protéger des fumées.

Comment déterminer le temps d'intervention d'un pompier dans l'incendie de Notre-Dame de Paris grâce à la loi de Mariotte ?

Loi de Mariotte

À température et à quantité de matière constantes, le produit de la pression P d'un gaz par le volume V qu'il occupe est constant :

$$P \times V = \text{constante}$$

Temps d'intervention

Le temps d'intervention T en minute (min) dépend du volume $V_{\text{bouteille}}$ d'air contenu dans la bouteille de l'ARI en litre (L) et de sa pression $P_{\text{bouteille}}$ en bar (bar), ainsi que de la consommation d'air Q du pompier en litre par minute ($\text{L} \cdot \text{min}^{-1}$) :

$$T = \frac{(P_{\text{bouteille}} \times V_{\text{bouteille}})}{P_{\text{atmosphérique}}} \times \frac{1}{Q}$$

MATÉRIEL À DISPOSITION

Un capteur de pression MPX4250AP ; des fils de connexion ; un microcontrôleur (carte Arduino®) ; une seringue graduée reliée à un tuyau souple ; un pressiomètre.

Seringue reliée au pressiomètre

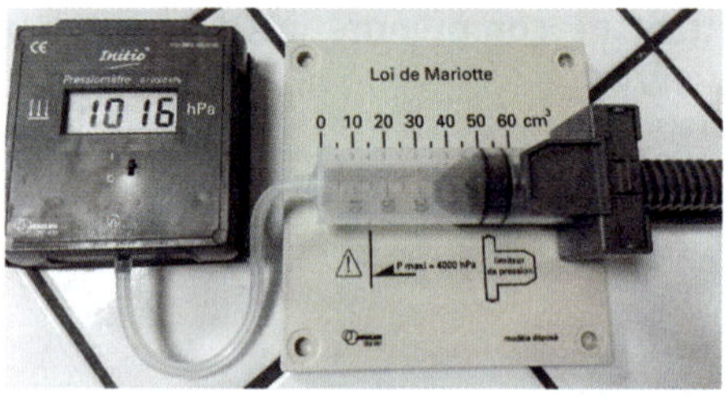

Unités

• Une pression s'exprime en pascal (Pa).
L'unité usuelle est le bar et 1 bar = 1×10^5 Pa.

$P_{\text{atmosphérique}}$ = 1 013 hPa = ... bar

• 1 cm^3 = ... L

1 Montage Arduino® utilisant un capteur de pression

Le capteur de pression de type MPX4250AP fonctionne sous une tension d'alimentation de 5 V. Il est composé de 6 broches, dont seulement 3 seront utilisées.

La broche de droite du capteur est reliée à une entrée .... (ici l'entrée A0), la suivante au .... et la dernière à la broche .... de la carte Arduino®.

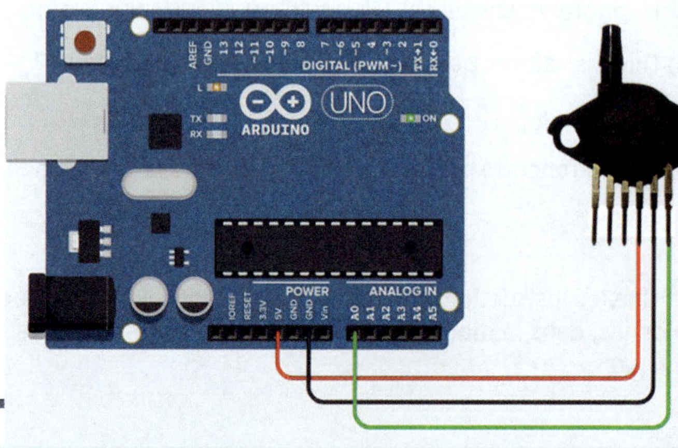

2 Protocole d'étalonnage du capteur de pression

Une fois étalonné, le capteur de pression relié au microcontrôleur Arduino® permet de s'affranchir du pressiomètre.

① Relier le pressiomètre à la seringue graduée de volume initial 50 cm^3 et relever la pression. À l'aide du piston de la seringue, modifier le volume d'air et noter la valeur de la pression correspondante dans le tableau ci-dessous :

Volume *V* d'air (cm^3)	50	45	40	35	30	25
Pression (hPa)						
Tension lue en A0 (V)						

② Réaliser le montage 1, puis relier la seringue au capteur de pression.

③ Connecter la carte Arduino® à l'ordinateur muni du logiciel Arduino® à l'aide du câble d'alimentation USB.

④ Ouvrir le logiciel Arduino®. Assigner la carte Arduino® (ou vérifier son assignation) au logiciel (`Outils → Port`, puis cliquer sur le port correspondant commençant par « COM »).

⑤ Saisir le sketch 3, puis le téléverser dans la carte Arduino®.

⑥ Relever dans le ...., pour chaque valeur de volume, la valeur de tension lue sur la broche A0. Consigner les résultats dans le tableau précédent.

⑦ Tracer, à l'aide d'un tableur ou d'un programme Python, la droite d'étalonnage *P* = *f*(tension en A0) et en déterminer l'équation.

3 Étalonnage du capteur de pression

SKETCH-TYPE

Pour lire la valeur (comprise entre 0 et 1 023) sur la broche A0 du microcontrôleur Arduino® et afficher la tension correspondante, téléverser :

```
int val; // déclaration des variables
float tension;
float pression;
void setup()
{
Serial.begin(9600);
}
void loop()
{
val = analogRead(A0);              // lit la valeur sur la broche A0 (varie de 0 à 1023)
tension = val*5/1023.0;            // convertit la plage 0-1023 en 0-5 V
Serial.print("Tension = ");        // affiche le texte entre " "
Serial.print(tension);             // affiche la valeur de la tension
Serial.println(" V ");             // affiche le texte entre " "
delay(1000);                       // attend 1 s avant de reprendre une mesure
}
```

4 Pour afficher la pression

```
pression = ..........*tension - ..........;
// calcule la pression grâce à l'équation de la droite d'étalonnage
Serial.print("Pression = ");       // affiche la pression
Serial.print(pression);            // dans le moniteur série
Serial.println(" hPa ");
```

QUESTIONS

1. Réaliser l'étalonnage du capteur de pression (doc. 2) et compléter le tableau. RÉA

2. Insérer dans le sketch 3 les lignes du sketch 4. Le compléter à l'aide des valeurs trouvées pour la régression linéaire de la droite *P* = *f*(tension en A0). RÉA

3. Relier le capteur de pression à la seringue et relever dans le moniteur série les valeurs de la pression pour différents volumes. RÉA

4. Proposer un protocole permettant de vérifier la loi de Mariotte et d'en déterminer la constante. ANA-RAIS

5. Réaliser l'expérience et en déduire le temps d'intervention d'un pompier luttant contre cet incendie. On considère que le pompier consomme 90 L d'air par minute et que sa bouteille contient 6,0 L d'air à la pression de 300 bar. ANA-RAIS

TP

Capacité numérique exigible

Déterminer, par exemple à l'aide d'un microcontrôleur, une distance ou la célérité d'une onde.

▶ Ressources numériques
flashbelin.fr/pythonspe-122

2 • Vitesse du son dans l'air

2 h

1re SPÉCIALITÉ

Le 30 septembre 2020, un gros « bang » est entendu à Paris et aux alentours. Au tournoi de Roland-Garros, même les joueurs Stanislas Wawrinka et Dominik Köpfer s'interrompent en plein match pour regarder le ciel. Il s'agit en fait d'un avion de chasse qui a franchi le mur du son pour intercepter un avion de ligne en difficulté.

Le mur du son est un phénomène caractérisé par l'atteinte d'une vitesse au moins égale à celle de la vitesse du son dans l'air (appelée aussi Mach 1) et provoquant une onde de choc sous forme de déflagration supersonique.

Comment mesurer la vitesse du son dans l'air ?

Vidéo : Mur du son

1 Montage Arduino® utilisant un capteur émetteur-récepteur d'ultrasons de type HC-SR04

Le capteur émetteur-récepteur d'ondes ultrasonores de type HC-SR04 fonctionne sous une tension d'alimentation de 5 V.

Une impulsion est envoyée sur la broche Trig du capteur grâce au microcontrôleur Arduino®, ce qui déclenche une série de 8 impulsions ultrasoniques à 40 kHz.

Les ultrasons se propagent dans l'air, à la vitesse v_{air}, jusqu'à l'obstacle, puis sont réfléchis vers le capteur.

Le capteur détecte l'écho et clôture la prise de mesure. On obtient la durée de cet écho dans le moniteur série.

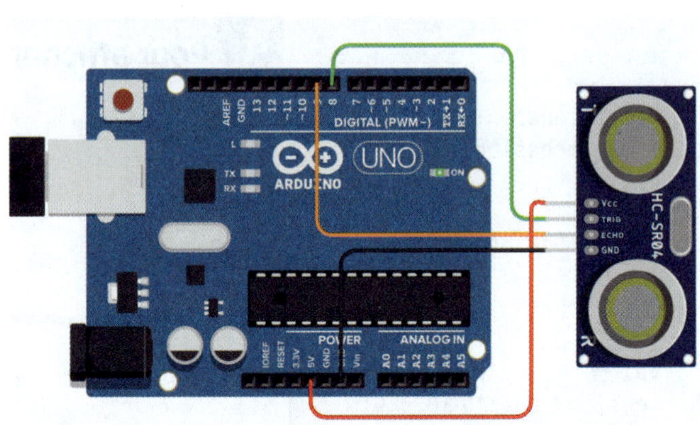

2 Valeurs de référence de la vitesse du son dans l'air en fonction de la température

Température (°C)	– 10	0	10	20	30
v_{air} (m · s⁻¹)	325	331	337	343	349

COUPS DE POUCE

- Pour la droite $d = f(\Delta t)$, la distance d est représentée sur l'axe des .... et la durée Δt sur l'axe des ....
- Dans ce cas, le coefficient directeur de la droite représente la ....

3 Protocole : détermination de la durée de l'écho

Température de la pièce lors de la manipulation : ....

① Alimentation du capteur : relier respectivement les broches Vcc et GND du capteur HC-SR04 aux broches 5 V et GND du microcontrôleur Arduino®.

② Relier respectivement les broches Trig (correspondant à l'émetteur) et Echo (correspondant au récepteur) du capteur HC-SR04 aux broches 8 et 9 du microcontrôleur Arduino®.

③ Connecter la carte Arduino® à l'ordinateur muni du logiciel Arduino® à l'aide du câble d'alimentation USB.

④ Ouvrir le logiciel Arduino®. Assigner la carte Arduino® (ou vérifier son assignation) au logiciel (`Outils → Port`, puis cliquer sur le port correspondant commençant par « COM »).

⑤ Saisir le sketch, puis le téléverser dans la carte Arduino®.

⑥ Placer le capteur à une distance *d* d'un obstacle (feuille de papier ou plaque de carton par exemple) et lire la durée de l'écho dans le moniteur série. Remplir le tableau ci-contre.

Distance *d* (cm)	Durée de l'écho (s)
5,0	
10,0	
15,0	
20,0	
30,0	

4 Durée d'un écho

SKETCH-TYPE

Pour émettre une impulsion ultrasonore par le capteur HC-SR04, en détecter l'écho par le capteur après réflexion sur un obstacle et afficher la durée de l'écho, téléverser :

```
int PIN_TRIG = 8 ;   // déclare le pin (ou broche) Trig (émetteur) comme étant connecté à ..................
int PIN_ECHO = 9 ;   // déclare le pin (ou broche) Echo (récepteur) comme étant connecté à ..................
long duree ;         // définit la variable « durée de l'écho »

void setup(){
Serial.begin(9600);  // Arduino échangera des messages avec le moniteur série à un débit de données de 9600 bauds
pinMode(PIN_TRIG, OUTPUT) ;               // paramètre le pin Trig en ..................
pinMode(PIN_ECHO, INPUT) ;                // paramètre le pin Echo en ..................
}
void loop(){
digitalWrite(PIN_TRIG, LOW) ;             // impose une tension de 0 V sur la broche 8
delayMicroseconds(2);                     // attend 2 microsecondes
digitalWrite(PIN_TRIG, HIGH);             // impose une tension de 5 V sur la broche 8
delayMicroseconds(10);                    // attend ..................
digitalWrite(PIN_TRIG, LOW);              // impose une tension de 0 V sur la broche 8
duree = pulseIn(PIN_ECHO, HIGH);     // pulseIn permet d'obtenir la durée d'une impulsion en microseconde
Serial.print("Durée de l'écho : ") ;      // affiche le texte entre " "
Serial.print(duree);                      // affiche la valeur de la durée
Serial.println(" microsecondes") ;        // affiche le texte entre " "
delay (3000) ;                            // attend .......... avant de reprendre une mesure
}
```

QUESTIONS

1. Réaliser le montage 1 et téléverser le sketch 4. Remplir le tableau de valeurs du protocole 3. RÉA

2. Tracer, à l'aide d'un tableur ou d'un programme Python et des points expérimentaux relevés à la question **1.**, la courbe représentant la distance parcourue en fonction du temps. Voir **Coups de pouce**. COM, RÉA

3. Modéliser le nuage de points par une fonction linéaire et en déduire la valeur de la vitesse v_{air} du son dans l'air. ANA-RAIS

4. Comparer la valeur expérimentale de la vitesse du son dans l'air avec la valeur de référence (tableau 2), en considérant que l'incertitude-type sur la vitesse vaut $u(v_{air}) = 1\ m \cdot s^{-1}$. VAL

TP

Capacités numériques exigibles

Illustrer qualitativement, par exemple à l'aide d'un microcontrôleur, l'effet de la géométrie d'un condensateur sur la valeur de sa capacité.

Déterminer le temps caractéristique d'un dipôle RC à l'aide d'un microcontrôleur.

▶ Ressources numériques
flashbelin.fr/pythonspe-124

3 • Réparation d'un ventilateur

1 h 30

Tle SPÉCIALITÉ

Les ventilateurs contiennent des condensateurs qui permettent un démarrage plus rapide de leur moteur. En pleine canicule, le ventilateur d'un particulier tombe en panne. En essayant de le réparer avec sa fille, il s'aperçoit que c'est le condensateur de 2,0 µF qui ne fonctionne plus. N'ayant pas de magasin de bricolage à proximité, ils décident de fabriquer eux-mêmes un condensateur.

Comment fabriquer un condensateur et adapter sa géométrie à la capacité recherchée ?

Caractéristiques d'un condensateur

Un condensateur est un dispositif électrique capable de stocker des charges électriques. Il est constitué de deux armatures conductrices de surface S séparées par un matériau isolant appelé diélectrique, d'épaisseur e.

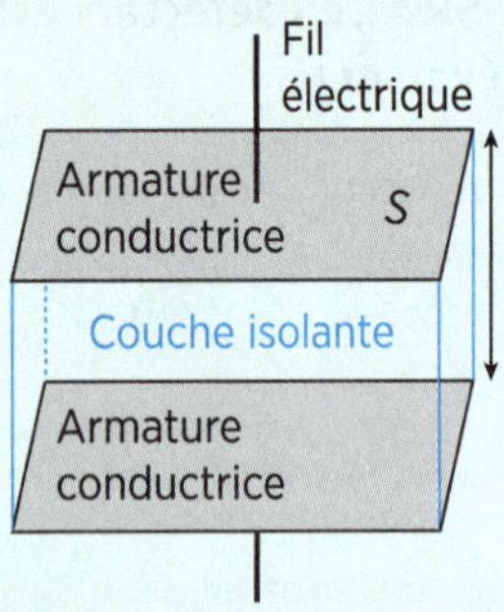

La quantité de charges stockée par un condensateur est proportionnelle à la tension à ses bornes. Le coefficient de proportionnalité est appelé capacité du condensateur, notée C (en F).

$C = \varepsilon \times \frac{S}{e}$ avec S la surface des armatures (en m^2), ε la permittivité du diélectrique (en F·m^{-1}) et e la distance entre les deux armatures (en m).

Constante de temps

Un circuit RC en série est caractérisé par sa constante de temps τ (en s) : $\tau = R \times C$ avec R la résistance (en Ω) et C la capacité du condensateur (en F).

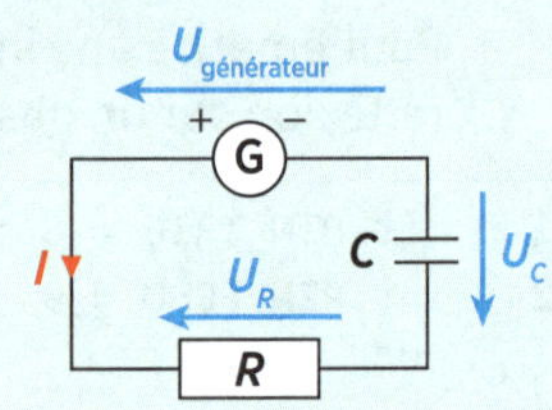

Pour un condensateur initialement déchargé, τ correspond à la durée nécessaire pour que la tension U_C aux bornes du condensateur atteigne 63 % de la valeur de la tension du générateur lors de la charge.

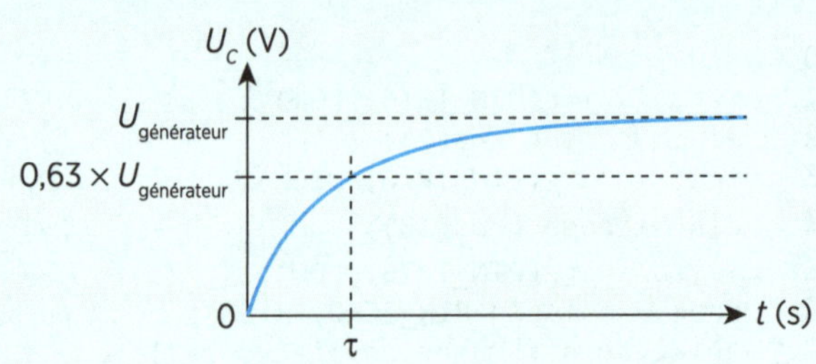

MATÉRIEL À DISPOSITION

Du papier aluminium ; du film alimentaire étirable ; un microcontrôleur (carte Arduino®) ; une *breadboard* ; des fils de connexion ; un conducteur ohmique de résistance 100 kΩ ; du scotch ; de la colle ; des ciseaux.

1 Protocole : fabrication d'un condensateur « maison »

① Découper deux rectangles de même aire dans du papier aluminium.

② Découper un rectangle légèrement plus grand dans du film alimentaire étirable, puis coller les feuilles d'aluminium sur chacune des faces du film alimentaire.

③ Placer un fil électrique sur chaque feuille d'aluminium et le fixer à l'aide d'un scotch.

2 Montage Arduino® et protocole : mesurer la constante de temps d'un circuit *RC*

① Réaliser un circuit en série (voir montage ci-contre) comprenant le condensateur « maison » et un conducteur ohmique de résistance 100 kΩ en série.

② Relier la plaque de « sortie » du condensateur au GND de la carte Arduino® et le conducteur ohmique à la broche 12. L'autre plaque est reliée à la broche .... A0.

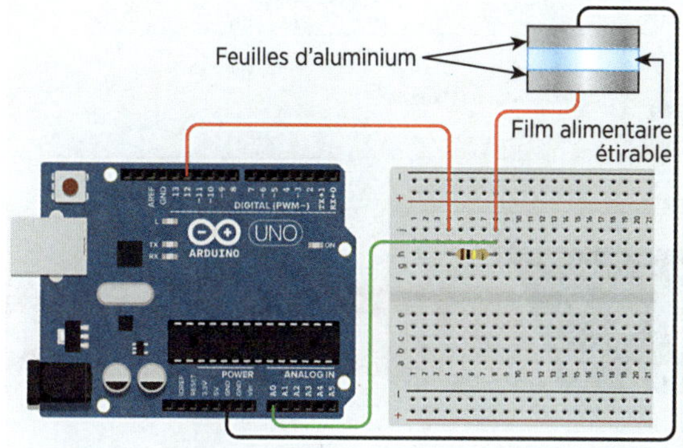

③ Connecter la carte Arduino® à l'ordinateur muni du logiciel Arduino® à l'aide du câble d'alimentation USB. Ouvrir le logiciel Arduino®.

④ Assigner la carte Arduino® (ou vérifier son assignation) au logiciel (`Outils → Port`, puis cliquer sur le port correspondant commençant par « COM »).

⑤ Saisir le sketch 3, puis le téléverser dans la carte Arduino®.

⑥ Relever dans le .... la valeur de la constante de temps pour un condensateur donné.

3 Détermination du temps caractéristique d'un condensateur

SKETCH-TYPE

Pour déterminer le temps caractéristique τ du condensateur étudié lors de sa charge, téléverser :

```
#define analogPin 0                  // définit la broche analogique (A0) de mesure de Uc
#define chargePin 12                 // définit la broche permettant la charge du condensateur
unsigned long t0 ;                   // temps initial
unsigned long Tau ;                  // temps caractéristique du dipôle RC
void setup() {
pinMode(chargePin, OUTPUT) ;         // définit la ........................ d'alimentation en sortie
digitalWrite(chargePin, LOW) ;       // applique une tension ................ en entrée du circuit RC
Serial.begin(9600) ;                 // fixe le .................................................. pour la communication série
}
void loop() {
digitalWrite(chargePin, HIGH) ;      // charge du condensateur : applique ......... V en entrée du circuit RC
t0 = micros() ;                      // début de la mesure du temps écoulé en microseconde
while(analogRead(analogPin) < .............) { // tant que le niveau lu est inférieur à ............ sur la broche
A0, boucler sans rien faire
}
Tau = micros() – t0 ;                // calcule Tau en microseconde
Serial.print(Tau) ;                  // ..................................................................................................
Serial.println("microsecondes") ;    // affiche l'unité de Tau et retourne à la ligne
digitalWrite(chargePin, LOW);        // applique une tension nulle en entrée du circuit RC
delay(10000);                        // ..................................................................................................
}
```

QUESTIONS

1. Suivre le protocole 1 pour réaliser deux condensateurs « maison » de tailles très différentes. Quelle est la nature du diélectrique utilisé ? `APP, RÉA`

2. Compléter le sketch 3.

3. a) Réaliser le circuit 2 et mettre en œuvre le protocole pour chaque condensateur « maison ». `RÉA`

b) Relever dans les deux cas la valeur du temps caractéristique. `RÉA`

c) En déduire la valeur de la capacité *C* de chaque condensateur « maison ». `ANA-RAIS`

d) Comment évolue la capacité *C* d'un condensateur en fonction de la surface *S* de ses armatures ? Est-ce en accord avec la formule donnée dans l'encadré « Caractéristiques d'un condensateur » ?

4. Les condensateurs « maison » fabriqués peuvent-ils remplacer le condensateur défectueux ? Sinon, que faudrait-il faire pour que ce soit le cas ? `VAL, ANA-RAIS`

UN PAS VERS L'ÉVALUATION COMMUNE

Capacités exigibles	Physique-Chimie	Numériques
	Utiliser la loi de Mariotte.	Tester la loi de Mariotte en utilisant un dispositif comportant un microcontrôleur.

1 • Un paquet de chips gonflé

1re SPÉCIALITÉ

Lors d'une classe de neige, un lycéen apporte dans son sac un paquet de chips pour la pause-déjeuner.

Le bus affrété pour sa classe passe le prendre à une altitude de 1 050 m et le dépose à une altitude de 1 145 m. Le paquet de chips lui semble alors avoir un peu gonflé.

Les remontées mécaniques l'amènent ensuite au sommet des pistes à une altitude de 2 020 m, et il remarque que le paquet de chips est prêt à exploser ! Il fait part de ses observations à son enseignant de physique-chimie, qui lui explique que ce phénomène est régi par la loi de Mariotte.

L'après-midi, l'enseignant décide d'expliquer à ses élèves le principe de la loi de Mariotte.

Pour modéliser le comportement de l'air dans le paquet de chips, il utilise le matériel de la photographie 1. La pression P de l'air emprisonné dans la seringue est relevée pour différentes valeurs du volume V du corps de la seringue.

On suppose que la température de l'air reste constante.

1 Vérification de la loi de Mariotte

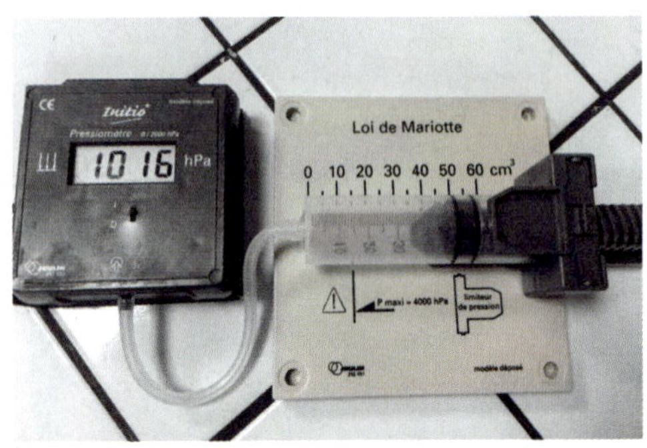

Les résultats obtenus sont rassemblés dans le tableau 2.

2 Résultats expérimentaux

Volume V d'air (mL)	50	45	40	35	30	25
Pression (hPa)	993	1 103	1 237	1 400	1 617	1 913

❶ Quelle précaution doit-on prendre pour s'assurer que la température de l'air reste la même lors de chaque mesure ?

....

❷ Énoncer la loi de Mariotte relative au produit de la pression P par le volume V d'un gaz pour une quantité de matière donnée et une température constante.

....

....

L'enseignant demande à ses élèves de montrer que la loi de Mariotte est bien vérifiée pour les mesures effectuées. Deux élèves lui soumettent leur graphique tracé grâce à un programme Python (courbes 3).

3 Courbes obtenues par les élèves

Élève n° 1

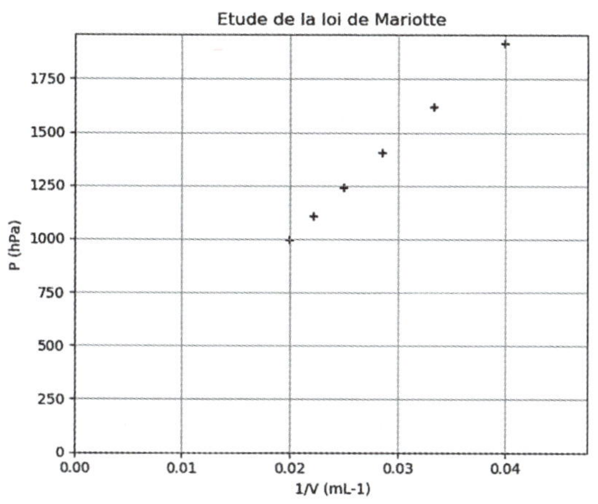

Élève n° 2

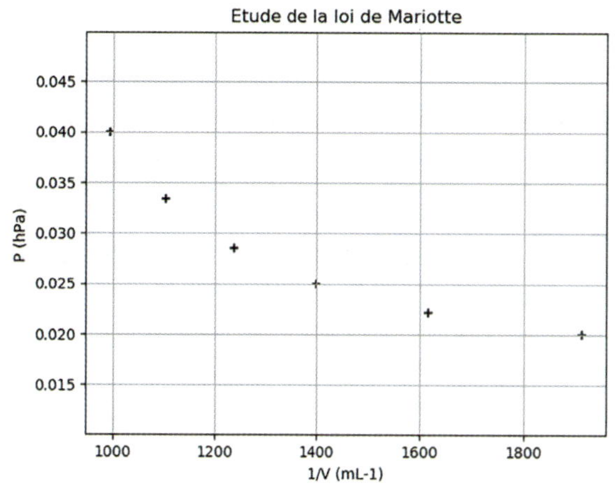

3 Quel élève a obtenu une courbe cohérente avec la loi de Mariotte ?

4 Identifier les erreurs commises dans le programme Python de l'élève n° 3 ci-dessous pour tracer la courbe $P = f(1/V)$.

Programme Python

```
from matplotlib import pyplot                          # importe le module nécessaire

pression = [1913, 1617, 1400, 1237, 1103, 993]         # liste des valeurs de la pression en hPa
volume = [50, 45, 40, 35, 30, 25]                      # liste des valeurs du volume en mL

invVolume = []                   # crée une liste vide qui contiendra les valeurs de l'inverse du volume
for i in range (0, 6) :                 # balaie les différentes valeurs de la liste volume
    invVolume.append(1/volume[i])       # calcule 1/V pour chaque indice et l'ajoute à la liste invVolume

pyplot.xlabel('1/V (mL-1)')                            # légende de l'axe des abscisses
pyplot.ylabel('P (hPa)')                               # légende de l'axe des ordonnées
pyplot.title('Étude de la loi de Mariotte')            # titre du graphique
pyplot.scatter (pression, invVolume, color = 'black', marker = '+') # trace le nuage de points
correspondant à la courbe P = 1/V
pyplot.grid()                                          # affiche un quadrillage
pyplot.show()                                          # affiche le graphique
```

5 Exploiter les mesures réalisées pour déterminer la constante de la loi de Mariotte. On explicitera précisément la méthode utilisée.

....

....

....

Il est également possible de vérifier la loi de Mariotte en utilisant un microcontrôleur Arduino® et un capteur de pression à la place du pressiomètre. Il faut pour cela connaître la relation entre la tension mesurée sur la broche analogique reliée au capteur (en V) et la pression P (en hPa) : $P = 1\,553 \times \text{tension} - 297{,}17$.

L'enseignant propose à ses élèves le protocole suivant :
① Remplir une seringue avec 50 mL d'air.
② Relier la seringue au capteur de pression connecté à un microcontrôleur.
③ Téléverser le sketch ci-dessous dans le microcontrôleur.
④ Faire varier le volume du gaz dans la seringue et noter alors la valeur de la pression correspondante affichée dans le moniteur contrôle de l'IDE Arduino®.

Sketch Arduino®

```
1   int val;                            // déclaration des variables
2   float tension;
3   float pression;
4   void setup()
5   {
6   Serial.begin(9600);                 // Arduino échangera des messages avec le moniteur série à un
    débit de données de 9600 baud
7   }
8   void loop()
9   {
10  val = analogRead(A0);               // lit la valeur sur la broche A0 (varie de 0 à 1023)
11  tension = val*5/1023.0;             // convertit la plage 0-1023 en 0-5 V
12  pression = 1553*tension - 297.17 ;  // calcule la pression
13  Serial.print("Pression = ");        // affiche la pression
14  Serial.println(pression);           // dans le moniteur série
15  delay(1000);                        // attend 1 s avant de reprendre une mesure
16  }
```

6 Quelle broche analogique a été utilisée dans le montage ?

....

7 En quelle unité est exprimée la pression affichée dans le moniteur série ?

....

....

8 Que faudrait-il faire pour faire afficher dans le moniteur série cette unité à la suite de la valeur de la pression ?

....

....

....

9 Expliquer comment modifier la ligne 15 du sketch Arduino® à téléverser pour que les mesures soient faites toutes les 5 secondes.

....

UN PAS VERS L'ÉPREUVE FINALE

Capacités exigibles

Physique-Chimie	Numériques
Citer des ordres de grandeur de valeurs de capacités usuelles. Établir et résoudre l'équation différentielle vérifiée par la tension aux bornes d'un condensateur dans le cas de sa charge par une source idéale de tension.	Étudier la réponse d'un dispositif modélisé par un dipôle *RC*. Déterminer le temps caractéristique d'un dipôle *RC* à l'aide d'un microcontrôleur.

2 • Déterminer la capacité d'un condensateur

Tle SPÉCIALITÉ

En voulant rentrer son scooter dans son garage, une lycéenne s'aperçoit que la télécommande du volet roulant de la porte du garage ne fonctionne plus. Elle essaie tout d'abord de changer la pile, sans succès.

Après des recherches sur Internet, elle découvre que ce problème est souvent dû à un défaut du condensateur de capacité $C = 1\ \mu F$ présent dans le circuit de la télécommande. Elle trouve chez elle un lot de 11 condensateurs, mais sur lesquels il lui est impossible de lire les capacités.

Mettant à profit ses cours de physique de Terminale, elle décide, à l'aide d'un montage utilisant un microcontrôleur, de déterminer la capacité C du condensateur qui a la même couleur que celui à remplacer. Elle réalise le circuit ci-dessous, comprenant un microcontrôleur Arduino®, un conducteur ohmique de résistance $R = 10\ k\Omega$ et le condensateur à tester.

1 Lot de 11 condensateurs

2 Montage expérimental

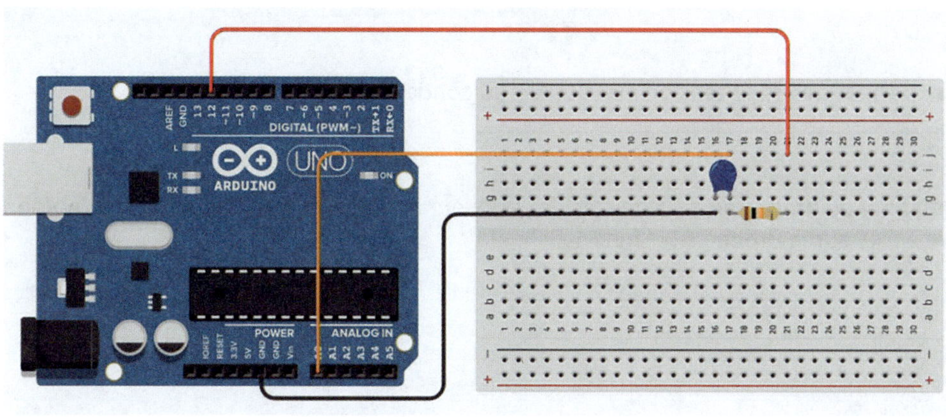

❶ Dessiner le schéma électrique normalisé 3 équivalent au montage réalisé par la lycéenne (y faire figurer les flèches tension et le sens du courant électrique).

3 Schéma électrique normalisé du montage

La lycéenne décharge le condensateur en court-circuitant ses bornes à l'aide d'un fil électrique, puis téléverse ensuite le sketch ci-après. Le moniteur série affiche :
`1004 microsecondes.`

Sketch Arduino®

```
1  #define analogPin 0                       // définit la broche analogique (A0) de mesure de Uc
2  #define chargePin 12                      // définit la broche permettant la charge du condensateur
3
4  // Définition des variables
5  unsigned long t0 ;                        // temps initial
6  unsigned long Tau ;                       // temps caractéristique du dipole RC
7
8  void setup() {
9  pinMode(chargePin, OUTPUT) ;              // définit la broche 12 d'alimentation en sortie
10 digitalWrite(chargePin, LOW) ;            // applique une tension nulle en entrée du circuit RC
11 Serial.begin(9600) ;                      // fixe le débit de communication pour la communication série
12 }
13
14 void loop() {
15 digitalWrite(chargePin, HIGH) ;           // charge du condensateur
16 t0 = micros() ;                           // début de la mesure du temps écoulé en microseconde
17 while(analogRead(analogPin) < 645) {      // tant que le niveau lu est inférieur à 645 sur la broche A0,
   boucler sans rien faire
18 }
19 Tau = micros() – t0 ;                     // calcule tau en microseconde
20 Serial.print(Tau) ;                       // affiche la valeur de Tau
21 Serial.println("microsecondes") ;         // affiche l'unité de Tau et retourne à la ligne
22 digitalWrite(chargePin, LOW);             // applique une tension nulle en entrée du circuit RC
23 delay(10000);                             // attend 10 s avant de reprendre une nouvelle mesure
24 }
```

2 a) Quelle broche permet la charge du condensateur ?

b) Quelle sera alors la tension appliquée sur cette broche ?

3 Quelle broche permet de lire la tension aux bornes du condensateur ?

4 Pourquoi demander au programme de ne calculer la valeur de la constante de temps Tau (notée τ) que pour une valeur supérieure à 645 sur la broche A0 (ligne 17) ?

5 La lycéenne trouve que le temps entre deux mesures est trop long et souhaite le réduire à 5 s. Indiquer les modifications à apporter au sketch.

6 Que vaut la tension aux bornes du condensateur au début de la manipulation pour $t = 0$ s ?

7 On étudie la charge du condensateur. En appliquant la loi des mailles au circuit représenté à la question **1.**, montrer que : $E = \tau \times \frac{du_c(t)}{dt} + u_c(t)$, avec $\tau = R \times C$ la constante de temps du circuit RC.

8 Vérifier que $u_c(t) = E \times \left(1 - e^{\frac{-t}{\tau}}\right)$ est solution de l'équation différentielle $E = \tau \times \frac{du_c(t)}{dt} + u_c(t)$.

9 Déterminer la valeur de la capacité C du condensateur étudié. Conclure.

PARTIE 4

Enseignement scientifique

▶ QCM interactifs
flashbelin.fr/pythonspe-132

1re — **Je m'auto-évalue**

1 Instructions et écriture de base

Je pense à

Voir cours p. 9

1 Écrire les nombres avec des points et non des virgules.

Pour 5,6 j'écris :

- ❑ `5.6`
- ❑ `5,6`
- ❑ `5'6`

2 Affecter une valeur à une variable.

Pour affecter la valeur 0,20 à I, j'écris :

- ❑ `I = 0,20`
- ❑ `I = 0.20`
- ❑ `I(0.20)`

3 Utiliser l'instruction qui permet d'afficher le résultat.

Pour afficher dans la console la valeur de i, j'écris :

- ❑ `print(i)`
- ❑ `return(i)`
- ❑ `valeur(i)`

2 Fonctions

Je pense à

Voir cours p. 18

1 Identifier le nom de la fonction définie et sa variable.

Pour définir la fonction *f* avec sa variable *x*, j'écris :

- ❑ `def f(x)`
- ❑ `def f`
- ❑ `f = f(x)`

2 Écrire correctement le calcul à effectuer.

Pour multiplier la variable *x* par 3 et ajouter 2 au résultat, j'écris :

- ❑ `x = 3*x + 2`
- ❑ `f(x) = y`
- ❑ `x = 3x + 2`

3 Utiliser l'instruction qui permet de renvoyer le résultat.

Pour renvoyer le résultat du calcul de *x*, j'écris :

- ❑ `return x`
- ❑ `print x`
- ❑ `run x`

3 Structure conditionnelle

Je pense à

Voir cours p. 16

Identifier les différentes parties de la structure conditionnelle « si ..., alors ..., sinon ... ».

Choisir le programme correct :

❑
```
if a > 50:
  a = a/2
else:
  a = a/3
```

❑
```
if a > 50:
        a = a/2
else:
        a = a/3
```

❑
```
else a > 50:
     a = a/2
if:
     a = a/3
```

❑
```
if a > 50
        a = a/2
else
        a = a/3
```

4 Boucle while

Je pense à

Voir cours p. 22

Utiliser la boucle `while` qui répète les instructions qui suivent tant que la condition est respectée.

```
while a < 200:
      a = a*2
```

Ce programme multiplie *a* par 2 :

- ❑ tant que *a* est inférieur à 200
- ❑ jusqu'à ce que *a* soit supérieur à 200
- ❑ jusqu'à ce que *a* soit inférieur à 200

```
while B > 1000:
      B = B/10
```

Ce programme divise *B* par 10 :

- ❑ tant que *B* est inférieur à 1 000
- ❑ tant que *B* est supérieur à 1 000
- ❑ jusqu'à ce que *B* soit supérieur à 1 000

Je m'entraîne

Les gammes de Pythagore

1re

On donne dans le tableau ci-dessous les fréquences des différentes notes d'une gamme de Pythagore.

Note	*Mi*$_3$	*Fa*$_3$	*Fa*$_3^\#$	*Sol*$_3$	*Sol*$_3^\#$	*La*$_3$	*Si*$_3^b$	*Si*$_3$	*Do*$_4$
Fréquence (Hz)	330,0	352,4	371,3	396,4	417,7	440,0	469,9	495,0	528,6

On considère la fonction Python `prochaine_freq` qui permet de construire cette gamme de Pythagore.

```
1  def prochaine_freq (f):
2      f = 3/2*f
3      if f >= 660:
4          f = f/2
5      return f
```

1 Définition de ....

↓

2 ....

↓

3 La fonction `if` impose deux chemins :

↓ si .... ↓ 4 alors ....

↓ si .... ↓ alors ....

↓

5 Calcul de f et affichage du résultat

1 Compléter l'organigramme ci-contre.

Si difficulté, revoir 2. Fonctions et 3. Structure conditionnelle.

2 Quels sont les nombres renvoyés après l'exécution de `prochaine_freq(330.0)` et de `prochaine_freq(469.9)` ? Donner les notes correspondantes.

Après `prochaine_freq(330.0)` : ....

Après `prochaine_freq(469.9)` : ....

Si difficulté, revoir 2. Fonctions et 3. Structure conditionnelle.

La désintégration radioactive

1re

Le carbone 14 est radioactif, il sert à la datation d'objets ayant jusqu'à 35 000 ans. La demi-vie du carbone 14 est de 5 730 ans. On considère un échantillon de bois contenant 12 milliards de noyaux de carbone 14.

1 Combien cet échantillon contient-il de noyaux de carbone 14 au bout de :

a) 5 730 ans ? ....

b) 11 460 ans ? ....

c) 17 190 ans ? ....

Un échantillon est considéré comme inactif au bout de 20 demi-vies. On utilise le programme Python suivant :

```
1  n = 12000000000
2  i = 0
3  while i < 20:
4      n = n/2
5      i = i + 1
6  print("Au bout de", i, "demi-vies:")
7  print("il reste", n, "noyaux")
```

Si difficulté, revoir 1. Instructions et écriture de base et 4. Boucle while.

1 Attribution de la valeur .... au nombre de noyaux *n*

↓

2 Attribution de la valeur 0 au ....

↓

3 à 5 Tant que le nombre de demi-vies *i* est ...., la valeur de *n* est .... et le nombre *i* est ....

↓

6 et 7 ....

2 Commenter le résultat ci-contre obtenu dans la console Python.

....

....

```
Au bout de 20 demi-vies :
il reste 11444.091796875 noyaux
```

Je m'auto-évalue

T^{le}

► QCM interactifs
flashbelin.fr/pythonspe-134

1 Variables

Je pense à *Voir cours p. 10*

Vérifier que les variables utilisées dans une formule ont bien été définies avant.

Pour définir les variables `E` et `delta_t` afin de calculer et d'afficher la valeur de `P`, j'écris :

❑
```
E = 7
delta_t = 20
P = E/delta_t
print(P)
```

❑
```
E = 7
P = E/delta_t
print(P)
```

❑
```
delta_t = 20
P = E/delta_t
print(P)
```

2 Syntaxe

Je pense à *Voir cours p. 10*

Vérifier que les parenthèses sont utilisées au bon endroit, et fermées quand elles ont été ouvertes.

Pour définir les variables `U` et `I`, calculer `P` et afficher sa valeur, j'écris :

❑
```
U = 9
I = 2
P = U*I
print P
```

❑
```
U = 9
I = 2
P = U*I
print(P
```

❑
```
U = 9
I = 2
P = U*I
print(P)
```

Je pense à

Vérifier que les variables sont écrites partout de la même manière, avec ou sans majuscule.

Pour définir les variables `p_utile` et `p_reçue`, calculer le rendement `rdt` et afficher sa valeur, j'écris :

❑
```
p_utile = 9
p_reçue = 10
rdt = p_utile/p_reçue
print(rdt)
```

❑
```
p_utile = 9
p_reçue = 10
rdt = P_utile/p_reçue
print(rdt)
```

❑
```
p_utile = 9
p_reçue = 10
rdt = p_utile/p_reçue
print(Rdt)
```

3 Indentation

Je pense à *Voir cours p. 16*

Utiliser des indentations au bon endroit quand c'est nécessaire.

Pour multiplier `a` par 2 tant que `a` est inférieur à 200, j'écris :

❑
```
while a < 200:
a = a*2
```

❑
```
while a < 200:
    a = a*2
```

❑
```
    while a < 200:
a = a*2
```

Pour diviser `a` par 2 si `a` est supérieur à 50, et sinon diviser `a` par 3, j'écris :

❑
```
if a > 50:
a = a/2
else:
a = a/3
```

❑
```
if a > 50:
    a = a/2
else:
    a = a/3
```

❑
```
else a > 50:
    a = a/2
if:
    a = a/3
```

Je m'entraîne

Détection d'un virus

Tle

Un test immunologique permet de détecter la présence d'anticorps pour identifier la présence d'un virus chez un individu.

On étudie une population de 500 patients.

	Diagnostic des patients	
	Atteint du virus	**Non atteint du virus**
Test positif	22	1
Test négatif	10	467

1 Donner le nombre :

a) de vrais positifs : ..... **b)** de faux positifs : ..... **c)** de vrais négatifs : ..... **d)** de faux négatifs : .....

2 Donner en pourcentage :

a) la fréquence du virus dans la population : .....

b) la fréquence du virus chez les personnes dont le test a été positif : .....

3 Un programme en langage Python a été écrit pour analyser le test.

```
1   VP = 22
2   VN = 467
3   FP = 1
4   FN = 10
5   if VP > 20
6       print ('Le pourcentage de personnes atteintes par le
    virus détectées par le test a dépassé 4 %.')
7   elif VP < 20:
8       print ('Le pourcentage de personnes atteintes par le
    virus détectées par le test est en dessous de 4 %.')
9   TVP = Vp/Vp + FN)
10  TVN = VN/(FP + VN)
11  print('La proportion de vrais positifs parmi les personnes
    atteintes par le virus est de ', TVP, 'et la proportion
    de vrais négatifs parmi les personnes non atteintes par
    le virus est de ', TVN
```

a) Identifier l'erreur présente ligne 5 du programme.

.....

b) Identifier l'erreur présente ligne 9 du programme.

.....

c) Identifier l'erreur présente ligne 11 du programme.

.....

4 Expliquer l'intérêt du programme en complétant l'organigramme ci-dessous.

1 à **4** Définition des variables
VP (vrais positifs), VN (.....), FP (.....) et FN (.....)

↓

5 à **8** Détermination du pourcentage de .....

↓ (gauche)
Si le nombre de ..... est supérieur à 20 (20 sur ....., soit 4 %), affichage du message : « Le pourcentage de personnes atteintes par le virus détectées par le test ..... »

↓ (droite)
Si le nombre de ..... est inférieur à 20 (20 sur ....., soit 4 %), affichage du message : « Le pourcentage de personnes atteintes par le virus détectées par le test ..... »

↓

9 et **10** Calcul de TVP (taux de vrais positifs) et TVN (.....), qui déterminent .....

↓

11 Affichage du résultat

TP

Capacités numériques exigibles

Remplir des valeurs numériques.	p. 26
Modifier les paramètres d'un graphique.	p. 30

► Ressources numériques
flashbelin.fr/pythonspe-136

1 • Loi de Wien

1 h

1re

Jusqu'au début du XXe siècle, la température de surface du Soleil n'était pas connue. Certains astrophysiciens avaient déjà proposé des valeurs par le passé, mais qui n'étaient pas cohérentes, puisqu'elles variaient de 1 400 °C à 5 000 000 °C.

Comment déterminer la température de surface du Soleil grâce à son profil spectral ?

Spectre et profil spectral

• Le **spectre** d'une source lumineuse représente l'ensemble des radiations visibles (comprises entre 400 et 800 nm) qu'elle émet. Il ne montre pas si certaines radiations sont émises avec une plus grande intensité que d'autres.

• Le **profil spectral** d'un corps représente l'intensité lumineuse émise par un corps en fonction de la longueur d'onde. Il permet de déterminer la longueur d'onde émise avec le maximum d'intensité lumineuse, notée λ_{max}.

1 Profil spectral du corps noir

Un corps noir est un objet idéal qui absorbe parfaitement toute la lumière qu'il reçoit, mais qui ne réfléchit rien.

Lorsqu'il est chauffé, le corps noir émet un rayonnement qui ne dépend que de sa température. En effet, on observe sur son profil spectral que plus sa température augmente, et plus la longueur d'onde émise avec le maximum d'intensité (λ_{max}) diminue.

Une animation proposée par l'Observatoire de Paris permet de visualiser le profil spectral du corps noir pour différentes températures et de relever la valeur de λ_{max} (→ *Flashe cette page*).

Conversion de température

Dans la loi de Wien, la température notée T doit être exprimée en kelvin (de symbole K).
Une température en degré Celsius (de symbole °C) notée θ peut être convertie en une température T en kelvin par la formule :

$$T(\text{K}) = \theta(°\text{C}) + 273{,}15$$

Applications

• Dans la pièce, il fait 20 °C, soit :
$T =$ .... K.

• La température d'une étoile vaut 6 500 K, soit :
$\theta =$ .... °C.

2 Profil spectral du Soleil

Un spectrophotomètre permet de tracer le profil spectral du Soleil qui peut être considéré comme un corps noir. Il est alors possible d'y lire la valeur de λ_{max}.

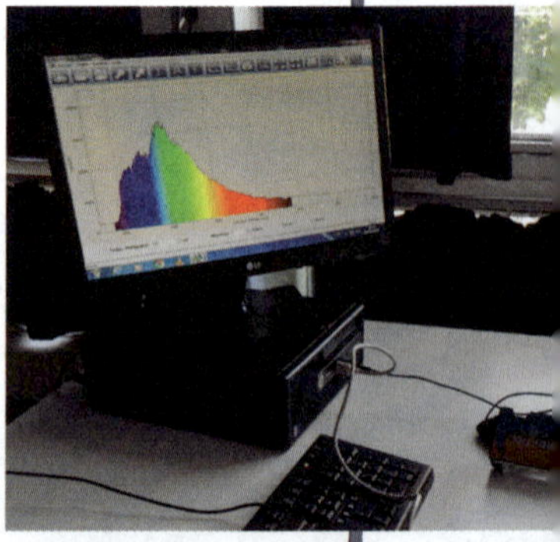

PROGRAMME-TYPE

3 Vérification de la loi de Wien

Pour tracer la courbe représentant la longueur d'onde λ_{max} émise avec le maximum d'intensité lumineuse par un corps noir en fonction de l'inverse de la température T et faire une régression linéaire afin de déterminer le coefficient directeur de la droite, exécuter :

2 à **4** Importation des …… et des modules

↓

7 et **8** Création des tableaux de valeurs de …… et de …… pour un corps noir

↓

11 à **15** Création du graphique …… = f(……)

↓

18 à **20** Régression linéaire, calcul et affichage du ……

↓

21 à **23** Création et affichage de ……

```
1  # Importation des bibliothèques
2  import numpy as np
3  import matplotlib.pyplot as plt
4  import scipy.stats as sc
5
6  # Création des tableaux de données
7  invT = np.array([1/3955, 1/4755, 1/5716, 1/7536, 1/8263])
   # crée un tableau avec les valeurs de 1/T où T est en K
8  Lambda = np.array([……………………………………………])
   # crée un tableau avec les valeurs de la longueur d'onde max en nm
9
10 # Tracé de la courbe expérimentale
11 plt.plot(invT, Lambda)  # construit la courbe longueur d'onde max
   en fonction de 1/T
12 plt.xlabel("……………………………………………")
   # légende des abscisses
13 plt.ylabel("……………………………………………")
   # légende des ordonnées
14 plt.title("……………………………………………
   ……………………………………………")  # titre du graphique
15 plt.grid()                # affiche un quadrillage
16
17 # Régression linéaire
18 droite = sc.linregress(invT, Lambda) # effectue une régression
   linéaire
19 coef = droite.slope           # attribue à la variable coef
   le coefficient directeur obtenu à la régression linéaire
20 print("Le coefficient directeur est : ", coef)  # affiche la
   valeur du coefficient directeur appelé coef
21 Lambdareg = coef*invT         # calcule la valeur de Lambda
   issue de la régression linéaire, en fonction de 1/T
22 plt.plot(invT, Lambdareg)     # construit la droite
23 plt.show()                    # affiche la courbe
```

Attention à l'écriture :
- des nombres décimaux : 2,0 s'écrit …… en Python ;
- des puissances de 10 : 10^{20} s'écrit …… ou …… en Python.

Comme 1 µm = 10^{-6} m et 1 nm = 10^{-9} m, alors : 1 µm = …… nm.

Pour la courbe λ_{max} en fonction de $1/T$:
- …… est en abscisse ;
- …… est en …….

L'instruction `print` sert à …….

➡ Voir cours Partie 1

Rappels

Une droite **linéaire** a pour expression : $y = ax$, avec a le …… . C'est une droite qui passe par ……

Une droite **affine** a pour expression : $y =$ …… $x + b$ avec a le coefficient directeur de la droite et b ……

QUESTIONS

1. Grâce au programme **3**, on souhaite tracer pour le corps noir la courbe représentant la longueur d'onde λ_{max} émise avec le maximum d'intensité lumineuse en fonction de l'inverse de la température T.

a) À l'aide de l'animation de l'Observatoire de Paris, compléter la ligne 8. APP, RÉA

b) Compléter les lignes 12, 13 et 14 avec les légendes des axes et du graphique. RÉA

c) Exécuter le programme et relever la valeur du coefficient directeur affiché. RÉA

2. La courbe obtenue est-elle modélisable par une droite affine ou linéaire ? ANA-RAIS

3. La loi de Wien s'écrit : $\lambda_{max} \times T =$ constante. À l'aide de la modélisation retenue à la question **2.**, déterminer la valeur de cette constante et donner son unité si T est en kelvin et λ_{max} en nanomètre. RÉA, ANA-RAIS

4. a) À l'aide du spectrophotomètre, enregistrer le profil spectral du Soleil et déterminer λ_{max}. RÉA

b) En utilisant la loi de Wien déterminée à la question **3.**, calculer la température de surface T du Soleil en kelvin et en degré Celsius. RÉA

TP

Capacités numériques exigibles

Remplir des valeurs numériques.	p. 26
Modifier les paramètres d'un graphique.	p. 30

▶ Ressources numériques
flashbelin.fr/pythonspe-138

2 • Abondance des éléments

1 h

1re

L'origine et l'histoire de l'Univers ont toujours été sources d'interrogation pour l'Humanité. C'est au XXe siècle que l'on a pu réellement répertorier de nombreux éléments qui constituent l'Univers et comprendre leur formation à partir de l'hydrogène.

L'Univers, la Terre et les êtres humains sont-ils composés des mêmes éléments ?

Origine des éléments chimiques dans l'Univers

Il y a 13,8 milliards d'années, le Big Bang donne naissance à l'Univers. Les premiers atomes d'hydrogène se forment sous l'action des forces nucléaires et électrostatiques. De l'hélium est formé à partir d'hydrogène lors de réactions de fusion nucléaire. La force de gravitation universelle permet ensuite d'assembler d'énormes quantités de matière et de donner naissance aux galaxies.
Dans celles-ci, par exemple, les naines jaunes comme le Soleil transforment de l'hydrogène en .... ($4\,^1_1H \rightarrow \,^4_2He + 2\,^0_1e$ avec e un positron ou positon), et les géantes bleues produisent des atomes d'oxygène et de carbone à partir d'hélium.
À la fin de leur vie, les étoiles se désagrègent et envoient leur matière dans ....

Géantes bleues Exemple : Rigel	Synthétisent les éléments jusqu'au fer
Naines jaunes Exemple : Soleil	Synthétisent les éléments jusqu'au carbone
Naines rouges Exemple : Proxima du Centaure	Ne synthétisent que de l'hélium

Trois types d'étoiles

1 Composition de l'Univers

L'Univers est constitué d'hydrogène (90 %), d'hélium (9 %) et d'autres éléments (1 %).

2 Composition du globe terrestre

Le tableau ci-dessous donne l'abondance des éléments dans le globe terrestre.

Élément	Abondance (%)
Oxygène	48,8
Magnésium	16,5
Fer	14,3
Silicium	13,8
Soufre	3,7
Aluminium	1,6
Hydrogène	0,2
Autres	1,1

3 Composition du corps humain

Un diagramme circulaire est un disque partagé en secteurs circulaires. L'angle de chaque secteur est .... au pourcentage qu'il représente.

Le diagramme circulaire représentant l'abondance des éléments dans le corps humain est donné ci-dessous :

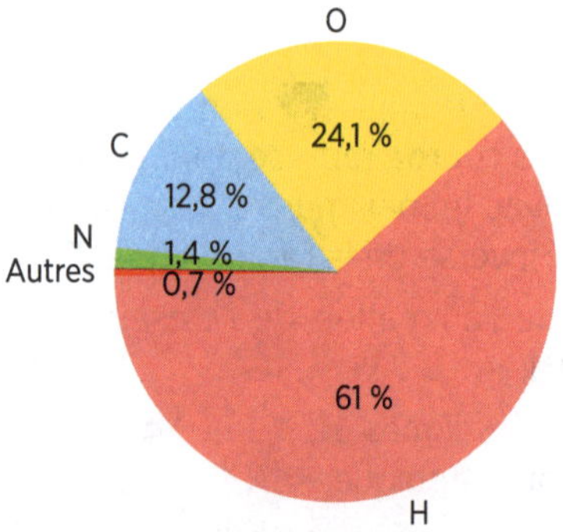

4 Tracé du diagramme circulaire

PROGRAMME-TYPE

1 Importation des bibliothèques

3 à **5** Création de listes pour :
- la légende des secteurs circulaires
- l'abondance des éléments
- les couleurs associées aux secteurs

7 et **8** Création du diagramme circulaire et choix des paramètres

9 Affichage du diagramme

Pour tracer le diagramme circulaire 3, exécuter :

```
1  import matplotlib.pyplot as plt  # importe les bibliothèques nécessaires
2
3  legende = ['Autres', 'H', 'O', '......', 'N']  # légende des secteurs circulaires
4  pourcentages = [......, 61.00, ......, 12.80, ......]
   # pourcentage correspondant à l'abondance de chaque élément
5  couleurs = ['red', 'lightcoral', 'gold', 'lightskyblue', 'yellowgreen']     # couleurs associées aux secteurs
6
7  plt.pie(pourcentages, labels = legende, colors = ......, autopct = '%1.1f%%', startangle = 180)  # paramètres du diagramme circulaire
8  plt.axis('equal')   # permet d'avoir la même échelle sur l'axe des abscisses et l'axe des ordonnées pour préserver la forme circulaire lors de l'affichage
9  plt.show()          # affiche le diagramme circulaire
```

- `autopct` prend en charge le pourcentage du secteur et renvoie ce qui doit être affiché pour le pourcentage.
- `plt.pie(`*`valeurs, légende, couleurs, autopct, angle de départ`*`)` permet de créer un diagramme circulaire. Avant la fonction, il faut créer une liste contenant les valeurs (ici les ....), une liste contenant les ...... et une liste contenant la ...... des secteurs.

➡ *Voir cours Partie 1*

5 Tracé des diagrammes bâtons

PROGRAMME-TYPE

1 Importation des bibliothèques

3 à **6** Création des listes de valeurs pour les éléments étudiés, et l'abondance de ces éléments sur ......, dans ...... et dans ......

8 à **10** Création d'un graphique comportant les trois ......

11 à **14** ....

Pour tracer sur un même graphique les diagrammes bâtons représentant l'abondance de chaque élément pour l'Univers, le globe terrestre et le corps humain, exécuter :

```
1  import matplotlib.pyplot as plt
2
3  elements = ['H', 'He', 'O', 'Mg', 'Fe', 'Si', 'S', 'Al']
4  abondance_Terre = [0.2, ......, ......, ......, ......, ......, ......, ......]  # abondance sur Terre
5  abondance_Univers = [......, ......, ......, ......, ......, ......, ......, ......]
   # abondance dans l'Univers
6  abondance_corps_humain = [......, ......, ......, ......, ......, ......, ......, ......]  # abondance dans le corps humain
7
8  plt.bar(elements, abondance_Terre, label = 'sur Terre')
   # pour la Terre
9  plt.bar(elements, abondance_Univers, label = "dans l'Univers")
   # pour l'Univers
10 plt.bar(......, width = 0.5, label = "dans le corps humain")  # pour le corps humain
11 plt.xlabel('Éléments chimiques') # légende de l'axe des abscisses
12 plt.ylabel('Abondance (%)')
13 plt.legend()                 # affiche les légendes des courbes
14 plt.show()                   # affiche le graphique
```

- `plt.bar(`*`abscisse, ordonnée, largeur, légende`*`)` permet de ...., de choisir la largeur des bâtons et de légender la série de données.
- `plt.xlabel()` permet de ....
- `plt.ylabel()` permet de ....

➡ *Voir cours Partie 1*

QUESTIONS

1. Quels sont les premiers atomes à avoir été formés dans l'Univers ? APP

2. Où l'hydrogène est-il transformé en hélium ? Est-ce une transformation chimique ou nucléaire ? Justifier. APP

3. Pour reproduire le diagramme circulaire représentant l'abondance des éléments chimiques dans le corps humain, compléter et exécuter le programme 4. RÉA

4. Compléter et exécuter le programme 5 pour comparer les compositions chimiques de l'Univers, de la Terre et du corps humain, par le tracé, sur un même graphique, des trois diagrammes bâtons correspondants. RÉA, ANA-RAIS

5. Répondre à la problématique. VAL

PROJET EXPÉRIMENTAL ET NUMÉRIQUE

1 • Capteur de température

1re

▸ Fiche complète à télécharger
flashbelin.fr/pythonspe-140

FICHE Réalisation d'un capteur de température

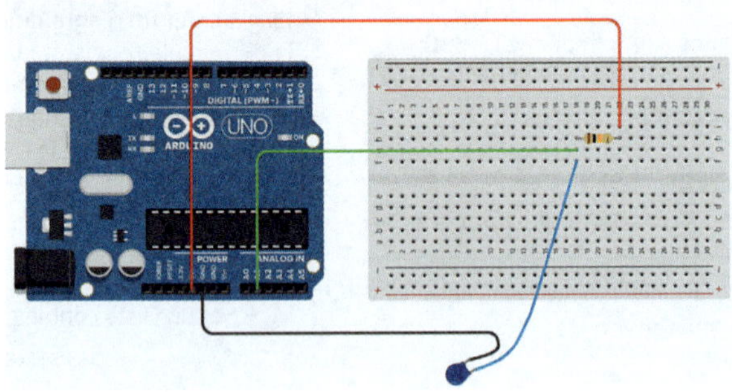

- **Présentation de la thermistance**
- **Réalisation du capteur de température**
  1 : Montage à réaliser
  2 : Protocole
  3 : Sketch à téléverser
  4 : Affichage dans le moniteur série
- **Étalonnage du capteur de température**
- **Utilisation du capteur de température**

Vidéo pas à pas : Capteur de température

Carnet de bord

Un carnet de bord te permet de suivre la progression de ton travail. Tu y notes le sujet que tu choisis, la problématique retenue, tes idées de plan, les sites internet consultés, des mots-clefs, des pistes à suivre, des manipulations à envisager, la répartition du travail dans le groupe, etc. Pense à y inscrire aussi les dates de tes recherches.

Voici les différentes **étapes de la démarche scientifique**. Comment vas-tu les agencer ?

- Je me questionne, je choisis une problématique.
- J'observe.
- Je conclus et j'apporte un regard critique sur mes résultats.
- J'émets des hypothèses.
- Je fais des expériences.
- J'observe et j'analyse mes résultats expérimentaux.

▸ Choix du sujet

Idées de sujets :

....

....

....

COUP DE POUCE

Pour choisir un sujet, tu peux :
- partir d'une observation de la vie de tous les jours qui t'intrigue ;
- partir d'un de tes centres d'intérêt ;
- chercher un sujet en lien avec le climat, l'écologie, l'actualité ;
- chercher un sujet en lien avec le programme d'enseignement scientifique ;
- chercher un sujet ancré dans le quotidien du lycée.

....

....

....

....

....

Choix de la problématique

Idées de problématiques :

....

....

....

....

....

....

....

Hypothèses

....

....

....

Expériences à réaliser

COUP DE POUCE

Indique bien le matériel à utiliser, décris précisément le protocole expérimental et prévois un schéma explicatif.

Matériel	Protocole	Schéma explicatif
....	....	
....	....	
....	....	
....	....	
....	....	
....	....	

Plan

....

....

....

....

....

....

Sitographie et bibliographie

....

....

....

....

COUP DE POUCE

Pour chaque site visité ou article lu, pense à noter les informations intéressantes ou à les résumer et/ou à relever les mots-clefs.

Production : sous quelle forme ?

COUP DE POUCE

Tu peux réaliser une maquette, un mini-dossier, un diaporama, un article de journal, une affiche, une vidéo, un podcast, un genial.ly, un site internet, etc.

2 • Capteur d'éclairement

1re

► Fiche complète à télécharger
flashbelin.fr/pythonspe-142

FICHE Réalisation d'un capteur d'éclairement

- **Présentation de la photorésistance**
- **Réalisation du capteur d'éclairement**
  1 : Montage à réaliser
  2 : Protocole
  3 : Sketch à téléverser
  4 : Affichage dans le moniteur série
- **Étalonnage du capteur d'éclairement**
- **Utilisation du capteur d'éclairement**

Vidéo pas à pas : Capteur d'éclairement

Idées de sujets :

3 • Capteur d'humidité

1re

► Fiche complète à télécharger
flashbelin.fr/pythonspe-142

FICHE Réalisation d'un capteur d'humidité (hygromètre)

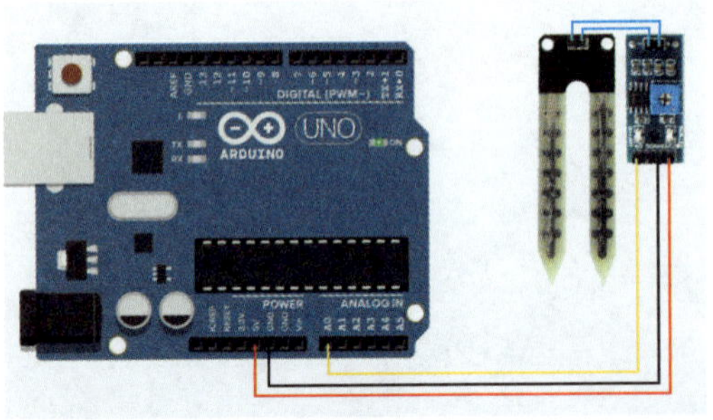

- **Présentation du capteur d'humidité**
- **Réalisation du capteur d'humidité**
  1 : Montage à réaliser
  2 : Protocole
- **Étalonnage (calibration) du capteur d'humidité**
  3 : Protocole
  4 : Sketch à téléverser
  5 : Affichage dans le moniteur série
- **Utilisation du capteur d'humidité**
  6 : Protocole
  7 : Sketch à téléverser
  8 : Affichage dans le moniteur série

Vidéo pas à pas : Capteur d'humidité

Idées de sujets :

4 • Capteur de distance

1re

► Fiche complète à télécharger
flashbelin.fr/pythonspe-143

FICHE Réalisation d'un capteur de distance

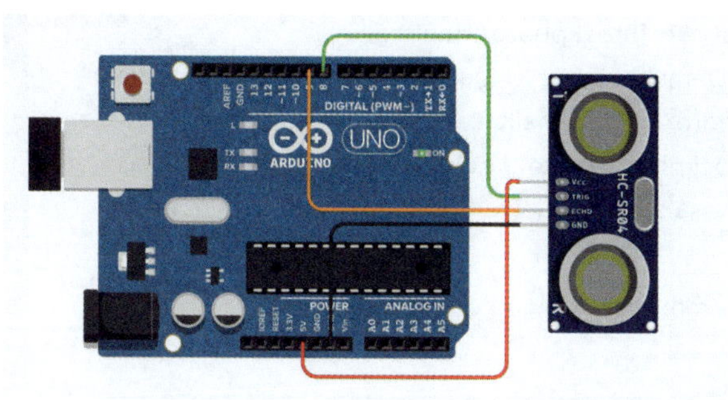

- **Présentation du capteur d'ultrasons**
- **Réalisation du capteur de distance**
  1 : Montage à réaliser
  2 : Protocole
  3 : Sketch à téléverser
  4 : Affichage dans le moniteur série
- **Utilisation du capteur de distance**

▶ Vidéo pas à pas : Capteur de distance

Idées de sujets :

5 • Spectrophotomètre

1re

► Fiche complète à télécharger
flashbelin.fr/pythonspe-143

FICHE Réalisation d'un spectrophotomètre

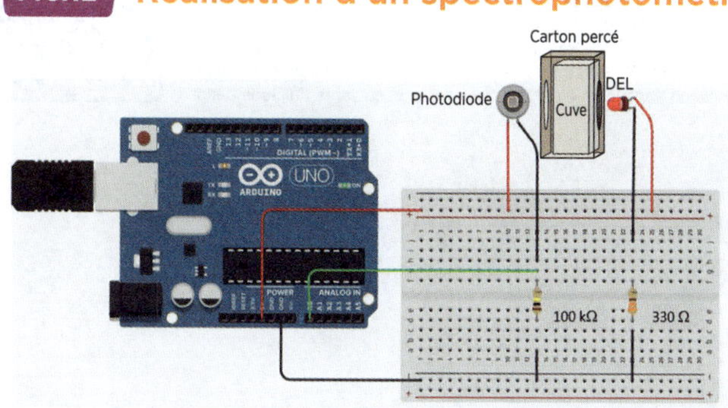

- **Présentation de la photodiode**
- **Réalisation du spectrophotomètre**
  1 : Montage à réaliser
  2 : Protocole
- **Utilisation du spectrophotomètre**
  3 : Protocole
  4 : Sketch à téléverser
  5 : Affichage dans le moniteur série
- **Interprétation des résultats**

▶ Vidéo pas à pas : Spectrophotomètre

Idées de sujets :

Crédits photographiques

Couverture (reprise page 1) : © Courtesy NASA/JPL-Caltech

15 : iStockphoto/borchee ; 19 : iStockphoto/VisualCommunications ; 23 : iStockphoto/rommex ; 44hg : Reproduced with permission of the World Health Organization https://www.who.int/fr/campaigns/world-no-tobacco-day/world-no-tobacco-day-2020/key-messages ; 44md : iStockphoto/lolik ; 47 : www.banggood.com/DR ;
54 : iStockphoto/s1llu ; 56 : © Nasa/JPL/Ill. de Mark R. Showalter, institut Seti ; 60 : iStockphoto/Givaga ;
64 : iStockphoto/milehightraveler ; 67 : © Nasa/JPL/Caltech/Ill. David Seal ; 72 : Shutterstock.com/A Visuals ;
74 : Photo12/Alamy/Picture Alliance ; 76 : iStockphoto/fotofritz16 ; 84 : iStockphoto/yulka3ice ;
85 : Aurore Biondollilo ; 86 : iStockphoto/vm ; 89 : Aurore Biondollilo ; 91 : iStockphoto/monticello ;
94 : iStockphoto/uatp2 ; 97 : iStockphoto/AzmanJaka ; 102 : Cécilia Damelincourt ; 104 : iStockphoto/Avalon_Studio ;
106 : iStockphoto/Juan Carlos Hernández Hernández ; 109 : iStockphoto/Iuliia Mikhalitskaia ;
120h : iStockphoto/kali9 ; 120b et 126b : Aurore Biondollilo ; 122 : iStockphoto/rzoze19 ; 124 : iStockphoto/Sladic ;
126h : iStockphoto/derketta ; 129 : iStockphoto/yurazaga ; 136h : © Nasa ; 136b : Aurore Biondollilo ;
138 : iStockphoto/agsandrew ; 142bm : iStockphoto/LexaAdams.

Logos et noms de marque reproduits avec l'aimable autorisation des marques Arduino et Python.

Crédit des fiches téléchargeables

Fiche 1, p. 1 : Aurore Biondollilo ;
Fiche 2, p. 1 : Science Photo Library ;
Fiche 3, p. 1 : iStockphoto/LexaAdams ;
Fiche 4, p. 1 : Aurore Biondollilo ;
Fiche 5, p. 1 : « Copyright Vishay Intertechnology, Inc. 2021. All rights reserved ».

Responsable éditoriale : Hajer Sauvage Graya
Édition : Fanny Morquin
Couverture : Studio Humensis, Marion Aguttes
Conception maquette intérieure : Studio Humensis et STDI
Composition : STDI
Illustrations : Barbara Govin
Prépresse : Arthur Caillard
Fabrication : Marianne Sigogne et Zoé Farré-Vilalta

Imprimé en France par Aubin Imprimeur à Ligugé
N° d'édition : 03581902-01 – Dépôt légal : avril 2021

Zahnärztliche Radiologie

Andreas Fuhrmann

385 Abbildungen

Georg Thieme Verlag
Stuttgart • New York

Adressen

Fuhrmann, Andreas, Dr. med. dent.
Universitätsklinikum Hamburg-Eppendorf
Zentrum für Zahn-, Mund- und Kieferheilkunde
Funktionsbereich Zahnärztliches Röntgen
Martinistr. 52
20246 Hamburg

Impressum

Bibliografische Information der Deutschen Nationalbibliothek

Die Deutsche Nationalbibliothek verzeichnet diese Publikation in der Deutschen Nationalbibliografie; detaillierte bibliografische Daten sind im Internet über
http://dnb.d-nb.de abrufbar.

Rüdigerstraße 14
70469 Stuttgart
Deutschland
Telefon: +49/(0)711/8931-0
Unsere Homepage: www.thieme.de

Printed in Germany

Zeichnungen: Angelika Branner, Hohenpeißenberg;
Joachim Hormann, Stuttgart
Umschlaggestaltung: Thieme Verlagsgruppe
Redaktion: Thomas Koch-Albrecht, Münchwald
Satz: medionet Publishing Services Ltd., Berlin
gesetzt aus Adobe InDesign CS5
Druck: Firmengruppe APPL, aprinta druck, Wemding

ISBN 978-3-13-165341-3
Auch erhältlich als E-Book:
eISBN (PDF) 978-3-13-165351-2

1 2 3 4 5 6

Widmung

für Chrissi und Kati

„Ein Meister seinen Jüngern riet,
nur das zu glauben was man sieht.
Und doch – der Einwand sei erlaubt,
dass mancher das sieht, was er glaubt.“

Eugen Roth

Vorwort

Die zahnärztliche Radiologie erzielte in den letzten 30 Jahren sehr große Fortschritte. Das gilt im besonderen Maße für technische Neuentwicklungen, aber auch für die Lehre und Ausbildung an den Universitäten.

Bei der technischen Entwicklung kann die Einführung von digitalen Bildempfängern als Meilenstein in der zahnärztlichen Radiologie angesehen werden. Darüber hinaus besitzt die Zahnmedizin mit der Digitalen Volumentomografie zum ersten Mal ein vollwertiges Verfahren zur dreidimensionalen Darstellung der Zahn-, Mund-, Kiefer- und Gesichtsregion.

Parallel dazu wurde das Strahlenschutzrecht grundlegend neu formuliert. Strahlenschutz und Bildqualität sind die beiden eng verbundenen Säulen der Röntgenverordnung. Die Regelungen der Internationalen Strahlenschutzkommission sind im Laufe der Jahre immer konkreter und ausführlicher geworden. Das ALARA-Prinzip, welches besagt, dass der Patient nur so viel Strahlung ausgesetzt sein darf, wie vernünftigerweise notwendig ist, muss auch in der zahnärztlichen Radiologie im vollen Umfang gelten.

Grundlage für eine hochwertige Röntgendiagnostik ist eine umfassende Ausbildung während des Studiums. Nur so wird sichergestellt, dass bei verantwortungsvoller Anwendung die erforderliche Bildqualität mit einer möglichst geringen Strahlenexposition erreicht wird.

Dieses Buch soll dazu beitragen, die Grundlagen des zahnärztlichen Röntgens so gut und umfassend zu verstehen, dass die praktische Umsetzung leichter als bisher gelingt. Voraussetzung für eine gute Bildqualität sind grundlegende Kenntnisse der Aufnahmetechniken für intraorale Aufnahmen, für die Panoramaschichttechnik und die digitale Volumentomografie.

Jede Röntgenaufnahme braucht ihre rechtfertigende Indikation. Nur mit exakten Kenntnissen der vielen diagnostischen Möglichkeiten wird man in der zahnärztlichen Radiologie dem ALARA-Prinzip gerecht.

Am Ende der Röntgenuntersuchung steht die Befunderhebung, die auch im zahnärztlichen Röntgen eine immer größere Bedeutung bekommt. Schon die Panoramaschichtaufnahme kann eine große Anzahl von Befunden mit sich bringen. In einem weit größeren Maße ist dies mit der digitalen Volumentomografie der Fall. Es werden deshalb viele praktische Hilfen für eine optimale Befunderhebung gegeben.

Dr. med. dent. Andreas Fuhrmann

Danksagung

In allererster Linie möchte ich Herrn Professor Dr. F.A. Pasler danken, der mich aufgefordert und ermuntert hat, ein Buch zum Thema zahnärztliches Röntgen zu schreiben. Sehr hoch anzurechnen ist ihm, dass er damit quasi seine Nachfolge regeln wollte. Dass er mich angesprochen hat, fasse ich als große Ehre auf.

Dieses Buch ist aus den praktischen und theoretischen Erfahrungen meiner langjährigen Lehrtätigkeit in der Röntgenabteilung der Zahn-, Mund- und Kieferklinik in Hamburg entstanden. Doch ohne Unterstützung ist ein solches Buch nicht möglich. Ich möchte mich an erster Stelle für die Geduld und das Verständnis bei meiner Frau Anne bedanken. Ebenso weiß ich die vielfältige Hilfe durch meine Mitarbeiter sehr zu schätzen. Ohne sie wäre ich nicht zum Ziel gekommen. Schließlich danke ich Herrn Dr. C. Urbanowicz und Frau Dr. D. Wojciukiewicz vom Thieme Verlag dafür, dass sie dieses Projekt mit viel Verständnis und praktischer Hilfe begleitet haben.

Inhaltsverzeichnis